Praxishandbuch Veeam Backup & Replication 12

3., aktualisierte und erweiterte Auflage

Praxishandbuch Veeam Backup & Replication 12

für VMware und Microsoft Hyper-V

Ralph Göpel

O'REILLY®

Ralph Göpel

Lektorat: Ariane Hesse
Korrektorat: Annette Schwarz, Ditzingen
Satz: III-satz, *www.drei-satz.de*
Herstellung: Stefanie Weidner, Frank Heidt
Umschlaggestaltung: Michael Oréal, *www.oreal.de*
Druck und Bindung: mediaprint solutions GmbH, 33100 Paderborn

Bibliografische Information der Deutschen Nationalbibliothek
Die Deutsche Nationalbibliothek verzeichnet diese Publikation in der Deutschen Nationalbibliografie; detaillierte bibliografische Daten sind im Internet über *http://dnb.d-nb.de* abrufbar.

ISBN:
Print 978-3-96009-230-8
PDF 978-3-96010-796-5
ePub 978-3-96010-797-2
mobi 978-3-96010-798-9

Dieses Buch erscheint in Kooperation mit O'Reilly Media, Inc. unter dem Imprint »O'REILLY«. O'REILLY ist ein Markenzeichen und eine eingetragene Marke von O'Reilly Media, Inc. und wird mit Einwilligung des Eigentümers verwendet.

3., aktualisierte und erweiterte Auflage

Wieblinger Weg 17
69123 Heidelberg

Hinweis:
Dieses Buch wurde mit mineralölfreien Farben auf PEFC-zertifiziertem Papier aus nachhaltiger Waldwirtschaft gedruckt. Der Umwelt zuliebe verzichten wir zusätzlich auf die Einschweißfolie. Hergestellt in Deutschland.

PEFC-zertifiziert
Dieses Buch stammt aus nachhaltig bewirtschafteten Wäldern und kontrollierten Quellen
PEFC/04-31-0810 www.pefc.de

Schreiben Sie uns:
Falls Sie Anregungen, Wünsche und Kommentare haben, lassen Sie es uns wissen: *kommentar@oreilly.de*.

5 4 3 2 1 0

Inhalt

Verwendete Konventionen

Im Buch folgen wir diesen typografischen Konventionen:

Kursivschrift
: Wird für neue Begriffe, URLs, E-Mail-Adressen, Dateinamen und Dateierweiterungen verwendet.

`Nichtproportionalschrift`
: Wird für Programmlistings verwendet. Im normalen Fließtext werden damit Programmelemente wie Variablen- oder Funktionsnamen, Datenbanken, Datentypen, Umgebungsvariablen, Anweisungen und Schlüsselwörter hervorgehoben.

`Nichtproportionalschrift fett`
: Wird für Befehle oder andere Eingaben verwendet, die Sie wortwörtlich eingeben müssen.

`Nichtproportionalschrift kursiv`
: Wird für Text verwendet, der durch benutzereigene oder durch den Kontext bestimmte Werte ersetzt wird, und für die Kommentare in Listings, um eine bessere Lesbarkeit zu gewährleisten.

Mit diesem Symbol wird ein Tipp oder ein Vorschlag angezeigt.

Mit diesem Symbol wird ein allgemeiner Hinweis angezeigt.

Hiermit wird eine Warnung angezeigt.

KAPITEL 1

Backup im Allgemeinen

Backup und Recovery sind mit die wichtigsten Aufgaben, die bei einer produktiven Umgebung anfallen. Hierbei spielt es keine Rolle, ob es sich um die virtuelle Welt handelt oder ob physische Systeme gesichert werden müssen. Auch eine Probewiederherstellung sollte zu den regelmäßigen Aufgaben eines jeden Administrators gehören.

Leider zeigt sich in der Praxis, dass dieses wichtige Thema im produktiven Bereich nur allzu oft vernachlässigt wird. Einige Betriebe sind sogar vom Gesetzgeber her verpflichtet, Sicherungen einzurichten und bei Anfrage auch nachzuweisen, aber dieser Umstand ist vielen EDV-Mitarbeitern häufig unbekannt. Außerdem müssen einige Daten noch nach zehn oder gar dreißig Jahren auf Verlangen abrufbar sein.

Im Falle eines Falles muss man sich auf ein Backup verlassen können, und man sollte dieses auch regelmäßig durch ein Recovery überprüfen. Nur wer das oft übt, wird im Katastrophenfall oder in Stresssituationen richtig handeln und einen größeren Datenverlust zu verhindern wissen. In dieser Dokumentation finden Sie Erläuterungen zu allen Optionen und deren richtiger Verwendung sowie wichtige Sicherheitsempfehlungen.

Backup-Unterschiede zwischen den Welten

Wenn Sie Ihre physischen Maschinen mittels Agenten im Betriebssystem bisher auf Band oder Platte gesichert haben, können Sie das auch weiterhin tun, u. a. mit dieser Software. In der virtuellen Welt gibt es aber andere Möglichkeiten, die einem die Wiederherstellung eines Rechners deutlich erleichtern. Die bloßen Daten eines Rechners kann man erst wieder in eine fertig aufgesetzte Maschine mit installiertem Backup-Agenten zurückspielen. Welche Hardware und Treiber vorher in der physischen oder virtuellen Maschine waren, lässt sich nachträglich nicht immer zweifelsfrei bestimmen. Bei einer virtuellen Maschine (VM) können aber alle beteiligten Dateien auf ein Volume des Hypervisors zurückkopiert werden, und die Maschine ist sofort wieder einsatzbereit – ohne Umwege über eine Neuinstallation des Betriebssystems und Installation einer Backup-Software bzw. eines Agenten.

In letzter Zeit haben viele Hersteller recht gute Produkte für die Sicherung und Wiederherstellung für virtuelle Maschinen programmiert. Dabei gibt es sowohl kostenlose Produkte als auch Kaufversionen mit den unterschiedlichsten Ansätzen. Erfahrungen können Sie meist über voll funktionierende, zeitlich begrenzte Versionen sammeln und sich dann für ein Produkt entscheiden. Schauen Sie sich z. B. die Möglichkeiten an, die die Firmen Quest Software (ehemals Vizioncore, jetzt Dell, *www.quest.com/virtualization*), Veeam (*www.veeam.com/de*), Broadcom (ehemals Symantic Backup, *www.broadcom.com*) oder auch Acronis (*www.acronis.de*) bieten.

Die Ansätze der einzelnen Produkte sind zwar zum Teil sehr unterschiedlich, wichtig ist aber nur, dass Sie eine Software finden, mit der Sie einfach, schnell und unkompliziert diese Aufgabe erledigen können.

Sicherung des Hosts

Die Meinungen beim Backup eines ESXi- oder Hyper-V-Servers gehen weit auseinander. Muss der Host überhaupt gesichert werden, oder setzt man ihn einfach neu auf? Beides ist möglich!

Da beim neu installierbaren Hypervisor von VMware (ESXi) kein Betriebssystem mehr als Grundlage vorhanden ist, schlagen die üblichen Backup-Methoden wie bei Linux fehl. Welche Möglichkeiten gibt es dann überhaupt? Mit dem Befehl `vicfg-cfgbackup.pl` über vCLI o. Ä. können die wichtigsten Konfigurationsdateien des Hosts gesichert und wieder zurückgespielt werden. Bei der kostenlosen Version schlägt das Zurückspielen aber fehl, weil der Host sich nach dem Einspielen der Lizenz im schreibgeschützten Modus befindet bzw. die sonst üblichen Softwareschnittstellen geschlossen sind. Setzt man einen neuen ESXi auf, trägt man die Lizenz einfach erst nach dem Zurückspielen der Sicherung ein. Natürlich kann die Konfiguration aber auch per Hand nach einer Neuinstallation wieder eingepflegt werden. Probleme gibt es dann aber gegebenenfalls bei der neuen Identität, die den Zugriff auf einen externen Storage, z. B. wegen eines anderen IQN (iSCSI Qualified Name), verhindern kann.

Eine weitere Möglichkeit besteht darin, den Befehl `vm-support` aufzurufen. Dieser sammelt unter anderem auch die komplette Konfiguration. Die anschließend erstellte gepackte Datei kopiert man sich auf einen beliebigen Datenträger. Muss der Host neu installiert werden, so entfernt man aus dem Paket die nicht benötigten Verzeichnisse wie z. B. */proc* und */vmfs* und kopiert die restlichen Daten in die Originalverzeichnisse zurück. Wenn man anschließend den Server neu startet, ist die komplette Konfiguration wiederhergestellt.

Hat man ein Fibre-Channel- oder iSCSI-SAN, so kann man die Installation des Hosts auch dort vornehmen. Über zusätzliche Funktionen des Storage können natürlich auch diese Daten gesichert werden. Einen neuen Server lässt man einfach vom SAN booten und braucht sich keinerlei weitere Gedanken über das Backup zu machen.

Bootet man den Host von einem USB-Stick oder einer Flash-Speicherkarte, so kann man diesen auch klonen. Das funktioniert auch im laufenden Betrieb, da der Host alle Daten im RAM vorhält. (ESXi 7.0 und höher sollten nicht von Wechseldatenträgern gebootet werden.)

Bei Hyper-V von Microsoft kann der Server (von 2012 R2 bis einschließlich 2022 und Azure Stack HCI) direkt über Veeam Backup & Replication (B&R) gesichert werden.

Sicherung der VMs

Wie schon eingangs erwähnt, kann man bei der Sicherung von virtuellen Maschinen genauso verfahren wie bei physischen Systemen. Besser ist es jedoch, wenn eine Backup-Software die Dateien der VM von der jeweiligen Partition sichert. Dazu gehören bei VMware die Festplattendateien (**.vmdk* und **-flat.vmdk*), die Konfigurationsdateien (**.vmx* und **.vmxf*) sowie gegebenenfalls das BIOS (**.nvram*, nur notwendig, wenn BIOS-Einstellungen geändert wurden) und bei Hyper-V die Konfigurationsdateien (binär mit Endung VMCX) sowie die Festplatte VHD oder AVHD. Haben Sie aktive Snapshots, müssen Sie diese ebenfalls berücksichtigen und zusätzlich die Snapshot-Datei (**.vmsd* bzw. **.vsv*) sichern. Auf jeden Fall ist es besser, wenn Sie die Snapshots vor der Sicherung entfernen bzw. übernehmen/löschen. Ab Windows Server 2016 spricht man von VM Checkpoints statt Snapshots, da sich hier etwas geändert hat. Der Einfachheit halber bleibe ich bei dem Terminus »Snapshots«.

Die meisten Softwarelösungen für diese Aufgabe machen vor dem Backup einen Snapshot der Maschine, weil dann die Festplattendatei ohne Probleme kopiert werden kann. Ist der Vorgang abgeschlossen, wird der dann aktuelle Zustand übernommen und der Snapshot wird gelöscht.

Achten Sie unbedingt auf die korrekte Rücknahme der Snapshots. Bei Problemen kann das jeweilige Volume schnell volllaufen. Schuld daran ist manchmal die VSS-Komponente (Volume Shadowcopy Service) in den VMware Tools. Ändern Sie dann die Einstellungen der Tools und wählen Sie VSS ab. Manchmal ist auch der Eintrag »disk.EnableUUID = "TRUE"« in der *.vmx-Datei schuld. Ändern Sie den Eintrag dann auf »FALSE«. Bei Microsoft Hyper-V Host unter 2012 R2 und früher lässt sich der VSS-Provider pro Volume einstellen; tun Sie das nicht, wählt Veeam den passendsten. Sie können aber auch in der Jobkonfiguration das VSS abschalten.

Die Backup-Lösung für virtuelle Maschinen unter VMware und Microsoft Hyper-V namens Veeam Backup & Replication liegt nunmehr in der Version 12 vor und macht wie vorher einen sehr guten und stabilen Eindruck.

Dieses Produkt wurde in der Vergangenheit mehrfach ausgezeichnet, z. B. als Produkt des Jahres und »Best of vmworld« bzw. »VMware Explore«.

Ähnlich wie andere Datensicherungsanwendungen für VMs unterstützt Backup & Replication einen deduplizierten Speicher sowie eine Kompression vor der Übertragung auf das Sicherungsmedium, was die Netzwerkbelastung und den Storage-Bedarf deutlich verringert.

Eine sehr interessante Lösung ist die integrierte CDP-Funktion (Continuous Data Protection). Damit werden Änderungen an virtuellen Maschinen erkannt und die vorher erstellten Images (Replikate) laufend aktualisiert.

VMs können im Katastrophenfall direkt über den Datensicherungsspeicher gestartet werden – ein Zurückspielen der gesicherten VM auf einen schnelleren Storage kann dann später erfolgen. Auch lässt sich eine Art Sandbox (SureBackup) nutzen, um in einer abgeschotteten, gesicherten Umgebung ein Backup mit mehreren Maschinen zu überprüfen.

Selbstverständlich können auch über das File Level Restore einzelne Dateien aus der Sicherung wiederhergestellt und mittlerweile auch physische Windows-, Linux-, Unix- und MAC-Maschinen gesichert werden. Diese und viele weitere Produktmerkmale werden nachfolgend besprochen.

Veeam Software

Die Firma Veeam Software Group GmbH mit Hauptsitz in Baar (Schweiz) und Ohio (USA) entwickelt Produkte für Datensicherung und Management in virtuellen Umgebungen. Sie wurde im Jahre 2006 gegründet, war zwischenzeitlich eine AG und wurde im Januar 2020 von dem amerikanischen Unternehmen Insight Partners übernommen. Die ersten vorgestellten Produkte waren Veeam Monitor und Veeam Reporter, die mittlerweile Bestandteil von Veeam ONE sind.

Das kostenlos angebotene Tool FASTSCP kam 2007 auf den Markt und ist jetzt die Grundlage der Datensicherung Backup & Replication, welche im Jahre 2008 erstmals angeboten wurde.

Die Firma bietet noch weitere interessante Tools an. Informationen hierzu erhalten Sie auf deren Website.

Systemvoraussetzungen

Veeam Backup & Replication (B&R) kann ab VMware vSphere 6.x bis zur aktuellen Version 8 (mit Einschränkungen) und für ESXi-Hosts (ab 6.x) eingesetzt werden. Der freie, kostenlose ESXi-Host wird nicht unterstützt. Bei Hyper-V werden sogar der freie und der Nano Server ab 2012 R2 unterstützt. Die Software wird als Dienst auf einem physischen oder virtuellen 64-Bit-Windows-Betriebssystem ab Windows 10 bis Windows Server 2022 installiert.

Als Hardwarevoraussetzung gilt eine 64-Bit-CPU mit mindestens vier Kernen und 4 GB RAM plus jeweils 500 MB für jeden gleichzeitig ausgeführten Backup-Job.

Auf der Festplatte werden ca. 10 GB für die Installation und für den Katalog jeweils 10 GB für je 100 VMs benötigt. Netzwerktechnisch sollte es mindestens ein 1-GBit-Ethernet-Adapter sein und für eine WAN-Strecke minimal 1 MBit/s.

Ein Backup-Server (BS) kann bis zu 10.000 VMs sichern. Als Datenbank sollte es dann das mitgelieferte ProstgreSQL (Version 15.1) oder ein Microsoft SQL Server 2012 (oder neuer) sein. Für bis zu 500 VMs reicht auch die SQL-Express-Variante. Konfigurieren Sie den BS mit einem Sockel und mindestens vier Kernen sowie ausreichend RAM (siehe obigen Abschnitt), wenn es sich um eine virtuelle Maschine handelt. Beachten Sie dabei auch die physische Struktur Ihres Hypervisors.

Nutzen Sie für Ihre Windows VMs (Server 2012 R2 oder höher) die interne Deduplizierung, sollten Sie Veeam Backup & Replication ebenfalls auf diesem Betriebssystem installieren und das Feature »Data Deduplication« aktivieren, sonst kann es bei der Dateiwiederherstellung dieser VMs zu Problemen kommen.

Installieren Sie den Backup-Server möglichst nicht auf Produktionsmaschinen wie Microsoft Hyper-V Server, DCs, Exchange- und andere besondere Anwendungsserver.

Unterstützung von VMs:

- Alle Typen und Versionen der VMs inkl. 62-TByte-vmdk-Festplatten werden unterstützt. Bei Hyper-V die Hardwareversion 5.0, 8.0 und 9.0, Generation 1 und 2, VHDX-Festplatten bis 64 TB.
- »Passthrough«-, RDM-Festplatten, unabhängige Disks (independent), NV-DIMM-Geräte und im OS angebundene iSCSI-Festplatten werden nicht gesichert. Ebenfalls werden gemountete Netzwerkfreigaben und externe Mount Points nicht berücksichtigt.
- Alle Betriebssysteme in den VMware-VMs und alle von Hyper-V gelisteten werden unterstützt.
- Die Veeam Explorer für bestimmte Anwendungen benötigen das Microsoft VSS, weswegen die Applikationen erst ab Windows Server 2008 berücksichtigt werden können. Windows Server 2003 und Nano Server werden nicht mehr unterstützt.
- Es sollten möglichst die neuesten SP (Service Packs) und Patches im Backup-Server installiert sein.
- Die Hyper-V-Integrationskomponenten sowie die VMware Tools müssen für Application-Aware Processing und File Level Restore bei Windows und für das SureBackup installiert sein.

Die aktualisierte Veeam Backup & Replication Console, über die man aus der Ferne übers Netzwerk auf die Sicherungsumgebung zugreifen kann, braucht etwas weniger als die oben beschriebenen Werte. Ein 64-Bit-Betriebssystem ab Windows 10 oder Server 2012 muss es aber schon sein.

Lizenzierung

Sie sollten während der Installation des BS bereits Ihren Lizenz-Key angeben, sonst wird die Software in der kostenlosen Version (Community Edition) installiert. Das nachträgliche Einspielen oder Ändern der Lizenz ist zwar ohne Probleme möglich, jedoch müssten dann diverse Funktionen nachträglich manuell aktiviert werden.

Lizenziert wird hier für die VMs entweder pro CPU-Sockel der beteiligten Hosts oder pro Instanz, bei physischen Windows- oder Linux-Maschinen pro Server bzw. Workstation und jeweils ein oder drei Jahre Support und Subscription. Eine Verlängerungslizenz ist für deutlich geringere Kosten erhältlich. Zielhosts (für die Replikation oder Migration) brauchen nicht lizenziert zu werden. Eine 30-Tage-Testversion kann von der Internetseite *www.veeam.com/de* heruntergeladen werden. Sockellizenzen und Instanzen können auch kombiniert und gleichzeitig eingesetzt werden.

Pro Sockel

Dieses ist die alte Art der Lizenzierung und kann auch weiter genutzt, aber nicht erneut gekauft werden. Dabei wird für jeden Prozessorsockel des Hypervisors (Microsoft oder VMware) je eine Lizenz benötigt. Wie viele virtuelle Maschinen auf den Hosts liegen und gesichert werden, spielt dabei keine Rolle. Zusätzlich werden bis zu sechs Instanzen dazugegeben, um z. B. physische Maschinen sichern zu können. Haben Sie nur vier Sockel der Hosts lizenziert, bekommen Sie auch nur vier Instanzen dazu.

Die gekauften Lizenzen werden automatisch den jeweiligen Hosts zugewiesen, sobald ein Sicherungsjob auf den Hypervisor verweist, auf dem die zu sichernde Maschine liegt. Das manuelle Eintragen eines Hosts zu der Liste ist nicht nötig und auch nicht möglich. Um nicht mehr benötigte Hosts von den zugewiesenen Lizenzen zu lösen und diese zum Beispiel einem neuen Host zuzuweisen, klicken Sie in der Oberfläche im Menü auf »Help – License«. In dem folgenden Fenster klicken Sie auf die Schaltfläche »Licensed Hosts«, dann werden die Server gelistet, denen eine Lizenz zugewiesen wurde. Klicken Sie den nicht mehr benötigten Host an und dann auf die Schaltfläche »Revoke«.

Pro Instanz

Veeam spricht hier von der universellen Lizenz (Veeam Universal Licensing, VUL), bei der jede Maschine, egal ob physisch oder virtuell, eine Lizenz benötigt. Darin enthalten sind auch physische und Cloud-Maschinen sowie das Monitoring- und Reporting-Tool Veeam One. Bei dieser Lizenzierung werden für Workstation-Systeme 1/3, für Server 1/1, für VMs 1/1 und für NAS pro 500 GB eine Instanz benötigt. Mittlerweile gibt es diese Version als Premium, Advanced, Foundation und Essentials (siehe *https://www.veeam.com/licensing-policy.html*).

Zusätzliche Module

Für folgende alleinstehende Module gibt es ergänzende Lizenzen, die ebenfalls über Veeam bezogen werden können:

- AWS
- Azure
- Google Cloud
- Kubernetes (Kasten)
- Microsoft 365
- Orchestrator
- Salesforce

Produkteditionen

Veeam Backup & Replication gibt es – zuzüglich der freien und der Essentials-Version – in den drei alten Editionen Standard, Enterprise und Enterprise Plus und den oben erwähnten VUL-Plattformen, die alle aus einer Installationsroutine kommen. Diese bieten natürlich unterschiedliche Funktionen, wie Sie in der 17-seitigen PDF-Datei unter *https://www.veeam.com/veeam_data_platform_feature_comparison_ds.pdf* einsehen können.

Das Zusammenführen von Lizenzen wird im Abschnitt »Zusammenführen von Lizenzen« auf Seite 221 beschrieben.

Erklärung der wichtigsten Funktionen

Nachfolgend möchte ich die wichtigsten Funktionen, die wir in diesem Buch besprechen kurz erklären:

Backup

Applikationskonsistente, imagebasierte Backups
: Erstellung applikationskonsistenter, imagebasierter VM-Backups mit erweiterter anwendungsspezifischer Verarbeitung (einschließlich Kürzung der Transaktionsprotokolle)

VeeamZIP™
: Optimierung von Ad-hoc-Backups aktiver VMs für Archivierungszwecke

NAS-Backup
: Sicherung, Schutz und Wiederherstellung großer NAS-Dateiserver für die Formate SMB/CIFS und NFS. Backups direkt in Repositories für kurz- und langfristige Speicherziele.

Veeam Cloud Tier

Native Objektspeicher-Integration für lokalen Speicher, AWS, Microsoft Azure, IBM Cloud sowie verschiedene S3-kompatible Storage-Angebote. Sowohl Backup-, Kopie- als auch Auslagerungsspeicher werden unterstützt.

Proxy für die Interaktion mit Gastsystemen in ROBO-Umgebungen

Verringerung der Arbeitslast auf dem zentralen Backup-Server und einfachere Skalierbarkeit für große Unternehmen mit vielen Installationen in Außen-/Zweigstellen (Remote Office/Branch Office, ROBO) bei der anwendungsspezifischen Verarbeitung und Indizierung des Gastdateisystems

Backup I/O Control

Ermöglicht die Festlegung der maximal zulässigen I/O-Latenz für Produktivspeichersysteme, um sicherzustellen, dass Backup und Replikation die Verfügbarkeit der Speichersysteme in der Produktivumgebung nicht beeinträchtigen. Je nach Lizenz kann nur eine globale Latenzeinstellung oder die Anpassung auf Ebene der einzelnen Speichersysteme ermöglicht werden.

Backups aus Storage-Snapshots

Beliebig häufige Erstellung imagebasierter Backups und Replikate bei nur geringen oder keinerlei Auswirkungen auf die Produktivumgebung auf Basis von:

- Cisco HyperFlex Snapshots
- Dell EMC VNX, VNX2 und VNXe Snapshots
- HPE 3PAR StoreServ, StoreVirtual und StoreVirtual VSA Snapshots
- IBM Spectrum Virtualize FlashCopy
- Lenovo Spectrum Virtualize FlashCopy
- NetApp-Data-ONTAP-basiertem Storage, einschließlich FAS, FlexArray (V-Series) und Data ONTAP Edge
- Nimble Storage CS Series und AF Series Snapshots
- und weitere

Speichern von Backups

Integrierte Deduplizierung, Komprimierung und integrierter Ausschluss von Swap-Dateien

Verringerung des Speicherplatzbedarfs für Backups und des Netzwerk-Traffics durch integrierte Deduplizierung, verschiedene Komprimierungsoptionen zur Abstimmung der Speicherauslastung mit der Performance und Arbeitslast auf dem Backup-Proxy sowie Verringerung der benötigten Backup-Speicherkapazitäten und Optimierung der Performance durch den Ausschluss von Swap-Dateien

BitLooker™ und dateiselektive Verarbeitung auf Image-Ebene

Analyse der NTFS-Masterdateitabelle (MFT) zur Identifizierung der Blöcke, die zu gelöschten Dateien gehören, und Überspringen dieser Blöcke während der Verarbeitung auf Image-Ebene zur Verringerung der Größe der Backup-Datei und Bandbreitenauslastung bei der Replikation

Backup Copy Jobs

Automatisches Kopieren aller oder ausgewählter VM-Backups an den gewünschten DR-Speicherort, einschließlich Überprüfung und Fehlerbehebung zur Sicherstellung der Verfügbarkeit und Zuverlässigkeit der Kopien

End-to-End-Verschlüsselung

Absicherung von Backup-Daten und Netzwerkübertragungen mit End-to-End-Verschlüsselung (256-Bit-AES) ohne Beeinträchtigung der Datenreduktion durch die integrierte Komprimierung und WAN-Beschleunigung. Alle Editionen bieten eine quellseitige Verschlüsselung (während des Backups), bei der Übertragung (Netzwerk-Traffic) und bei der Speicherung (Bandsicherung). Die VUL-, Enterprise- und Enterprise-Plus-Editionen bieten zudem Schutz bei Kennwortverlust.

Native Bandunterstützung

Sicherung und Archivierung von Dateien und VM-Backups auf eigenständigen Bandlaufwerken sowie physischen und virtuellen Bandbibliotheken, die mit einem Microsoft-Windows-Server in der Umgebung verbunden sind. Alle Editionen unterstützen das Kopieren von Windows-, Linux- und VM-Backup-Dateien auf Band. Die VUL-, Enterprise- und Enterprise-Plus-Editionen bieten außerdem eine umfassende Integration in Backup Jobs und Unterstützung für das vollständige Tracking von VMs und Wiederherstellungspunkten auf Band sowie in Media Vaults. Sie unterstützen außerdem globale Medienpools (mit mehreren Bandbibliotheken) und einen dedizierten Medienpooltyp für eine einfachere Aufbewahrung von GFS-Backups (Großvater, Vater, Sohn).

Veeam Cloud Connect Backup

Übertragung von Backups an externe Speicherorte mit vollständig integrierter, schneller und zuverlässiger Sicherung und Wiederherstellung in die bzw. aus der Cloud über einen Service Provider

Proxy-Affinität

Einfachere Job-Erstellung und Abbildung von Direktverbindungen zwischen Proxys und Backup Repositories

Backup-Dateien pro VM für deduplizierenden Storage

Speichern von VMs in separaten Backup-Dateien für eine bessere Backup-Performance bei der Sicherung auf deduplizierendem Storage. Hierzu werden durch Parallelverarbeitung von VMs mehrere gleichzeitige Schreibdatenströme ermöglicht.

Scale-out Backup Repository™

Bereitstellung einer Abstraktionsebene über den einzelnen Speichergeräten zur Erstellung eines virtuellen Backup-Speicherpools. Hinweis: Mit der Enterprise Edition können Anwender ein Scale-out Backup Repository mit drei aktiven Erweiterungen und einer inaktiven Erweiterung (im Wartungsmodus) erstellen. Mit der VUL und Enterprise Plus Edition ist die Anzahl der Repositories oder Erweiterungen nicht beschränkt.

Integrierte WAN-Beschleunigung

Bis zu 50 x schnellere Übertragung von Backups an externe Speicherorte und Verringerung der Bandbreitenauslastung mit agentenlosen Backup Copy Jobs. Die Enterprise Edition unterstützt die integrierte WAN-Beschleunigung ausschließlich für Veeam-Cloud-Connect-Speicherziele. Die VUL und Enterprise Plus Edition unterstützt die integrierte WAN-Beschleunigung für beliebige Speicherziele.

Veeam-Plug-in für Oracle RMAN und SAP HANA

Übertragung von SAP-HANA- und Oracle-RMAN-Backups in Veeam-Repositories unter Verwendung nativer Backup- und Wiederherstellungsfunktionalitäten von SAP und Oracle. Version 12 bietet Verbesserungen wie Backup-Kopie-Verarbeitung, höhere Leistung und Backup-Parallelverarbeitung für Cluster.

Replikation

Imagebasierte VM-Replikation

Lokale Replikation von VMs für eine hohe Verfügbarkeit oder externe Replikation für Disaster Recovery

Unterstütztes Failover und Failback

Rollback von Replikaten und Unterstützung bei Failover und Failback

Replikation aus Backups

Direkte Erstellung von Replikaten aus VM-Backup-Dateien ohne Beeinträchtigung der Produktivumgebung

Geplantes Failover

Einfachere Migration von Rechenzentren ohne Datenverlust

Automatisches Failover

Ist der BS auf der Disaster-Recovery-Seite, wird bei einem Ausfall der Produktionshosts automatisch auf das Replikat umgeschaltet.

Veeam Cloud Connect Replication

Gewährleistung einer hohen Verfügbarkeit unternehmenskritischer Anwendungen durch vollständig integrierte, schnelle und sichere cloudbasierte Disaster Recovery über einen DRaaS-Provider (Disaster Recovery as a Service)

1-Click-Failover-Orchestrierung

Integrierte Orchestrierung von Failover-Plänen für ein einfaches 1-Click-Standort-Failover zur Minimierung ungeplanter Ausfallzeiten

Wiederherstellung

Vollständige Wiederherstellung einer VM
Wiederherstellung einer gesamten VM auf dem ursprünglichen oder einem anderen Host. Durch schnelle Rollbacks kann die Wiederherstellung auf geänderte Blöcke beschränkt werden.

Instant VM Recovery®
Schnelle Wiederherstellung von Services für Anwender, indem VMs direkt über eine Backup-Datei auf herkömmlichen Backup-Speichergeräten gestartet werden

Wiederherstellung von VM-Dateien und virtuellen Festplatten
Wiederherstellung einzelner VM-Dateien (z.B. VMX) und virtueller Festplatten

Direct Restore to AWS, Microsoft Azure, Azure Stack
Wiederherstellung oder Migration von lokalen Windows- oder Linux-basierten VMs, physischen Servern und Endgeräten in AWS und in die Microsoft Azure Cloud

Instant File Level Recovery
Wiederherstellung von Dateien aus 19 gängigen Dateisystemen unter Windows, Linux, BSD, Mac OS, Novell, Solaris und Unix

Veeam Explorer für Storage-Snapshots
Wiederherstellung einzelner VMs, Gastdateien und Anwendungsobjekte aus:

- Cisco HyperFlex HX Series
- Dell EMC VNX, VNX2, VNXe, Unity XT und PowerScale Snapshots
- Fujitsu ETERNUS HX/AX, ONTAP
- Hewlett Packard Enterprise (HPE) 3PAR StoreServ, Nimble Storage, Alletra, Primera, StoreVirtual und StoreVirtual VSA Snapshots
- IBM FlashSystem, N und DM Series
- Lenovo V Series Spectrum Virtualize Snapshots
- NetApp-Data-ONTAP-basiertem Storage, einschließlich FAS, FlexArray und Data ONTAP Edge
- Nimble Storage CS Series und AF Series Snapshots

Veeam Explorer für Microsoft Active Directory
Suche nach und Wiederherstellung von sämtlichen Objekttypen in Active Directory (AD) wie Benutzern, Gruppen, Computerkonten und Kontakten, einschließlich Wiederherstellung von Benutzer- und Computerkennwörtern. Alle Editionen unterstützen die Wiederherstellung einzelner Benutzer und Computerkonten über den Export ins LDIFDE-Format, die Wiederherstellung direkt in AD sowie die Wiederherstellung von Kennwörtern. Die VUL-, Enterprise- und Enterprise-Plus-Editionen unterstützen die Wiederherstellung von Mehrfachauswahlen, Containern, Gruppenrichtlinienobjekten, in AD integrierten DNS-Datensätzen und Konfigurationspartitionsobjekten.

Veeam Explorer für Microsoft Exchange

Sofortiger Einblick in Backups von Microsoft Exchange 2013, 2016 und 2019 für die Wiederherstellung einzelner Exchange-Objekte (z.B. E-Mails, Termine, Notizen und Kontakte), von Online-Archivpostfächern und dauerhaft gelöschten Objekten. Umfassende e-Discovery-Features einschließlich einer Schätzung der Größe der Abfrageergebnisse und ausführlicher Export-Reports. Alle Editionen unterstützen die Wiederherstellung von Objekten aus Exchange-Postfächern über Speichern, Senden und PST-Export. Die VUL-, Enterprise- und Enterprise-Plus-Editionen unterstützen eine Wiederherstellung im ursprünglichen Postfach.

Veeam Explorer für Microsoft SQL Server

Problemlose Wiederherstellung einzelner SQL-Datenbanken auch ohne umfassende SQL-Kenntnisse und ohne Suche nach Datenbank- und Transaktionsprotokolldateien. Alle Editionen unterstützen den lokalen Export von SQL-Datenbankdateien eines bestimmten Zeitpunkts. Die Enterprise- und Enterprise-Plus-Editionen unterstützen agentenlose Transaktionsprotokolle zum Sichern und Zurückspielen sowie die Wiederherstellung von Datenbanken und SQL-Objekten (Tabellen, gespeicherte Prozeduren, Ansichten usw.) auf Transaktionsebene auf dem ursprünglichen oder einem anderen SQL-Server.

Veeam Explorer für Microsoft SharePoint

Sofortiger Einblick in SharePoint-Backups mit erweiterten Features für die Suche, die eine schnelle Wiederherstellung von einzelnen SharePoint-Objekten und vollständigen Websites ermöglichen. Alle Editionen unterstützen die Wiederherstellung von SharePoint-Objekten über Speichern, Senden und Exportieren. Die Enterprise- und Enterprise-Plus-Editionen unterstützen auch die Wiederherstellung von vollständigen Websites sowie die Wiederherstellung am ursprünglichen Speicherort.

Veeam Explorer for Microsoft OneDrive for Business

Dieses Tool ist Bestandteil von dem Explorer für SharePoint. Die Benutzeroberfläche von Veeam Explorer für Microsoft OneDrive for Business ist so konzipiert, dass Sie schnell die Befehle finden, die Sie zur Wiederherstellung von Microsoft-OneDrive-Daten aus mit Veeam Backup für Microsoft 365 erstellten Backups benötigen. Standardmäßig können die Daten nur an den Originalplatz wiederhergestellt werden – Sie können diese aber hinterher kopieren oder verschieben.

Veeam Explorer für Oracle

Problemlose Wiederherstellung einzelner Oracle-Datenbanken auf Windows oder Linux auch ohne umfassende Oracle-Kenntnisse und ohne Suche nach Datenbank- und Transaktionsprotokolldateien. Die VUL-, Enterprise- und Enterprise-Plus-Editionen ermöglichen eine agentenlose Sicherung von Transaktionsprotokollen, das Management von archivierten Protokollen und die Wiederherstellung von Datenbanken auf Transaktionsebene auf dem ursprünglichen oder einem anderen Oracle-Server.

Veeam Explorer for Microsoft Teams

Hiermit können Daten von MS Teams zu Microsoft-365-Organisationen wiederhergestellt werden. Organisationsübergreifendes Zurückspielen ist nicht möglich.

Veeam Explorer für PostgreSQL

Wiederherstellung einzelner Datenbanken über SSH der Versionen 12 bis 15 unter Linux. Unter dem Dateisystem Btrfs und wenn nicht der Standardspeicherort */usr/local/pgsql* genommen wurde, scheitert die Wiederherstellung.

Self-Service

Portal für Helpdesk-Mitarbeiter für 1-Click Restore von Dateien und VMs

Wiederherstellung von Gastdateien und VMs mit einem Klick über eine Weboberfläche

Portal für Helpdesk-Mitarbeiter für die Wiederherstellung von Microsoft-Exchange-Objekten

Wiederherstellung von Postfachobjekten im ursprünglichen Postfach mit einem Klick über eine Weboberfläche

Datenbankwiederherstellungsportal

Wiederherstellung einzelner Datenbanken auf dem ursprünglichen Server oder einem anderen Oracle- oder SQL-Server mit einem Klick über eine Weboberfläche

Self-Service-Portal für die Wiederherstellung von Dateien

Portal zur Dateiwiederherstellung mit automatischer VM-Erkennung und automatischer Delegierung basierend auf der Zugehörigkeit zur lokalen Administratorgruppe

Delegierung von Wiederherstellungsaufgaben

Umfassende Self-Services für alle Wiederherstellungsfeatures der Weboberfläche durch Delegieren der Wiederherstellung einzelner VMs oder VM-Gruppen an bestimmte Benutzer oder Benutzergruppen wie lokale IT-Mitarbeiter, Anwender, Abteilungsmitglieder usw.

Veeam Datalabs

Secure Restore

Überprüfung von Backups zur Verbesserung der Sicherheit und Verringerung von Unterbrechungen aufgrund von Schadsoftware durch optionale Virenscans in Echtzeit, Wiederherstellung auf einen sicheren, virenfreien Wiederherstellungspunkt, unabhängige Unterstützung für Windows Defender, ESET und Symantec Protection Engine sowie Möglichkeit der Erweiterung um Antiviren-Tools von weiteren Herstellern

SureBackup®
: Automatisches Testen und Überprüfen der Wiederherstellbarkeit aller gesicherten VMs durch Ausführen der VM direkt über die Backup-Datei (keine Wiederherstellung der vollständigen VM erforderlich), einschließlich Unterstützung für benutzerdefinierte Anwendungstestskripte

SureReplica
: Automatisches Testen und Überprüfen der Wiederherstellbarkeit aller replizierten VMs einschließlich Unterstützung für benutzerdefinierte Anwendungstestskripte

Staged Restore
: Optimierung des Prozesses zur Löschung sensibler Daten z.B. nach DSGVO (Recht auf Vergessenwerden) mit benutzerdefinierten Skripten und Automatisierung; Datentest in einer abgeschirmten simulierten Produktivumgebung vor der sicheren und schnellen Wiederherstellung im Produktivsystem

On-Demand Sandbox™
: Ausführung einer oder mehrerer VMs direkt über ein Backup in einer isolierten Umgebung einschließlich Nutzung einer Kopie der Produktivumgebung für Fehlerbehebung, Tests und Schulungen ohne Beeinträchtigung des Geschäftsbetriebs

On-Demand Sandbox für Storage-Snapshots
: Schnelle Erstellung vollständig isolierter Kopien der Produktivumgebung auf der Grundlage von Storage-Snapshots für ein einfaches Testen und eine schnelle Fehlerbehebung

Management

Unterstützung für VMware vSphere und Microsoft Hyper-V
: Unterstützung für VMware vSphere 6.5 oder höher und Microsoft Hyper-V 2012 oder höher, Anzeige beider Hypervisoren über eine Konsole

Integriertes Management für Veeam Agent
: Beinhaltet eine einzige Managementkonsole, um die Verfügbarkeit von virtuellen, physischen und cloudbasierten Workloads zu gewährleisten, zentralisierte Bereitstellung von Backup-Agenten, Windows Server Failover Cluster Support sowie Reports zur Überwachung und Identifizierung geschützter und ungeschützter Agenten

vSphere Web Client Plug-ins
: Ausführung von VeeamZIP und Quick Backup, Monitoring von Backups, einfache Identifizierung nicht gesicherter VMs und einfachere Kapazitätsplanung direkt über den vSphere Web Client

Standalone-Konsole

Separate Installation der Konsole sowohl auf dem Backup-Server als auch auf Notebooks und Desktops, sodass RDP-Sessions (Remote-Desktop-Protokoll) auf einem Backup-Server überflüssig werden

Indizierung von Gastdateisystemen

Katalog mit Gastdateien für die unkomplizierte Suche nach einzelnen Dateien zur Wiederherstellung einer Datei ohne Kenntnis des genauen Speicherorts oder des Zeitpunkts ihrer Löschung. Alle Editionen stellen einen Katalog mit Gastdateien von Backups bereit, die derzeit auf Festplatte gespeichert sind. Die VUL-, Enterprise- und Enterprise-Plus-Editionen beinhalten außerdem einen Katalog mit archivierten Backup-Dateien und ermöglichen durch die Integration in 1-Click Restore eine Wiederherstellung direkt über die Suchergebnisse.

Unterstützung von vCloud Director

Sicherung von vApp- und VM-Metadaten und -Attributen sowie Wiederherstellung von vApps und VMs direkt in vCloud mit vollständiger Unterstützung von Fast-Provisioning-VMs. Alle Editionen ermöglichen einen integrierten Einblick in die vCloud-Director-Infrastruktur, Backups über VeeamZIP (einschließlich Backups von vApp- und VM-Metadaten und -Attributen) und die direkte Wiederherstellung in vCloud. Die Enterprise Edition unterstützt geplante inkrementelle Backup Jobs für vCloud-VMs sowie die Integration in das Portal des Kunden über RESTful API. Die VUL- und Enterprise Plus Edition unterstützt Self-Services für die Sicherung und Wiederherstellung auf dem Mandanten über Enterprise Manager sowie die native vCloud-Director-Authentifizierung.

Veeam Backup Enterprise Manager – zentrale Management-Weboberfläche

Webbasierte, konsolidierte Ansicht verteilter Umgebungen auf einer zentralen Konsole ohne Anmeldung auf den einzelnen Backup-Servern, einschließlich Erstellung eines Verbunds mehrerer Backup-Server, zentralem Reporting und konsolidierter Benachrichtigung. Alle Editionen bieten Features für das Monitoring und Reporting über mehrere Backup-Server hinweg sowie das Starten und Anhalten von Jobs. Die VUL-, Enterprise- und Enterprise-Plus-Editionen bieten außerdem umfassende Features für das Job-Management und die Möglichkeit zur Wiederherstellung.

Rollenbasierte Zugriffskontrolle (RBAC)

Zuweisen von Rollen und Berechtigungen für das Erstellen, Wiederherstellen und Überwachen von Backups an Nutzer, Steuerung von Backup-Speicherorten und -kontingenten

Weitere Features

Verschiedene Optionen für den Zugriff auf Speichersysteme
: Backup und Replikation direkt von SAN- und NFS-Speichersystemen, über den I/O-Stack des Hypervisors oder über LAN. Seit Version 12 auch direktes Backup auf Objektspeicher in der Cloud.

Changed Block Tracking
: Minimierung des Zeitaufwands für Backups und Unterstützung für häufigere Backups und Replikationen. Wird sowohl in VMware-vSphere- als auch in Microsoft-Hyper-V-Umgebungen unterstützt.

File Manager
: Integration des Dateimanagements (Veeam FastSCP™) in die Bedienerkonsole

Quick Migration
: Migration von VMware-VMs zwischen Hosts und Speichersystemen mit VMware vMotion, Storage vMotion und der von Veeam bereitgestellten Migrationstechnologie

Automatisierung von Aufgaben
: Alle Editionen unterstützen PowerShell. Die Enterprise Plus Edition unterstützt außerdem RESTful API.

KAPITEL 2

Backup-Strategien

Im Gegensatz zu den Standard-Backup-Strategien wie Full Backup, Differenzielles und Inkrementelles Backup hat man bei Veeam die Auswahl zwischen Reverse Incremental, Incremental Forever und Synthetischen Vollsicherungen. Überlegen Sie sich für jede Maschine oder jeden Job, welche der möglichen Methoden am geeignetsten ist.

Full Backup

Bei einem vollen Backup werden jeden Tag alle Daten der VM gesichert. Dies hat den Nachteil, dass sehr viel Speicherplatz belegt wird und es sehr lange dauert, aber den Vorteil, dass im Falle einer herkömmlichen Wiederherstellung alle Daten schnell wieder bereitgestellt werden können. Dieses Verfahren ist bei Veeam B&R eher nicht angebracht, da eine Wiederherstellung auch von großen Maschinen dadurch nur unwesentlich schneller gehen würde.

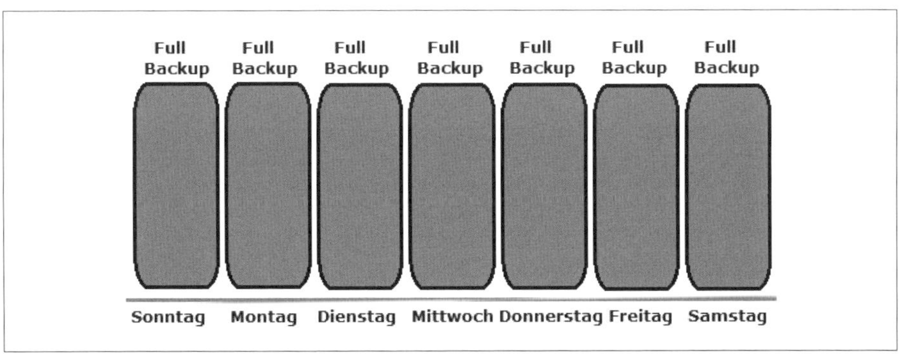

Abbildung 2-1: Datenmengen beim Full Backup

Inkrementelles Backup

Hierbei wird typischerweise am Wochenende ein Full Backup gemacht und in den Folgetagen werden jeweils nur die Unterschiede zum Vortag gesichert. Vorteil: wenig Speicherbedarf. Nachteil: hoher Zeitbedarf bei der herkömmlichen Wiederherstellung. Eine Wiederherstellung bei Veeam ist auch hier nur unwesentlich langsamer, da der BS sich die notwendigen Blöcke raussucht und die Maschine in einem Rutsch zurückspielt.

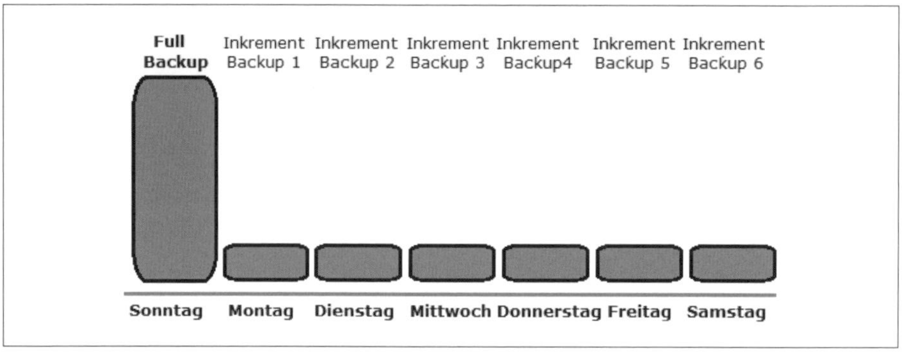

Abbildung 2-2: Datenmengen beim inkrementellen Backup

Differenzielles Backup

Hier wird ebenfalls meistens am Wochenende ein Full Backup gemacht und in den nächsten Tagen werden jeweils die Unterschiede (Differenzen) zum letzten Voll-Backup gesichert. Daraus ergeben sich ein nicht so großer Speicherbedarf wie beim Full Backup und eine nicht so lange Zeit der Wiederherstellung wie beim inkrementellen Sichern. Ein differenzielles Backup bietet Veeam nicht an, da es bei dessen Strategie keinen Sinn machen würde.

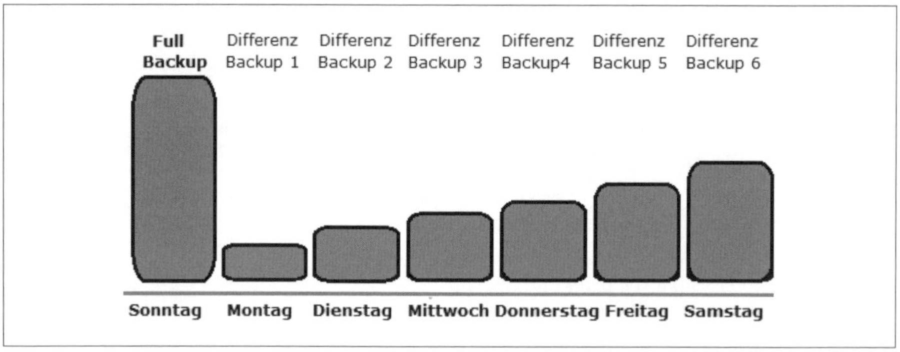

Abbildung 2-3: Datenmengen beim differenziellen Backup

Reverse Incremental Backup von Veeam

Auch hier wird zunächst ein Full Backup erstellt (Schritt 1) und an den nächsten Tagen jeweils ein inkrementelles. Jedoch werden täglich die Unterschiede zum Vortag extrahiert, das aktuelle Full Backup wird errechnet, und es steht damit an jedem Tag ein Full Backup der letzten Sicherung zur Verfügung:

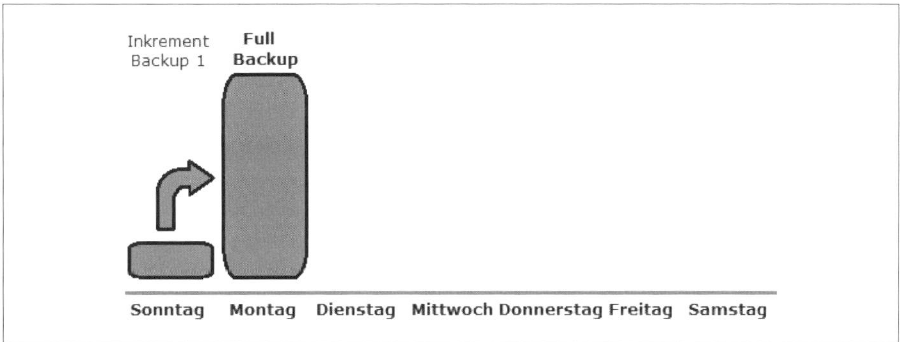

Abbildung 2-4: Schritt 2: Erstes Incremental Backup wird in Full Backup integriert.

Gerade bei sehr großen Datenmengen – typischerweise bei Fileservern – ist diese Auswahl sinnvoll, weil so jeweils nur ein Full Backup auf dem Datastore liegt, egal wie viele Restore Points oder Aufbewahrungstage man ausgewählt hat. Das Errechnen des synthetischen Full Backups benötigt allerdings sehr viel Zeit und Ressourcen. »Reverse Incremental« sollte nicht bei Dell EMC Data Domain und HPE StoreOnce eingestellt werden, weil diese Storages das nicht unterstützen.

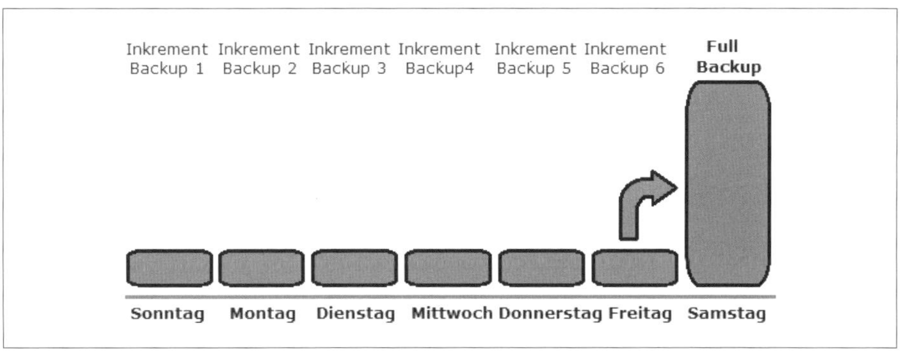

Abbildung 2-5: Schritt n: Weiteres Incremental Backup wird in Full Backup integriert.

Incremental Forever

Diese Option ist nicht direkt auswählbar, sondern wird durch Wegklicken der regelmäßigen synthetischen Voll-Backups erreicht. Das Verfahren ähnelt dem Reverse Incremental Backup, denn es gibt nur ein Full Backup und mehrere inkrementelle. Der Unterschied zum Reverse Incremental Backup ist, dass die älteste Sicherung das Full Backup ist. Ist die Anzahl der Restore Points erreicht, wird bei der nächsten Sicherung das Full Backup um einen Tag nach vorne geschoben und der übrig gebliebene Unterschied (hier Sonntag) anschließend gelöscht.

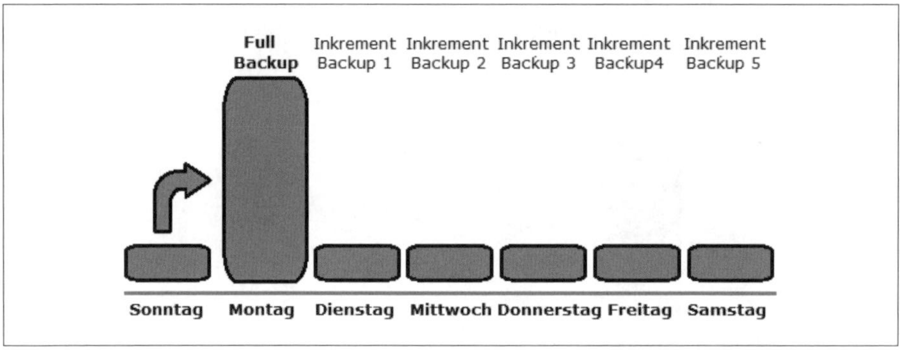

Abbildung 2-6: Das Full Backup wird nach vorne geschoben.

Synthetisches Full Backup

Beim synthetischen Full Backup wird ein zusätzliches komplettes Backup aus den bereits vorhandenen Daten errechnet. Man kann die Tage auswählen, an denen eine Integration der vorherigen Kette zum neuen Full Backup hinzugefügt werden soll:

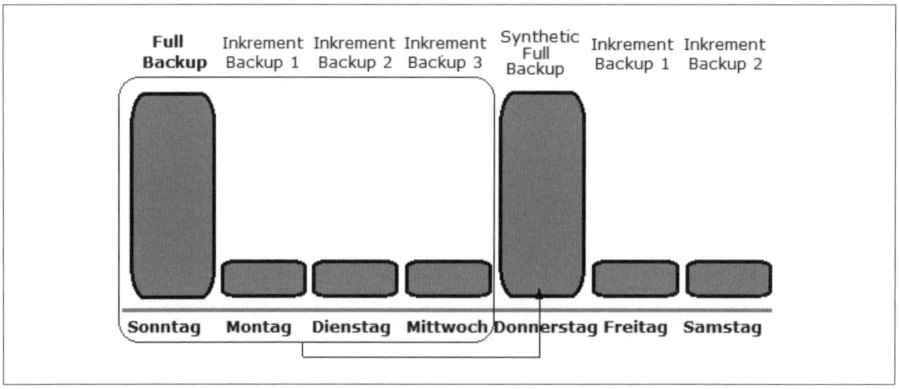

Abbildung 2-7: Ein zusätzliches Full Backup.

Wiederherstellungszeiten

Bei üblichen Datensicherungsanwendungen macht es zum Teil einen erheblichen Unterschied, ob die Wiederherstellung von einem Full Backup oder einem inkrementellen Backup erfolgt, bei Veeam nicht.

Der Backup-Server holt sich zu dem gewünschten Restore Point (Wiederherstellungspunkt) den gespeicherten Katalog und sucht zu der VM die benötigten Blöcke heraus. Dabei ist es unerheblich, ob sich die Blöcke in einer Full-Backup-Datei oder einer Teilsicherung befinden.

Welche Strategie Sie für Ihre Backups verwenden, sollten Sie in Ruhe planen. Wenn ich bei Kunden die Software einführe, wähle ich für jeden Backup Job die jeweils passende Variante aus. Bei Domänencontrollern fallen üblicherweise nicht viele Daten (also Unterschiede) bei den Sicherungen an. Was hier beim Job eingestellt wird, ist also weder von der Zeit noch vom Platzbedarf her interessant. Bei großen Datenmengen, wie bei File-, Datenbank- oder Exchange-Servern ist die umgekehrt inkrementelle oder die Incremental-Forever-Methode eher angebracht. Hat mein Kunde mehrere große Maschinen und wenig Speicherplatz, so mische ich beide Vorgehensweisen, um bei der zweiten Datensicherung Zeit zu sparen.

Bei einem Fileserver mit Wiederherstellungsoption von 30 Tagen und jeweils samstags einem synthetischen Full-Backup würden nach 30 Tagen insgesamt fünf Full-Backups auf dem Datenspeicher liegen.

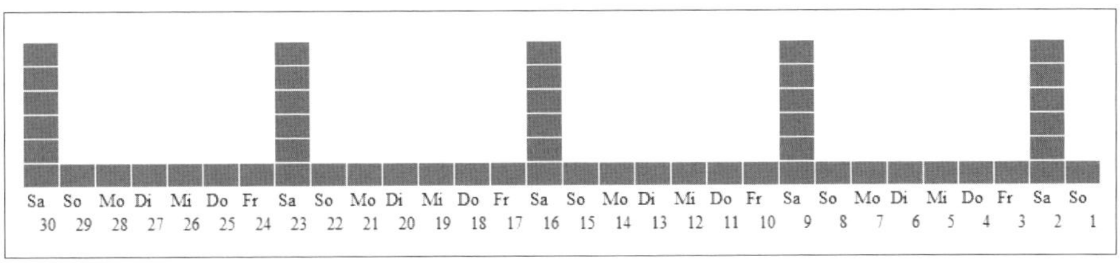

Abbildung 2-8: Fünf Full Backups beim Fileserver

Stellt man Reverse incremental oder Incremental forever ein, gibt es jeweils nur ein volles Backup.

Restore Points

Mit der Anzahl der Restore Points legt man fest, wie viele Sicherungen oder Replikate von der jeweiligen Maschine vorhanden sein sollen. Dabei ist die Häufigkeit der Jobs zu berücksichtigen: Wenn also ein Job jede Stunde zwischen 8:00 und 16:00 Uhr laufen soll und es muss auf dem Storage eine Woche der Daten vorhanden sein, so zählt man acht Sicherungen pro Tag und diese z.B. fünf Tage lang – macht 40 Restore Points.

Wenn Sie Restore Points festlegen, z.B. fünf, dann kann es sein, dass auf dem Datenspeicher mehr als fünf Wiederherstellungspunkte vorhanden sind. Das liegt daran, dass die zu einem Full Backup gehörenden inkrementellen Sicherungen erst gelöscht werden, wenn genügend neue unabhängige Sicherungen vorhanden sind.

Bei dem folgenden Beispiel möchte man fünf Restore Points haben und man macht täglich (montags bis samstags) eine Sicherung und sonntags ein Full Backup. Die alte Kette (Full und darauf basierende inkrementelle Backups) kann erst gelöscht werden, wenn die neue Kette ein Full Backup und vier inkrementelle Sicherungen enthält, also am Donnerstag nach der Sicherung:

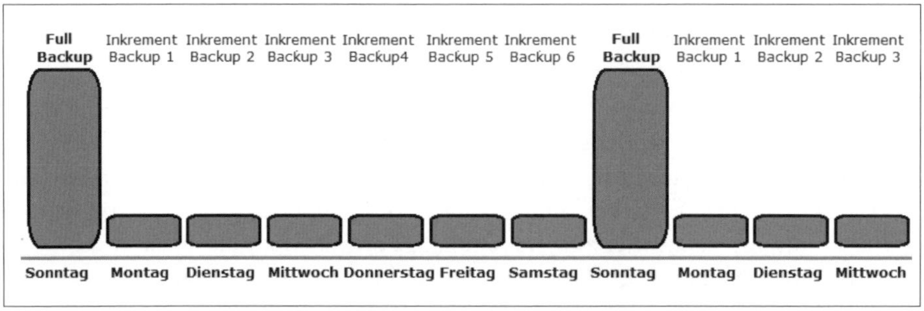

Abbildung 2-9: Abhängige Sicherungskette

Berücksichtigen muss man auch, welche Wiederherstellungsoptionen man hat. Wird man z.B. einen Domänencontroller nach einer Woche zurücksichern? Normalerweise nicht, da aber Veeam automatisch eine nicht autoritative Wiederherstellung vornimmt, wäre dies kein Problem. Vielleicht wird man auch einen aus Versehen gelöschten Eintrag aus dem Active Directory wieder brauchen, wie Gruppen, User oder andere Objekte, ohne den ganzen Server wiederherstellen zu müssen.

Machen Sie sich diesbezüglich auch Gedanken über Datenbankserver, Exchange- und ähnliche Server.

Planen Sie auch für Ihre Fileserver eine Aufbewahrungsrichtlinie, die zu Ihrem Unternehmen passt. Fragen Sie sich, wie oft eine aus Versehen gelöschte Datei wieder gebraucht wird und wie lange es gedauert hat, bis der Verlust aufgefallen ist.

Bedenken Sie auch dabei die Zeiten für die Wiederherstellung vom Datastore im Gegensatz zu einem Bandlaufwerk.

KAPITEL 3

Installation von Backup & Replication

Überlegen Sie sich, wo Sie den Backup-Server installieren: auf einer VM oder auf einer physischen Maschine? Auf jeden Fall sollte die Software nicht auf einem Rechner installiert werden, der Daten zur Sicherung enthält, also selbst ein zu sicherndes Objekt darstellt. Außerdem soll es keine Maschine mit wichtiger Software wie DCs, Datenbank- oder Exchange-Server sein.

Wenn Sie ein Bandlaufwerk oder direkten Speicherzugriff (Direct Storage Access) nutzen wollen, so muss dies an einer physischen Maschine angeschlossen sein, nicht aber unbedingt am BS selbst.

Backup-Server als VM

Möchten Sie Veeam Backup & Replication auf einer virtuellen Maschine installieren, so sollten Sie gerade bei VMware auf einige Details achtgeben:

- Konfigurieren Sie die VM am besten mit einem Sockel und mehreren CPU-Kernen, damit diese vom ESXi-Host innerhalb eines NUMA-Knotens gehalten werden kann.
- Da es sich um eine Windows-Maschine handelt, sollten Sie beim RAM möglichst die Zweierpotenzen beachten.
- Geben Sie der VM ein oder mehrere Netzwerkkarten als VMXNET3-Adapter, der ist der schnellste und entlastet die CPU.
- Nutzen Sie als ersten SCSI-Controller ausschließlich »LSI Logic SAS«, sonst kann es beim Booten Probleme geben. Da der »HotAdd-Modus« mittlerweile bei paravirtuellen Adaptern ebenfalls für die Sicherung genutzt werden kann, sollten Sie weitere Platten an so einen Adapter anschließen.
- Entfernen Sie nicht benötigte Hardware wie USB-Controller, IDE-Schnittstellen etc.
- Trennen Sie das optische Laufwerk von einer CD, DVD oder ISO, wenn dieses nicht mehr benötigt wird.

Überlegungen vor der Installation

Welche Größe des Backup-Servers benötigen Sie? Soll es einer sein oder mehrere? Die Lizenz für Ihre Umgebung besagt, was gesichert wird, und nicht, wer es sichert. Sie können also ohne Probleme die Software auch auf mehrere Maschinen verteilen und an diese jeweils einen Datensicherungsspeicher anschließen. Auch der Einsatz mehrerer Proxys ist nachträglich ohne Probleme möglich.

Wo soll die Datenbank hin? Lokal oder doch besser auf einen anderen Server? Die mitgelieferte PostgreSQL Version 15.1 hat keine Größenbeschränkung. Nutzen Sie das File-to-Tape, so wird für jede Datei ein Datenbankeintrag erstellt, was die Größe sehr schnell ansteigen lässt. Ähnliches gilt für große SharePoint-Umgebungen mit mehreren tausend Seiten. Deshalb sollte dann auf keinen Fall eine SQL-Express-Version genommen werden.

Beachten Sie bitte, dass das Backup-Programm nicht gestartet werden kann, wenn die Datenbank nicht erreicht wird. Das heißt, Sie können einen Datenbankserver nicht wiederherstellen, auf dem die Datenbank des Veeam BS liegt!

Für einen Task des BS benötigt es einen halben CPU-Kern, wobei ein Task hier eine Festplatte bedeutet. Bei vier Kernen können also acht Festplatten von einer oder mehreren Maschinen gleichzeitig gesichert werden. Dabei muss man auch die Limitierung des Datenspeichers (Repository) berücksichtigen: Wie viele gleichzeitige Tasks kann dieser verarbeiten? Bei einem BS als VM kann die Anzahl der CPUs und des RAM nachträglich problemlos geändert werden, bei einer physischen Maschine kann jederzeit ein zusätzlicher Backup-Proxy Tasks übernehmen.

Überlegen Sie sich auch, ob der BS Mitglied der Domäne sein sollte, was nicht notwendig ist, aber die Sicherung von Domänenmitgliedern erheblich vereinfacht. Erstellen Sie auch einen Backup-User, der die notwendigen Rechte zum Sichern Ihrer Maschinen hat (siehe nächsten Abschnitt).

Melden Sie sich am zukünftigen Backup-Server mit lokalen Administrator-Rechten an, um die Software zu installieren und ggf. die Firewall anzupassen. Auch um hinterher die Backup-Konsole starten zu können, sind lokale Administrator-Rechte notwendig.

Überlegen Sie sich, ob Sie für die Datensicherung einen eigenen Benutzer im Active Directory anlegen möchten, dessen Passwort nicht schon nach kurzer Zeit abläuft und der genügend Berechtigungen auf den zu sichernden Maschinen hat. Alternativ können Sie auch vorhandene User für jeden Job individuell einsetzen.

Soll die Sicherung hinterher auf einem lokal angeschlossenen Datenträger (lokale Platte, iSCSI-Volume o. Ä.) abgelegt werden, schließen Sie den Datenträger möglichst vor der Installation an. Veeam erkennt den Speicherplatz automatisch und stellt diesen statt das Laufwerk C:\ als Standardablage ein. Ein lokaler oder direkt angeschlossener Speicher sollte bei der Datenträgerinitialisierung mit GPT (Globally Unique Identifier Partition Table) statt MBR (Master Boot Record) formatiert sein, um die 2-TByte-Grenze zu umgehen. Hatten Sie bereits MBR ausgewählt, so lässt sich das nachträglich in der Datenträgerverwaltung ändern, wenn noch keine Partition eingerichtet wurde. Schlimmstenfalls können Sie auch die Partition löschen und die Konvertierung zu GPT durchführen. Des Weiteren nehmen Sie hier möglichst das neue Dateisystem ReFS (Resilient File System) statt NTFS, um eine schnellere Sicherung mittels »Fast Cloning« (schnelles Klonen von Blöcken) zu bekommen, und stellen Sie die Blockgröße beim Formatieren auf Maximum (64 KByte) ein.

> Beachten Sie aber: Ohne dass die Datenbank erreicht wird, kann das Backupprogramm nicht starten. D. h. Sie können einen Datenbank-Server nicht wiederherstellen, auf dem die Datenbank vom Veeam BS liegt!

Bei der Installation wird die Firewall des Backup-Servers automatisch eingestellt. Welche Ports zwischen diesem Server und der beteiligten Infrastruktur noch offen sein müssen, wird im Folgenden jeweils aufgeführt.

Schauen Sie auf der Webseite von Veeam ggf. nach, ob es eine neuere Version gibt, und laden Sie diese von der Webseite runter. Darüber hinaus sollte die Lizenzdatei möglichst jetzt schon zur Verfügung stehen.

Installation

Legen Sie den Datenträger in das DVD-Laufwerk ein oder verbinden Sie das ISO-Image mit der Maschine. Bei neueren Windows-Maschinen kann auch auf die ISO-Datei ein Doppelklick gemacht werden, sodass der Inhalt als DVD-Laufwerk sofort zur Verfügung steht. Sollte der Autostart nicht durchgeführt werden, navigieren Sie auf dem Datenträger zu der Datei *setup.exe* und starten Sie diese manuell. Die Warnmeldung der Benutzerkontensteuerung können Sie mit »Ja« bestätigen.

Klicken Sie auf die Schaltfläche »Install« und anschließend auf »Install Veeam Backup & Replication«, um die Installation des BS und der Konsole zu starten. Sie können die Konsole auch auf Ihrem lokalen Rechner installieren, was ich empfehle, damit möglichst nicht über RDP auf den BS zugegriffen wird.

Anschließend werden Sie ggf. aufgefordert, .NET Framework 4.7.2 zu installieren, welches dem Paket beiliegt. Nach der Installation von .NET müssen Sie Ihren Rechner ggf. neu starten und anschließend die Installation fortsetzen.

Akzeptieren Sie die EULA für Veeam, die zusätzliche Software und die Drittanbieterprodukte von Microsoft, Oracle, SAP, Nutanix und Kasten (Container).

Geben Sie im nächsten Fenster den Ort zur Lizenzdatei (**.LIC*) an, die Ihnen zugesandt wurde. Haben Sie keine, wird die Software in der freien Version (Community Edition) installiert. Nach der Installation kann die Lizenzierung jederzeit über den

Menüpunkt »Help – License« nachgeholt werden. Auch neue oder erweiterte Lizenzen werden hier eingespielt. Haben Sie hier eine alte Lizenz für die Vorgängerversion angegeben, schlägt die Installation vor, diese automatisch über das Internet auf die aktuelle Version zu aktualisieren. Die aktualisierte Lizenz finden Sie dann unter *C:\ProgramData\Veeam\Setup\Licenses*.

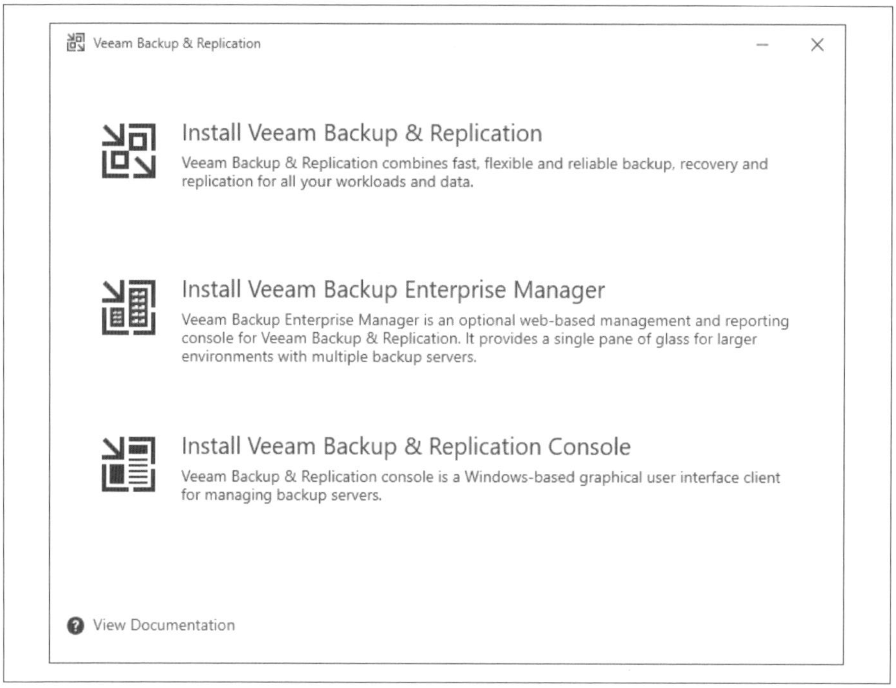

Abbildung 3-1: Funktionsschaltflächen beim Start der Installation

Im nächsten Fenster wird überprüft, ob alle Voraussetzungen für die Installation vorliegen. Häufig fehlen auf dem BS noch Komponenten (z.B. .NET), die aber ebenfalls im Paket vorhanden sind und automatisch dem Rechner hinzugefügt werden, wie in Abbildung 3-2 zu sehen ist.

Wird anschließend in der Spalte Status »Passed« bei allen Komponenten angezeigt, klicken Sie auf »Next« oder wie im obigen Beispiel auf »Reboot«. Nach dem Neustart wird das Setup automatisch neu gestartet.

Nachdem Sie auf »Next« geklickt haben, werden in dem neuen Fenster die Einstellungen angezeigt. Das SDK (Software Development Kit) bzw. die Erweiterung für die PowerShell ist mittlerweile standardmäßig integriert und wird hier nicht angezeigt, ebenfalls die Veeam Backup & Replication Console.

- Veeam Backup & Replication – dahinter verbirgt sich die Backup-Anwendung, die anschließend als Dienst auf dem Computer läuft
- Veeam Backup Catalog – wird für das Indizieren der Backup Jobs benötigt

- vPower Cache Folder – Ordner für das Zwischenspeichern bei Instant Recovery (siehe Wiederherstellung)
- Sie können nun noch jeweils den Speicherort für die drei Komponenten bei Bedarf ändern. Über »Customize Settings« hat man die Möglichkeit, eine andere Datenbank auszuwählen und die Pfade und Ports zu ändern. Bestätigen Sie anschließend Ihre Auswahl mit »Install« oder klicken Sie auf den Link »Customize Settings«, um die Möglichkeit zu haben,
- den Account für den BS-Dienst zu ändern (lokales System wird empfohlen),
- statt der kostenlosen, mitgelieferten PostgreSQL- oder SQL-Express-Version (2016 SP2) einen bestehenden SQL-Server (ab SQL 2012 bis SQL 2022) für die Informationen des Systems anzugeben (nicht empfohlen, siehe oben),
- die drei Ordner für den Installationspfad, den Schreib-Cache bei der direkten Wiederherstellung und den Katalog für das Gast-Dateisystem woanders hinzulegen und
- die vier notwendigen Ports auf andere Werte umzustellen.

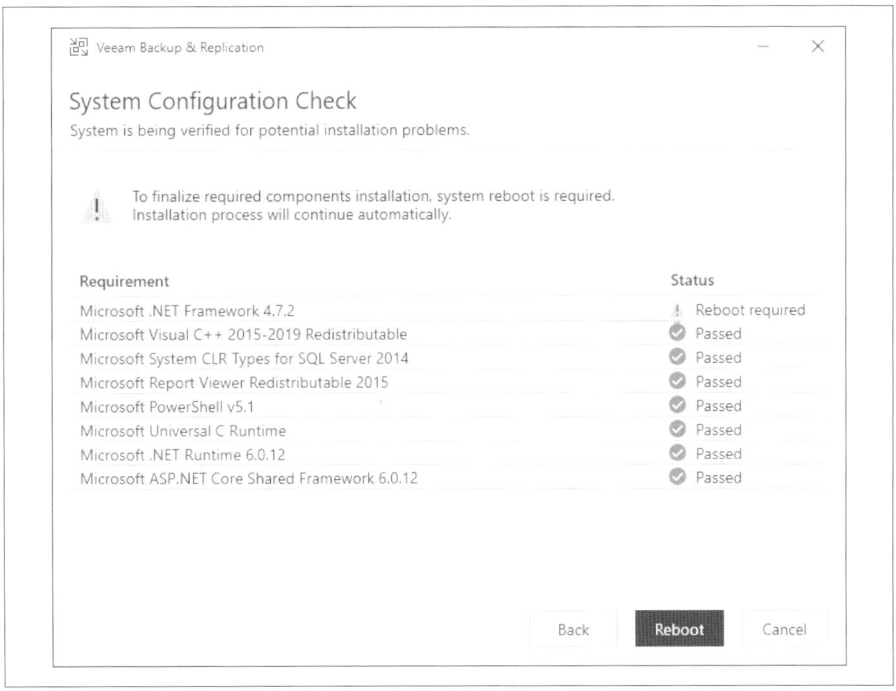

Abbildung 3-2: Systemvoraussetzungen nachinstalliert

Üblicherweise können Sie die drei angefragten Ordner für die Installation, den Ordner für den Schreib-Cache und den VBRCatalog (indexing) wie vorgeschlagen abnicken und dann die Installation starten. Die Installationsroutine wählt üblicherweise das Laufwerk danach aus, wo am meisten Platz vorhanden ist. Anschließend wird ggf. nach einem Usernamen und Passwort gefragt, der NTFS-Berechtigungen auf dem lokalen Dateisystem hat und auch als Benutzer für den Zugriff auf die Datenbank fungiert. Ist ein entsprechender Benutzer angemeldet, wird dieser Punkt nicht angezeigt. Das Recht »Anmelden als« wird dem User automatisch verliehen.

Die vier Ports 9392, 9393, 9401 und 9419 für den Katalog- und Backup-Dienst, die sichere Verbindung sowie die Programmierschnittstelle, die im Fenster angezeigt werden, sollten auf den meisten Systemen noch nicht belegt sein. Die lokale Windows-Firewall wird hierbei automatisch konfiguriert. Welche Ports auf diesem und weiteren Systemen insgesamt betroffen sind, finden Sie gesammelt im Abschnitt »Port-Adressen« auf Seite 218.

Im Hintergrund werden unter anderem noch folgende Tools mit installiert, die auch im Weiteren ausführlich behandelt werden:

- Veeam Backup & Replication Console
- Veeam Explorer for Microsoft Active Directory
- Veeam Explorer for Microsoft Exchange
- Veeam Explorer for Microsoft OneDrive Business und Teams
- Veeam Explorer for SharePoint
- Veeam Explorer for Microsoft SQL, Oracle und PostgreSQL
- Veeam Backup PowerShell Snap-In
- Veeam Agentfür physische Windows-, Linux-, Unix- und MAC-Maschinen
- Kasten K10 Plug-in

Die Veeam Console wird für den Zugriff auf den BS selbst gebraucht und kann auch auf einem lokalen Windows-Rechner installiert werden. Das hat den Vorteil, dass man nicht über das unsichere RDP-Protokoll auf den Server zugreifen muss. Ist der BS eine VM, so kann natürlich auch die VM-Konsole genutzt werden.

Die Veeam Explorer werden für die Wiederherstellung von Objekten aus Exchange, SharePoint, AD, SQL, Oracle etc. benötigt.

Der Veeam Backup Enterprise Manager (EM) ist eine mitgelieferte Management- und Berichtskomponente, die für mehrere Backup-&-Replication-Anwendungen eine zentrale Weboberfläche bietet. Darüber werden auch Replikationen für alle installierten Umgebungen realisiert, und er agiert dann als Lizenzserver für die Produkte von Veeam. Details zum EM finden Sie unter Kapitel 12 in diesem Buch.

Unter dem Punkt »Enterprise Applications Plug-ins« findet man Zusatztools für SAP, Oracle und weitere – dazu später mehr.

Produkt-Updates können übrigens unter *www.veeam.com/patches.html* nach der Anmeldung mit dem hinterlegten Account heruntergeladen werden.

Veeam-Dienste

Nach der Installation befinden sich – abgesehen von der Datenbank – sechzehn weitere Dienste für Veeam auf dem Server, davon sind zehn (u. a. Veeam Guest Catalog Service und Veeam Backup Service) auf »Automatisch (Verzögerter Start)« gesetzt. Erst wenn alle Dienste gestartet sind, kann auf die Anwendung mit der Konsole zugegriffen werden, was z. B. bei einem Neustart der Maschine bis zu fünf Minuten dauern kann.

Erstkonfiguration der Umgebung

Über das Icon »Veeam Backup & Replication Console«, welches nach der Installation auf dem Desktop liegt, kann die Verbindung zum BS hergestellt werden. Sie haben auch die Möglichkeit, weitere Verknüpfungen mit geänderten Anmeldedaten und/oder anderem Ziel auf den Desktop erstellen zu lassen. Dabei werden die Anmeldedaten im Windows Credentials Manager abgespeichert und es kann der jeweilige Server von einem Rechner aus ohne weitere Angaben erreicht werden.

Nach dem ersten Start erscheint eine Oberfläche mit Menüzeile und Symbolleisten (Ribbons), die sich je nach ausgewähltem Unterpunkt – ähnlich wie bei dem aktuellen Microsoft Office – kontextsensitiv ändern. Viele der dort enthaltenen Punkte können auch über Kontextmenüs mit der rechten Maustaste erreicht werden.

Bevor man ein Backup oder andere Jobs anlegen kann, muss man die Infrastruktur dafür zur Verfügung stellen. Dazu gehören der Backup-Server, ein Backup-Proxy, das Backup-Repository (Speicherplatz) und ein oder mehrere Hosts oder der vCenter Server bzw. Microsoft System Center Virtual Machine Manager (SCVMM).

Der Veeam Backup & Replication Server wird der Umgebung automatisch als Proxy-, Repository- und Backup-Server hinzugefügt. Für eine größere Umgebung kann man zusätzliche dedizierte Server für diese Aufgaben konfigurieren. Dieses und weitere wichtige Details zur Infrastruktur folgen im nächsten Kapitel.

KAPITEL 4
Infrastruktur

Aus der Sicht des Backup-Servers gehören zur Infrastruktur zumindest ein Sicherungsspeicher und ein zu sicherndes Objekt (physische oder virtuelle Maschine). In den meisten Fällen werden aber noch weitere Komponenten wie Hosts, Management-Server, externe Datenspeicher etc. dazugehören. Darum geht es in diesem Kapitel.

Die Namensauflösung über DNS oder die lokale Hosts-Datei ist für den Backup-Server und die ggf. eingesetzten Proxys sehr wichtig. Die Namensauflösung des FQDN sollte vorwärts wie rückwärts funktionieren. Dabei müssen der vCenter Server bzw. der SCVMM und alle beteiligten Hosts erkannt werden.

Möchte man die Datensicherung vom Host nicht über das Verwaltungsnetzwerk bekommen, sondern über ein extra dafür eingerichtetes schnelleres Netzwerk, so kann man auf allen Veeam-Komponenten die lokale Hosts-Datei dafür nutzen und somit die Namensauflösung über den DNS-Server umgehen.

Überlegen Sie sich auch das Szenario, wenn der DNS-Dienst mal nicht zur Verfügung steht: Dann ist es besser, vorab die lokale Hosts-Datei entsprechend angepasst zu haben. Eine Beispiel-Hosts-Datei finden Sie finden Sie im Abschnitt »Lokale Hosts-Datei« auf Seite 220.

vCenter Server, SCVMM und Hosts

In einer kleinen Umgebung reicht es, als Nächstes den SCVMM, den Hyper-V Cluster oder den vCenter Server anzugeben, den Backup-Speicher und Anmeldeinformationen der angegebenen Server sowie die administrativen Accounts für die Sicherung von speziellen Maschinen wie Exchange, SQL, Active-Directory-Domänencontroller etc.

Haben Sie keinen SCVMM, Hyper-V Cluster oder vCenter Server, so können Sie auch den oder die Hosts hier eintragen. Wird ein Host aber vom SCVMM oder vCenter Server aus bedient, so sollte dieser Host nicht zusätzlich hier eingetragen werden, weil die VM sonst doppelt gefunden wird.

Bei der ersten Anmeldung nach der Installation erscheint das Fenster »Add Server« automatisch, weicht aber von der Abbildung hier im Buch ab: Dort finden Sie zunächst nur »VMware vSphere«, »Microsoft Hyper-V« und die Möglichkeit, physische Maschinen zu sichern. Wird das Fenster nicht mehr angezeigt, so klicken Sie links unten in dem grauen Bereich auf »Backup Infrastructure«, dann im oberen Bereich links auf »Managed Servers« und anschließend auf »Add Server«. In dem nun folgenden Fenster (siehe Abbildung 4-1) wählen Sie den SCVMM oder vCenter Server aus, indem Sie auf »Microsoft Hyper-V« oder »VMware vSphere« klicken.

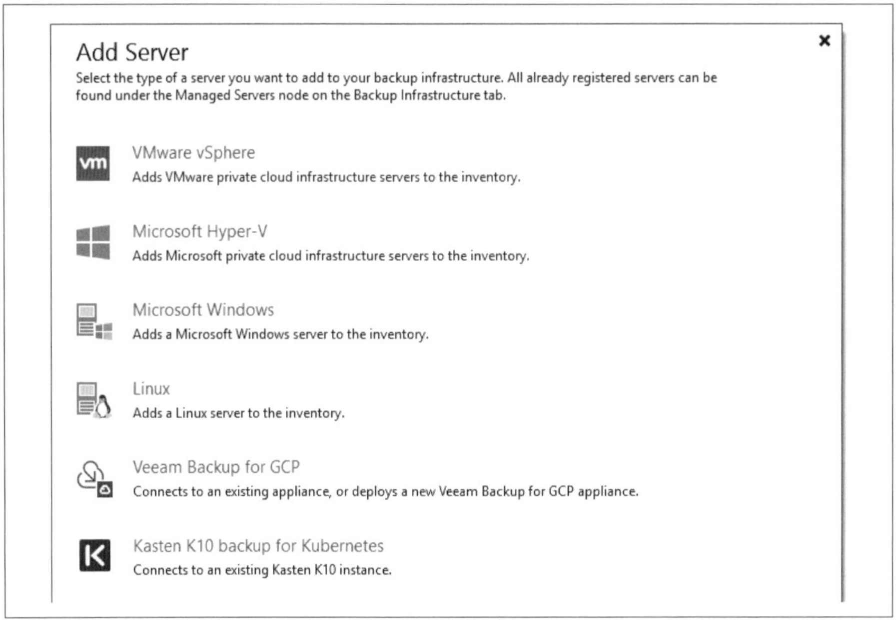

Abbildung 4-1: Virtuelle Infrastrukturkomponenten hinzufügen

Haben Sie für Ihre Hyper-V-Umgebung Zertifikate erstellt, sollten Sie diese vorher dem Backup-Server mitteilen. Beim vCenter Server können Sie sich ein vertrauenswürdiges CA-Root-Zertifikat sowie eine Sperrliste von der Seite *https://>vcenterserver</* herunterladen und installieren. Sollten sich Zertifikate später ändern, so muss dies auch dem BS mitgeteilt werden. Veeam speichert sich lokal Informationen über das TLS-Zertifikat ab, um die Identität sicherzustellen. Wird beim Hinzufügen des Servers zum BS trotz eines vorher geladenen Zertifikates eine Fehlermeldung angezeigt, so besagt diese meist, dass die Kette bis zum Ursprung nicht validiert werden kann. Üblicherweise kann diese Meldung ignoriert werden, wenn man sich sicher ist, den richtigen Server angegeben zu haben.

Ebenso verhält es sich bei Linux-Maschinen, die Sie dem BS hinzufügen: Hier wird der SSH-Schlüssel gespeichert und muss nach einer Aktualisierung natürlich auch hier neu hinterlegt werden.

Geben Sie nun den DNS-Namen (möglichst FQDN) oder die IP-Adresse des Management-Servers an und klicken Sie auf »Next«. Im nächsten Fenster klicken Sie auf die Schaltfläche »Add« und geben dort die Domäne und den Namen des Zugriffsberechtigten an (Domäne\Benutzer) oder suchen Sie ihn über »Browse«. Sie können bei VMware auch einen Account der SSO-Domäne für den Zugriff eintragen. Vergessen Sie nicht, den Suchpfad auf die Domäne zu setzen und das Passwort einzutragen.

Über den Link »Manage accounts« sehen Sie alle schon eingetragenen Benutzer und können diese ggf. entfernen, bearbeiten oder weitere hinzufügen. Anschließend versucht Veeam B&R eine Verbindung über den SSL Port 443 mit dem Server aufzubauen. Sehen Sie sich die Zusammenfassung an und klicken Sie auf »Finish«.

Sie können jetzt weitere SCVMM, vCenter Server oder auch alleinstehende Hosts (bei VMware: nur lizenzierte, keine kostenlosen) und einen Hyper-V Cluster nach Bedarf hinzufügen. Diese sollten aber nicht gleichzeitig auch zum hinzugefügten Management-Server gehören, sonst wird eine VM doppelt gefunden oder gar nicht, weil sie zwischenzeitlich verschoben wurde.

Bei »Add Server« kann es sich auch um einen Windows-Server oder eine Microsoft-Workstation handeln, die als »Backup Proxy« oder »Backup Repository« der Umgebung hinzugefügt werden kann. Eine Linux-Maschine kann ebenfalls beide Aufgaben wahrnehmen (siehe die nächsten Abschnitte in diesem Kapitel). Auf jedem weiteren Windows- oder Linux-Server werden der Veeam-Installer-Dienst und Veeam Transport installiert. Dafür müssen die Datei- und Druckerfreigabe bzw. SSH aktiviert worden sein und ab Server 2012 ggf. die Ports in der Firewall freigeschaltet werden, wie weiter unten detailliert beschrieben ist.

Bei »Veeam Backup for GCP« kann eine bereits bestehende oder auch eine neue Appliance fur das Google-Cloud-Portal angegeben werden. Der letzte Punkt »Kasten K10 backup« ist für Datensicherungen in einer Kubernetes-Umgebung. Kasten ist ein Softwareunternehmen, das das Betriebsmanagement von zustandsbehafteten Cloud-nativen Anwendungen für Kubernetes vereinfacht. Die Firma Kasten Inc. wurde von Veeam aufgekauft.

Backup Repositories

Das Backup Repository ist ein Speicherort, an dem Veeam Backup-Dateien, Metadaten von replizierten VMs, Indexe und Kopien speichert. Der BS ist bei der Einrichtung von Backup Repositories sehr flexibel und ermöglicht eine Vielzahl von Speichertypen. Dennoch gibt es einige bewährte Vorgehensweisen, die Unternehmen bei der Implementierung eines Backup Repositories beachten sollten.

Ein solches Repository kann jeder physische oder virtuelle Windows- oder Linux-Rechner, eine Windows-Freigabe, eine oder mehrere lokale Festplatte(n) oder Speicher im Internet sein. Selbstverständlich können Sie die Daten auch auf einem NAS, SAN oder einem deduplizierenden Speicher ablegen; dies sollte aber nicht gleichzeitig der Storage der virtuellen Infrastruktur sein, also auf dem die zu sichernden VMs liegen.

Bei der Einrichtung des Backup Repositorys kann man die maximale Anzahl gleichzeitiger Aufgaben und Datenübertragungsraten begrenzen. Diese Beschränkungen sind nicht notwendig, wenn das Repository auf einer angemessen dimensionierten Hardware läuft. Möglicherweise müssen unterdimensionierte Repositories gedrosselt werden, um Überläufe und Zeitüberschreitungen zu vermeiden – dazu später mehr.

Klicken Sie unter »Backup Infrastructure« links oben auf den Eintrag »Backup Repositories«. In der Liste auf der rechten Seite ist der Standardspeicher (Default Backup Repository) bereits eingetragen. Dabei handelt es sich um freien Speicherplatz, der während der Installation gefunden wurde. Hat der BS nur das Laufwerk C:\ gefunden, so ist dieses meist nicht für die großen Datenmengen eines Backups geeignet. Sind ein oder mehrere weitere größere Laufwerke angeschlossen, so wird das größte automatisch zum Default Backup Repository. Weitere Speicher müssen dann manuell hinzugefügt werden.

Klicken Sie auf »Add Repository« und wählen Sie einen der vier zur Auswahl stehenden Typen aus, die nachfolgend ausführlich beschrieben werden.

Name ↑	Type	Host	Path	Capacity	Free	Used Space	Description
lokale Platte	Windows	Veeam-01.cssv.dom	E:\Backups	5,5 TB	5,5 TB	0 B	Created by CSSV\Goepel
NFS4-1	NFS	Gateway (auto)	nfs41://10.2.0.1:/vol...	8,7 TB	6,1 TB	64,9 GB	Created by CSSV\Goepel
NFS4-2	NFS	Gateway (auto)	nfs41://10.2.0.2:/vol...	8,7 TB	6,2 TB	0 B	Created by CSSV\Goepel
Lucky Cloud 10 TB	S3-compatible	Direct	amazonS3://s3-berl...	10 TB	10 TB	0 B	Created by CSSV\Goepel

Abbildung 4-2: Datensicherungsspeicher angeben

Direct Attached Storage – Microsoft Windows

Sie können virtuelle und physische Linux- und Windows-Maschinen mit lokalem oder direkt angeschlossenem Speicher (z.B. USB-, FC-, iSCSI- oder NFS-Laufwerke) auswählen. Auch speziell abgesicherte (gehärtete) Linux-Repositories können hierüber hinzugefügt werden. Wir kümmern uns hier im ersten Beispiel um Windows mit lokaler Festplatte:

Geben Sie im ersten Fenster einen sprechenden Namen für den Speicher und ggf. eine Beschreibung an und klicken Sie auf »Next«. Ist es ein lokal angeschlossener Speicher, dann wählen Sie die Schaltfläche »Populate«, um alle angeschlossenen Datenträger mit deren Kapazität und freiem Speicherplatz zu sehen. Ist es ein Speicher auf einer anderen Maschine, so wählen Sie die Schaltfläche »Add New ...« und geben im nächsten Fenster den Namen oder die IP-Adresse an. Für die Zugangsdaten nehmen Sie am besten einen lokalen statt eines Domänen-Accounts für die Anmeldung. Ist die Domäne mal nicht erreichbar (weil Sie diese wiederherstellen müssen), würden Sie nicht mehr an dieses Repository rankommen.

Sollten Sie einen neuen Speicher unter Windows einrichten, wählen Sie bei der Datenträgerinitialisierung auf jeden Fall GPT (GUID Partition Table) statt MBR (Master Boot Record), um die 2-TB-Grenze zu umgehen und das Dateisystem ReFS (Resilient File System) statt NTFS beim Formatieren auswählen zu können. Legen Sie auch die Blockgröße auf Maximum (64 KB) fest. ReFS beschleunigt das synthetische Full und Reverse Incremental Backup.

Üblicherweise legt der BS die Datensicherungen im Ordner *X:\Backups* ab, was hier übernommen werden kann. Unter dem Punkt »Load control« können die maximal möglichen gleichzeitigen Tasks (Standard ist 4) angegeben werden. Diese hängen von der Geschwindigkeit und dem Anschluss des jeweiligen Storage ab. Auch kann man die maximale Anzahl von Daten (in MByte pro Sekunde) angeben, damit der Datenspeicher nicht überfordert wird (Standard ist aus). Ob diese Standardeinstellungen für Ihr Repository richtig sind, kann man meist erst nach den ersten Datensicherungen feststellen. Dort wird am Ende jedes Berichts aufgelistet, wo der Flaschenhals liegt. Liegt er beim Storage, so können die Werte hier rauf oder runter gesetzt werden.

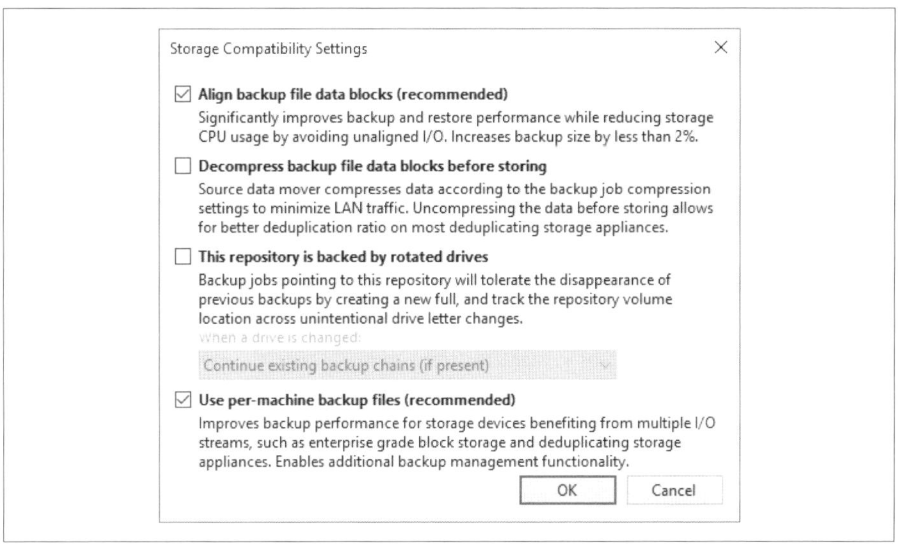

Abbildung 4-3: Erweiterte Einstellungen zum Repository

Hinter der Schaltfläche »Advanced« verbergen sich noch wichtige Punkte:

- »Align backup file data blocks« bedeutet, dass bei Speichersystemen mit fester Blockgröße eine Ausrichtung der Daten an der 4- oder 64-KByte-Grenze gemacht wird. Damit kann zwar eine bessere Deduplizierung erreicht werden, aber auch eine höhere Fragmentierung und eine große Menge ungenutzten Speichers. Ist das Default Backup Repository mit ReFS formatiert, so ist diese Option standardmäßig ausgewählt, bei nachträglich hinzugefügten erst nach Abschluss des Assistenten. ReFS kann nicht gleichzeitig mit der Windows-Komprimierung genutzt werden.

- »Decompress backup data blocks before storing« bedeutet, dass die Daten vor der Speicherung wieder ausgepackt werden. Veeam komprimiert die Daten vor der Übertragung auf einen Speicher, um die Performance zu steigern. Gepackte Daten lassen sich auf einem deduplizierten Speicher aber nicht so platzsparend ablegen. Verschlüsselte Daten (encryption enabled) werden nicht komprimiert.
- »This repository is backed by rotated drives« bedeutet, dass die Speicherung der Daten z.B. auf verschiedenen externen Festplatten gemacht wird. Vergisst man diesen Punkt, so schlägt das übernächste Backup fehl, weil Veeam die vorherigen Daten nicht findet. Bei dieser Option wird immer ein Full Backup gemacht, wenn das letzte Medium nicht vorhanden ist bzw. ausgetauscht wurde. Das bedeutet auch, dass das Medium genug Platz für zwei Full Backups haben muss oder dass einer der drei Unterpunkte bei »When a drive is changed:« ausgewählt werden muss.
- »Continue existing backup chains (if present)« bedeutet, dass die Sicherung auf einem hinzugefügten Laufwerk weitergeschrieben wird.
- »Deleting backups belonging to the job« bedeutet, dass bestehende Daten auf dem Datenträger von der aktuellen Sicherung gelöscht werden.
- »Delete all backups« bedeutet, dass das Laufwerk komplett vor der Sicherung gelöscht wird.
- Sind noch nutzbare Daten vorhanden, versucht der BS, die bereits vorliegenden Blöcke zu nutzen, und macht eine inkrementelle Sicherung. Diese beinhaltet alle Unterschiede zu den gefundenen Daten und kann je nach Stand der alten Sicherung sehr groß werden. Es kann kein GFS-Backup gemacht, darauf kein Backup Copy Job genutzt werden und die Option »per-machine« ist auch nicht möglich. Ändert sich der Laufwerksbuchstabe für eine leere Platte, so wird dieses Laufwerk nicht gefunden. Sind aber schon Daten vom BS darauf, so findet Veeam das Laufwerk trotzdem.
- »Use per-machine backup files« bedeutet, dass die Daten für einen deduplizierten Speicher optimiert abgelegt werden. Hierbei können mehrere I/O-Kanäle genutzt werden. Üblicherweise werden alle VMs in einem Job in einer einzelnen Datei auf das Repository geschrieben. Läuft nur jeweils ein Job für den Datastore, kann es sinnvoll sein, »Pro Maschine Backup File« zu aktivieren, damit mehrere Streams die Übertragung zum Storage besser ausnutzen. Gerade auf einem deduplizierenden Store wird dies empfohlen, bei einem »Scale-out Repository« ist dies standardmäßig aktiv. Dafür sollte »Parallel Data Processing« aktiviert sein. Data Deduplication ist dann nicht mehr pro Job, sondern pro Maschine. Als Lizenz braucht man hierfür Enterprise oder höher, sonst steht die Option nicht zur Verfügung, und Backups schlagen fehl, wenn die Lizenz nachträglich herabgestuft, also unter Enterprise eingespielt wird. Ändert man die Einstellungen nachträglich, so werden bestehende Backups auf dem Repository nicht geändert. Erst nach dem nächsten Full Backup (FB) ziehen die gemachten Einstellungen. Bei synthetischen Full Backups je-

doch nicht; man kann hier aber ein manuelles FB starten, um die Änderungen zu aktivieren.

> Es wird nicht empfohlen, die Option »Limit maximum concurrent tasks to n« für Backup Repositories mit »per-machine backup« zu deaktivieren. Bei Backup-Ketten pro Maschine werden synthetische Vorgänge (synthetisches Voll-Backup, Zusammenführen von Backup-Dateien und Transformation) für jeden Workload im Backup parallel ausgeführt. Die Anzahl der parallelen Vorgänge wird durch die Anzahl der gleichzeitigen Aufgaben begrenzt, die auf dem Backup-Repository ausgeführt werden können. Wenn Sie die Option »Maximale Anzahl gleichzeitiger Aufgaben auf N beschränken« deaktivieren (was zur Verwendung einer unbegrenzten Anzahl von Slots führt), kann die Belastung des Backup Repositorys sehr hoch sein.

Der »Mount Server« ist derjenige, an dem das Laufwerk angeschlossen ist und der somit für die Ablage der Sicherungsdaten und auch für die Wiederherstellung benötigt wird.

vPower NFS kann im nächsten Abschnitt bestätigt werden. Handelt es sich um den lokalen Server, so kann man hier auf »Next« klicken. Ist es aber ein entfernter Windows-Speicher, so sollte dort auch diese Komponente installiert werden (über Add Server). Über vPower NFS kann man aus dem Backup-Speicher heraus VMs direkt auf einem Host starten und später dann verschieben (Instant VM Recovery). Dafür wird ein Schreib Cache benötigt, der üblicherweise auf dem neuen Repository angelegt wird.

Im nächsten Fenster werden die notwendigen Komponenten aufgelistet, und falls auf diesem Speicher noch ältere Sicherungen von Veeam liegen, so können diese und eventuell vorhandene Indexe jetzt importiert werden (Kästchen anklicken).

Nach einem Klick auf »Apply« wird das neue Repository hinzugefügt.

> Beim Hinzufügen eines neuen Repositorys wird gefragt, ob das »Configuration Backup« ebenfalls hierhin gelegt werden soll. Dies ist sinnvoll, damit bei einer notwendigen Neuinstallation des BS dieses wieder geladen werden kann. Im »Configuration Backup« befinden sich alle wichtigen Daten und Einstellungen des BS (siehe auch den Abschnitt »Configuration Backup« auf Seite 80).

Direct Attached Storage – Linux-Server

Haben Sie den zweiten Typ gewählt, so kann sein interner, ein an ihn direkt angeschlossener (lokale Platte, USB, eSATA, iSCSI, FC) oder ein NFS-Speicher dafür in Frage kommen. Klicken Sie auf die Schaltfläche »Add new« und geben Sie den DNS-Namen oder die IP-Adresse des physischen oder virtuellen Servers ein. Ein SSH-Zugriff über den Port 22 muss dabei möglich und es muss über den Account ein Schreibzugriff erlaubt sein. Außerdem muss die Bash Shell aktiv und Pearl installiert sein. Handelt es sich um einen alleinstehenden NFS Storage, so muss dort ggf. noch Pearl installiert und SSH aktiviert werden. Da für die Datenübertragung SCP genutzt wird, muss dieses ebenfalls vorhanden und erlaubt sein.

Nachdem Sie die IP-Adresse oder den DNS-Namen und die Anmeldedaten eingetragen haben, lässt sich über die Schaltfläche »Advanced« noch ein Timeout für SSH und der Netzwerk-Portbereich angeben. Befindet sich der Server in einem anderen Subnetz und eine direkte Verbindung ist nicht möglich, dann sollte man das Kästchen bei »Run server on this side« anklicken. Falls Sie nicht mit einem root-Account zugreifen, müssen Sie noch die Häkchen bei »Non-root account« setzen, weil sonst der Zugriff fehlschlägt.

Anschließend wird der Linux-Rechner unter »Managed Server« eingetragen und die bereits oben erwähnten Abläufe werden in den nächsten Fenstern abgefragt. Ähnlich wie beim ReFS unter Windows kann hier das »fast cloning« ausgewählt werden. Der Punkt »Use fast cloning on XFS volumes« beschleunigt das synthetische Full und das Reverse Incremental Backup. XFS ist erst in neueren Linux-Systemen (ab Kernel 2.6, z.B. Ubuntu 18.04 LTS) verfügbar. Dafür muss der Datenspeicher beim Formatieren dementsprechend angepasst werden. Beispiel: `mkfs.xfs -b size=65536 -m reflink=1,crc=1 /dev/sdc`.

Direct Attached Storage – Hardened Repository

Bei dem dritten und letzten Typ können ähnlich wie oben interne oder direkt angeschlossene Speicher als Repository gewählt werden. Die Besonderheit dabei ist, dass es sich hierbei um nicht löschbare oder WORM-Repositories (write once read many) handelt.

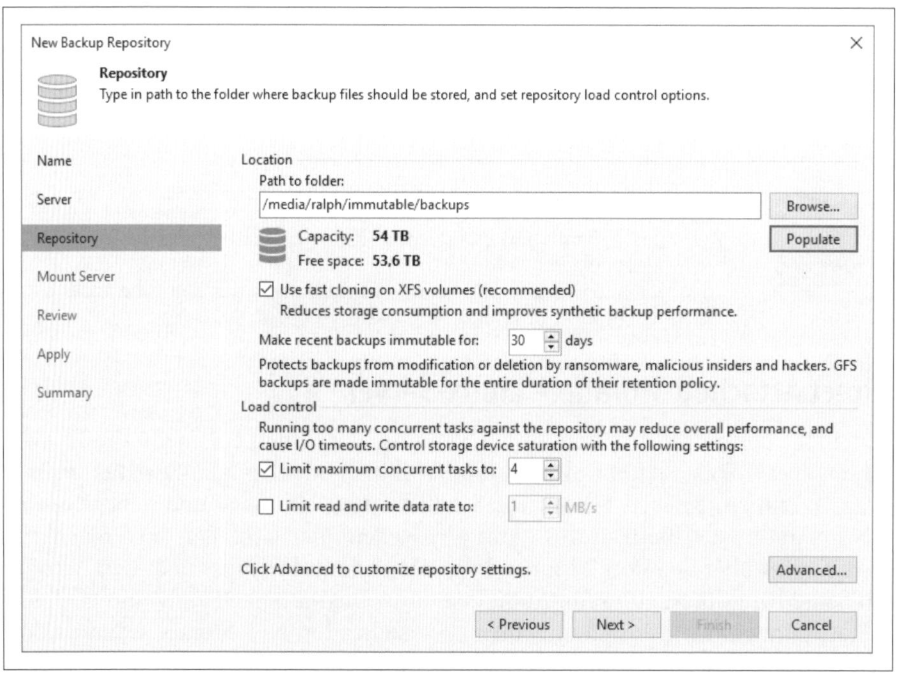

Abbildung 4-4: Erweiterte Einstellungen zum Repository

Als nicht löschbar können dann Backups auf diesem Datenträger für 7 bis 9.999 Tage markiert werden. GFS-Vollsicherungen (Grandfather – Father – Son) werden automatisch für die gesamte Aufbewahrungszeit (Retention Policy) geschützt. Versucht man anschließend unter Veeam B&R die Sicherung zu löschen, schlägt diese fehl und es wird der nächstmögliche Termin zum Löschen angezeigt.

Haben Sie unter Linux bereits ein Repository eingerichtet, so kann dieses auch nachträglich auf ein geschütztes geändert werden.

Wie man als »Windows User« eine Linux-Maschine hinzufügt, habe ich in einer Schritt-für Schritt-Anleitung im Abschnitt »Linux-Proxy hinzufügen« auf Seite 64 aufgeführt. Hier möchte ich als Beispiel dem Ubuntu-Proxy eine lokale Festplatte als »Immutable« Repository hinzufügen:

- Melden Sie sich an dem Betriebssystem mit dem vorher angelegten User an.
- Starten Sie ein Terminal, geben Sie folgenden Befehl ein: »sudo apt install xfsprogs« und folgen Sie den Anweisungen auf der Kommandozeile. Wenn die Installation abgeschlossen ist, schließen Sie das Terminal.
- Klicken Sie unten links auf die neun Punkte und wählen Sie den Eintrag »Hilfsprogramme – Laufwerke«.
- Wählen Sie das gewünschte Laufwerk aus, klicken Sie auf das Zahnradsymbol und anschließend auf »Datenträger formatieren«.
- Vergeben Sie einen aussagekräftigen Namen und wählen Sie als Typ »Andere«.
- Als Dateisystem wählen wir jetzt XFS, da es das »fast cloning« wie ReFS bei Windows unterstützt.
- Ist das Formatieren erledigt, klicken Sie noch auf das Dreieck, um die neue Partition einzuhängen.
- Am BS wählen Sie nun »Add Repository«, dann »Direct Attached Storage« und anschließend »Linux (Hardened Repository)«.
- Vergeben Sie einen Namen und ggf. eine Beschreibung und klicken Sie im nächsten Fenster auf »Populate«.
- Wählen Sie den passenden Eintrag aus der Liste aus und klicken Sie auf »Next«.
- Zuletzt wird das neue Repository Ihrer Liste als Type »Hardened« hinzugefügt.

Network Attached Storage, NFS share

Hierbei handelt es sich meist um ein NAS (Network Attached Storage), das über das NFS-Protokoll (Network File System) Version 3 oder 4.1 angeschlossen ist. Obwohl der BS auf einem Windows-Betriebssystem installiert wird, hat die Backup-Anwendung die Möglichkeit, über einen eigenen Dienst direkt auf NFS zuzugreifen. Sie können dafür wieder den Namen oder eine IP-Adresse angeben, dieses Mal aber in folgendem Format: `<Name oder IP>:/freigabe/ordner`. Beachten Sie die Groß- und Kleinschreibung, wie bei Unix und Linux üblich. Wie bereits oben erwähnt, werden der SSH-Zugriff sowie Pearl dafür benötigt. Die weiteren Fenster sind mit der obigen Beschreibung unter »Direct Attached Storage – Microsoft Windows« auf Seite 48 identisch. vPower NFS wird hier auf dem lokalen Datenspeicher verbleiben.

Wenn sich zu sichernde VMs auf dem NFS-Laufwerk befinden, kann der BS als Sicherungsmethode dann auch »Direct storage access [nfs]« nutzen.

> Sollte das Betriebssystem des Backup-Servers kompromittiert werden, kann die Schadsoftware auf alle angeschlossenen Dateisysteme zugreifen, die das Betriebssystem sieht – also nicht auf NFS!

Network Attached Storage, SMB share

Eine Windows-Freigabe über SMB (Server-Message-Block-Protokoll, ehemals CIFS (Common Internet File System)) wird über einen UNC-Pfad hinzugefügt, also z. B. \\Servername\Freigabename. Der Server kann hierbei wieder physisch oder virtuell sein. Geben Sie ggf. hierfür notwendige Berechtigungen ein oder wählen Sie aus dem Dropdown-Feld einen passenden aus. Überlegen Sie sich auch, hier ggf. lokale Berechtigungen einzusetzen. Die weiteren Fenster enthalten keine anderen als die in der obigen Schilderung im Abschnitt »Direct Attached Storage – Microsoft Windows« auf Seite 48 erwähnten Funktionen, deshalb erfolgen hier keine weiteren Details. vPower NFS wird hier auf dem lokalen Datenspeicher verbleiben.

Deduplicating Storage Appliance

Wenn das hinzuzufügende Repository selbst dedupliziert, müssen Sie diesen Punkt auswählen, andernfalls schlägt die Sicherung darauf fehl. Was ein deduplizierender Speicher ist, erkläre ich unten ausführlich.

Unterstützt werden zurzeit Dell Data Domain, ExaGrid, Fujitsu CS800, HPE StoreOnce, Infinidat InfiniGuard und Quantum DXi. Haben Sie einen anderen deduplizierenden Storage, der hier nicht aufgeführt ist, nehmen Sie die Auswahl »Network attached storage« oder »Direct attached storage« und beachten Sie die erweiterten Optionen, wie im Abschnitt »Direct Attached Storage – Microsoft Windows« auf Seite 48 (Decompress backup data blocks before storing) erklärt. Wählen Sie im nächsten Fenster Ihren Storage und füllen Sie die benötigten Felder entsprechend aus. Ist der Storage über Fibre Channel (FC) angeschlossen, so denken Sie zusätzlich an das Zoning für den Zugriff.

Bei der Auswahl einer der sechs oben genannten Speichergeräte werden die erweiterten Einstellungen (Advanced Settings) üblicherweise automatisch korrekt gesetzt. Falls nicht, halten Sie sich an die folgende Tabelle:

Tabelle 4-1: Tabelle der erweiterten Einstellungen für deduplizierenden Speicher

Funktion	Align backup file data blocks	Decompress backup data blocks before storing	This repository is backed by rotated hard drives	Use per-machine backup files
Dell Data Domain	deaktiviert	aktiviert	deaktiviert	aktiviert
ExaGrid	deaktiviert	aktiviert	deaktiviert	aktiviert
Fujitsu CS800	aktiviert	aktiviert	deaktiviert	aktiviert
HPE StoreOnce	aktiviert	aktiviert	deaktiviert	aktiviert
Infinidat InfiniGuard	aktiviert	aktiviert	deaktiviert	aktiviert
Quantum DXi	deaktiviert	aktiviert	deaktiviert	aktiviert

Bei HPE StoreOnce mit flexibler Blockgröße ist das Alignment deaktiviert und muss auch nicht geändert werden.

> Wenn Sie ein neues Repository hinzugefügt haben und *C:\Backup* zu klein für eine Sicherung ist, aber immer noch in der Liste auftaucht, sollten Sie dieses entfernen (Default Backup Repository – Remove Repository).

Object Storage

Bei einem Objektspeicher werden Daten als Objekte in einem Container (Bucket) mit bis zu fünf TByte abgelegt. Ein Objekt kann z.B. eine Datei mit ihren zugehörigen Metadaten sein.

In der aktuellen Version vom BS gibt es sechs Möglichkeiten, einen vordefinierten Objektspeicher auszuwählen.

- S3 Compatible (Simple Storage Service)
- Amazon S3: Unterstützt werden Amazon S3, S3 Glacier (mit Deep Archive) und Snowball Edge.
- Google Cloud Storage: Beide Klassen – Standard und Nearline Storage – werden unterstützt.
- IBM Cloud Object Storage: S3-kompatible Versionen von On-Premise und Offerings sind hier möglich.
- Microsoft Azure Storage: Azure Blob und Azure Archive Storage sowie Azure Data Box können hier eingerichtet werden.
- Wasabi Cloud Storage: ein sehr günstiger US-Anbieter für Internet-Datenspeicher

Dieser Speicher kann mittlerweile auch für die direkte Datensicherung aus der virtuellen oder physischen Umgebung genutzt werden, also nicht mehr nur als Ergänzung, um dort Backups zusätzlich abzulegen (Archive Repository).

Hat Ihr BS keinen direkten Zugang zum Internet, so können Sie auch einen Linux- oder Windows-Proxy als Data Mover einsetzen. Achten Sie darauf, dass die notwendigen Ports für den Zugriff in der Firewall freigegeben werden, die unter »Port-Adressen« auf Seite 218 aufgeführt sind.

Als Beispiel wähle ich hier einen S3-kompatiblen Speicher von luckycloud, einem deutschen Anbieter mit hochverfügbarem und skalierbarem Objektspeicher in Deutschland. Auf deren Webseite können Sie nach der Registrierung einen 14-Tage-Testzugang bekommen. Detaillierte Informationen über das Angebot finden Sie unter *https://docs.luckycloud.de/de/hybride-cloud/luckycloud-s3*.

Vorgehensweise:

1. Wählen Sie bei »Backup Infrastructure« den Punkt »Backup Repositories« und dann »Add Repository« aus. Klicken Sie auf »Object Storage« und anschließend auf »S3 Compatible«.
2. Geben Sie in dem Fenster einen aussagekräftigen Namen für den Speicher an, limitieren Sie bei Bedarf die Anzahl an gleichzeitigen Tasks (kann auch nachträglich geändert werden) und klicken Sie auf Next.
3. In dem Feld »Service Point« geben Sie die Adresse und ggf. den mitgeteilten Port ein. Hier wird das einfache http:// nicht unterstützt. Beispiel: *https://s3-berlin1.luckycloud.de*. Das Feld »Region« ist hier optional, und bei den »Credentials« müssen Sie die mitgeteilten Zugangsdaten für den Access und den Secret Key eingeben. Hat der BS selbst keinen Zugriff auf den Speicher, so können Sie im unteren Teil bei »Connection type« einen Gateway-Server (Linux oder Windows) dafür angeben.
4. Im nächsten Feld kann über »Browse« das sogenannte Bucket ausgewählt werden. Dieses muss jetzt schon angelegt sein und Sie müssen Berechtigungen darauf haben.
5. Im nächsten Feld wählen Sie den Ordner (Folder) oder Sie erstellen einen neuen für die Datenablage. Im unteren Teil haben Sie noch die Möglichkeit, die Menge an Daten in TByte oder PByte zu begrenzen. Wird diese Grenze überschritten, wird der aktuelle Auftrag noch durchgeführt, aber weitere werden nicht mehr gestartet.
6. Als Letztes kann man die Daten für einen gewissen Zeitraum schützen (immutable), sodass diese nicht verändert oder gelöscht werden können.

Wählen Sie einen S3-Speicher aus, so benötigen Sie hierfür nur die Anmeldedaten und die Region (Global, GovCloud (US) oder China). Veeam stellt automatisch eine Verbindung her und listet Ihre Buckets aufgrund der Anmeldung auf. Die Region wird dann automatisch z.B. auf EU (Frankfurt) eingestellt.

Genauso verhält es sich bei Amazon, IBM Cloud Object Storage und Microsoft Azure. Achten Sie bei Azure darauf, dass Sie nicht den Root-Ordner auswählen, da hier keine Daten abgelegt werden können.

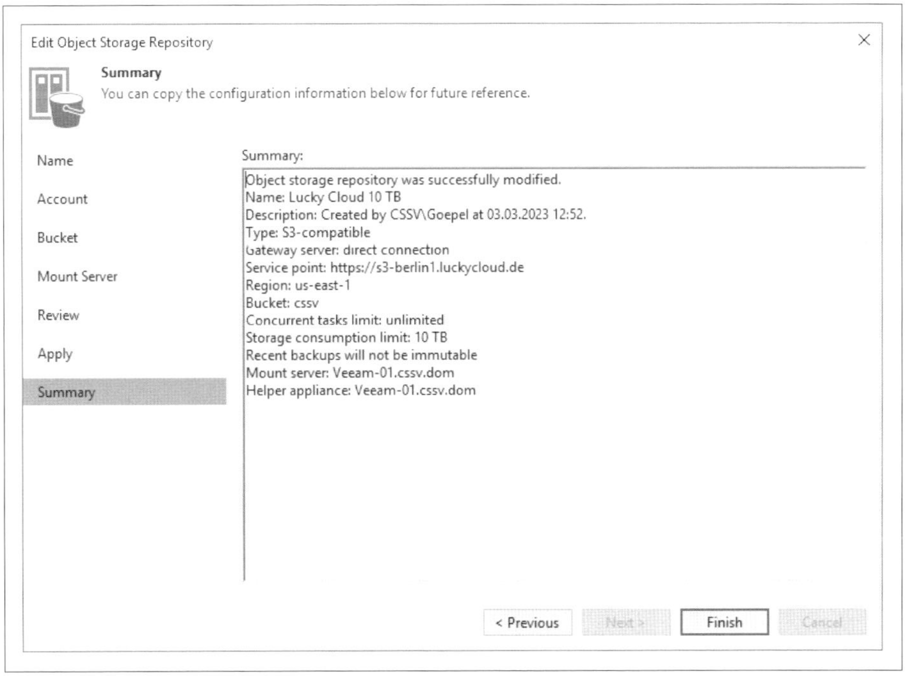

Abbildung 4-5: LuckyCloud-S3-Speicher

Weiter geht es jetzt mit dem Mount-Server, was ich aber hier nicht wiederhole (siehe oben).

External Repositories

Nur ein Speicher von Amazon S3 (nicht S3-kompatibel), Microsoft Azure Blob und Google Cloud Platform mit vorhandenen Sicherungen können zu diesem Backup-Speicher hinzugefügt werden. Mit Veeam B&R können erstellte Backups von »Veeam Backup for AWS«, »Veeam Backup for Microsoft Azure« und »Veeam Backup for Google Cloud Platform« dann auf einen lokalen Sicherungsspeicher kopiert und die Daten zwischen Cloud, lokaler und virtueller Infrastruktur migriert werden, da es sich hier um einen »Nur lesen« Speicher handelt. Um solche Backups anlegen zu können, muss die Cloud-Umgebung bereits in der Infrastruktur hinzugefügt worden sein. Um das Migrieren durchführen zu können, müssen Sie ein Repository zum BS als External Repository hinzufügen, das die Sicherungen von EC2-Instanzen oder Azure VMs bereits enthält. Dieser »Read only«-Speicher kann nicht für direkte Sicherungen oder Backup Copy Jobs genutzt werden.

Scale-out Repository

Eine Repository-Architektur sollte sich an der 3-2-1-Regel orientieren. Diese Regel besagt, dass drei Versionen der Daten verfügbar sein müssen – die Originaldaten plus zwei Backups, die auf zwei verschiedenen Medientypen gespeichert sind, wobei mindestens eine Kopie außerhalb des Unternehmens liegt.

Ein Scale-out Repository kann man als Sicherungsspeicher-Container verstehen, in dem mehrere vorher angelegte Repositories als Speicherplatzerweiterungen zusammengefasst werden. Hierbei handelt es sich also um einen erweiterbaren Pool von Speichern, deren Kapazitäten zum Scale-out Repository beitragen.

Für die Langzeitarchivierung können Daten von hier aus in die Cloud exportiert werden, um z. B. statt der Sicherung auf Bandlaufwerke Daten ab einem bestimmten Zeitpunkt (z. B. 14 Tage) dorthin verschieben zu lassen. Es ist also kein zusätzlicher Job mehr für diese Aufgabe notwendig.

Vorgehensweise:

1. Geben Sie einen aussagekräftigen Namen für den Speicher und ggf. eine zusätzliche Beschreibung an.
2. Über die Schaltfläche »Add« können von den bisher angelegten Repositories ein oder mehrere übernommen werden, jedoch nicht Backup- und Objekt-Storages bei »Performance Tier« gleichzeitig. Über die Schaltfläche »Advanced« können bei **Use per-machine backup files** mehrere I/O-Kanäle genutzt werden. Üblicherweise werden alle VMs in einem Job in einer einzelnen Datei auf das Repository geschrieben. Läuft nur jeweils ein Job für den Datastore, kann es sinnvoll sein, »Pro VM-Backup File« zu aktivieren, damit mehrere Streams die Übertragung zum Storage besser ausnutzen. Gerade auf einem deduplizierenden Store wird dies empfohlen, bei einem »Scale-out Repository« ist dies standardmäßig aktiv und wird auch empfohlen. Neu ist der Punkt **Perform full backup when the required extent is offline**: Wenn eine Repository-Erweiterung mit früheren Sicherungsdateien nicht erreicht werden kann, führen aktuelle Jobs eine aktive Vollsicherung durch, anstatt eine inkrementelle Sicherung zu erstellen.
3. Auf der dritten Seite kann zwischen **Data locality** oder **Performance** gewählt werden:

   Data locality: Alle abhängigen Sicherungsdateien werden auf demselben Speicherplatz abgelegt. So werden beispielsweise inkrementelle Sicherungsdateien zusammen mit der entsprechenden Vollsicherungsdatei gespeichert. Die nächste vollständige Sicherungsdatei kann jedoch in einem anderen Bereich erstellt werden (mit Ausnahme von Bereichen, die durch einen deduplizierenden Speicher gesichert werden).

   Performance: Inkrementelle Sicherungsdateien werden in einer anderen Erweiterung als die entsprechende Vollsicherungsdatei abgelegt, was eine bessere Leistung bei der Umwandlung von Sicherungsdateien auf Hardware-Storage-Geräten ermöglicht. Beachten Sie, dass der Verlust einer Erweiterung bei einer Vollsicherung eine Wiederherstellung aus Inkrementen unmöglich macht.

Hat man **Performance** ausgewählt, so kann über die Schaltfläche »Customize« noch für jeden hinzugefügten Speicher ausgewählt werden, ob dort Vollsicherungen und/oder Inkremente abgelegt werden sollen.

> Wenn Sie sich für die Performance-Option entscheiden und später einen Extent verlieren, der ein vollständiges Backup enthält, ist die Wiederherstellung inkrementeller Backups nicht mehr möglich, selbst wenn die Inkremente in anderen Repositories gespeichert sind.

Strict placement policy enforcement: Wenn die unter »Performance« gewählte Richtlinie nicht eingehalten werden kann, so wird trotzdem sichergestellt, dass eine Sicherung dort geschrieben wird. Aktivieren Sie das Kontrollkästchen, wenn Sie möchten, dass ein Sicherungsauftrag unter solchen Umständen fehlschlägt. Hat man an diesem Punkt ReFS-Laufwerke eingebunden, so kommt ein weiterer Hinweis, den ich wie folgt übersetzt habe: »Eine oder mehrere Erweiterungen verwenden die für schnelles Klonen unterstützte ReFS-Dateisystemversion. Erwägen Sie die Verwendung der Richtlinie Datenlokalität (Data locality), um die Leistung der synthetischen Sicherung zu verbessern und Speicherplatz zu sparen. Trotzdem mit der Performance-Richtlinie fortfahren?«

1. Im vierten Fenster **Capacity Tier** legen Sie (optional) den Objektspeicher fest, auf den Backups für Redundanz- und Data-Recovery-Zwecke kopiert werden sollen. Ältere Backups können vollständig in den Objektspeicher verschoben werden, um die langfristigen Aufbewahrungskosten zu senken und gleichzeitig die Möglichkeit zu erhalten, direkt aus ausgelagerten Backups wiederherzustellen. Hat man das Häkchen für den Objektspeicher gesetzt und einen ausgewählt, so
2. können ein Zeitfenster (Window) für das Hochladen,
3. das sofortige Kopieren, wenn ein neuer Restore Point erkannt wird, und
4. das Verschieben von älteren Sicherungen für die Langzeitarchivierung eingestellt werden.

   Über die Schaltfläche **Override** lassen sich ältere Backup-Dateien früher verschieben, wenn das Scale out Repository eine einzustellende Kapazitätsgrenze erreicht.

   Das letzte Kästchen in diesem Fenster ist für das Verschlüsseln der Daten, die zum Objektspeicher hochgeladen werden.

> Ein Objektspeicher kann nicht gleichzeitig für die direkte Datensicherung und als Scale-out Repository verwendet werden.

5. Nach dem Klicken auf die Schaltfläche **Apply** wird das Scale-out Repository angelegt und kann sofort benutzt werden.

Beispiel: Sie haben ein Scale-out Repository angelegt, auf dem Sie die Sicherungen 14 Tage vorhalten. Alle älteren Sicherungen möchten Sie noch weitere 30 Tage aufbewahren (also insgesamt 44 Tage) und diese sollen automatisch nach 14 Tagen dorthin kopiert oder verschoben werden.

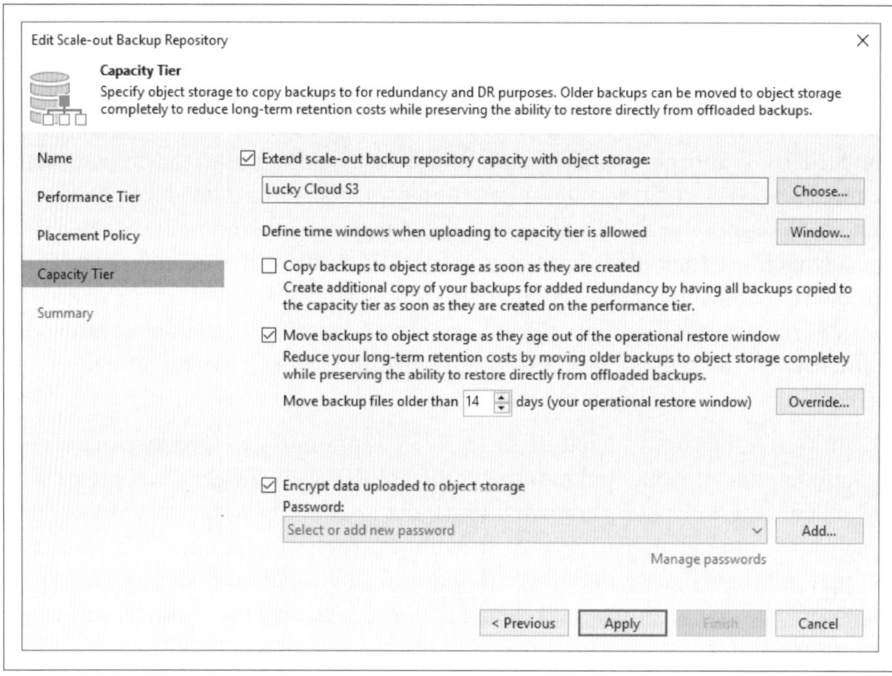

Abbildung 4-6: Scale-out Archive Repositories

Sollte das Repository mal knapp werden, so kann es jederzeit einfach durch weitere, unbenutzte Repositories erweitert werden. Dabei können auch ganz unterschiedliche Datenträger verwendet werden: Windows- und Linux-Backup-Speicher, SMB-Freigaben und deduplizierende Storages, jedoch keine Wechseldatenträger (rotated hard drives).

Die bereits erwähnten sechs Objektspeicher können beim Anlegen des Scale-out Repositories oder auch später hinzugefügt und für die Archivierung genutzt werden. Wenn Sie Objektspeicher verwenden, sollten Sie über eine Verschlüsselung nachdenken, um Ihre Daten zu schützen. Hier wird eine AES-256-Bit-Verschlüsselung genutzt. Leider ist diese Form des Speichers erst ab der Enterprise-Lizenz verfügbar. Dort können dann zwei, mit der Version Enterprise Plus und der VUL unbegrenzte Repositories erstellt werden.

Vorteile des Deduplizierungsspeichers

Die von Backup & Replication verwendete Deduplizierungs-Speichertechnologie wurde von Veeam selbst entwickelt und ist in die Anwendung integriert. Diese Technologie wertet auf dem Sicherungsspeicher vorhandene Blöcke aus, die in Wiederherstellungspunkten gespeichert werden, und überprüft, ob identische Abschnitte bereits vorhanden sind.

Speichern Sie gleiche Maschinen möglichst im selben Job, damit mehrere Sicherungsaufgaben über die Deduplizierungs-Speichertechnologie besser zusammengefasst und die Deduplizierungsraten maximiert werden. Sie müssen nicht alle gleichartigen VMs in derselben Sicherungsaufgabe zusammenfassen – die Deduplizierung funktioniert darüber aber deutlich besser.

Die Deduplizierung wird für alle gespeicherten virtuellen Maschinen ausgewertet, selbst wenn einige zurzeit nicht gesichert werden; es werden aber nur identische Blöcke innerhalb einer Sicherung berücksichtigt, also nicht jobübergreifend.

Es können Speicherplätze für die Sicherungen von fast beliebiger Größe angegeben werden, und die Anzahl ist jeweils nur auf das Betriebssystem beschränkt, auf dem Sie installieren.

Die Menge des benötigten Speichers für die Sicherungen variiert je nach der Menge an Festplattenspeicher, den die Deduplizierung durch die Ausführung von ähnlichen virtuellen Maschinen sparen kann.

Haben Sie als Repository einen deduplizierenden Storage gewählt, macht Veeam hier keine zusätzliche Deduplizierung.

Default Backup Repository löschen

Nachdem Sie einen weiteren Speicher für die Datensicherung hinzugefügt haben, sollten Sie – wie bereits oben angemerkt – das Repository C:\ löschen, damit Sie nicht aus Versehen Backups darauf speichern. Dieses lässt sich erst entfernen, wenn keine Jobs darauf verweisen. Häufig ist das Backup des Servers selbst (Configuration Backup) dort abgelegt oder verweist dorthin. Um dies nachträglich zu ändern, gehen Sie im Hauptmenü (oben links die drei waagerechten Striche) auf den Eintrag »Configuration Backup« und wahlen Sie aus dem Dropdown-Menü ein anderes Repository aus.

Bei meinen Kunden lege ich das Configuration Backup auf eine Windows-Freigabe, die auch von Veeam selbst gesichert wird. Damit gibt es automatisch zwei Sicherungen der Konfiguration.

Proxies

Bei der Installation des B&R-Servers wird dieser auch automatisch zu einem Backup Proxy. In größeren Umgebungen oder bei speziellen Anforderungen sollten zusätzliche Windows- (physisch oder virtuell) oder Linux-Maschinen (nur virtuell und nur bei VMware) als Proxy z. B. für einen Lastausgleich installiert werden. Der Backup Proxy befindet sich logisch zwischen der virtuellen Umgebung und dem Backup-Server und wird von diesem gesteuert.

Während der Installation der Backup-Software kann die richtige Anzahl der CPUs nicht ausgelesen werden. Überprüfen Sie nach der Installation die Anzahl der »Max concurrent tasks«, die standardmäßig auf zwei eingestellt ist, und erhöhen Sie die Zahl auf das Doppelte der CPUs!

Ein Backup Proxy wird auch als »Data Mover« bezeichnet und erhält die zu sichernden Daten, bearbeitet sie und transferiert diese auf den Zielspeicher. Ein Proxy entlastet den Backup-Server, da er die Daten für die Speicherung bereits vorbereitet. Je größer eine virtuelle Umgebung ist, umso mehr Backup Proxies sollte man einsetzen. Der »Transport Mode« wird beim Hinzufügen eines Servers meistens richtig erkannt: direkter Zugriff auf SAN, Virtual Appliance oder Netzwerk.

Den Transportmodus kann man nicht beim Backup Job auswählen, sondern nur beim Backup Proxy. Bei einem Job können Sie aber den jeweiligen Proxy mit eingestelltem Modus festlegen.

Möchte man über langsame Verbindungen einen Datenaustausch machen, so kann man hier auch die Bandbreite (Throttling) einstellen, um weiteren gleichzeitigen Datenverkehr zu ermöglichen.

Die Installation des Proxys erfolgt vom Backup-Server aus und kann – je nach Bedarf – auf einem physischen oder virtuellen Windows- oder Linux-Rechner erfolgen. Beachten Sie, dass die Firewall auf dem Proxy ggf. vorher konfiguriert werden muss. Bei Linux ist das zunächst der SSH-Port (22), bei Windows die änderbaren Ports 6.160 (Installer), 6.161 (vPower NFS), 6.162 (Transport), 6.164 (WAN Accelerator), 6.166 (Tape Server), 6.168 (Cloud Gateway), 6.170 (Mount Server), 6.210 (VSS Integration) und 9.380 (Distribution Service) sowie bei beiden für die Datenübertragung der Port-Bereich von 2.500 bis 3.300. Bei Bedarf kann der Bereich bei beiden Betriebssystemen eingeschränkt bzw. kleiner gewählt werden.

Die Aufgaben eines Proxys sind: VM-Daten vom Produktions-Storage zu holen, diese zu komprimieren und zu deduplizieren, ggf. zu verschlüsseln und anschließend an das Backup Repository oder an einen anderen Proxy (WAN-Strecken oder Replikation) zu senden.

Ein Proxy kann für verschiedene Aufgaben oder Zwecke eingesetzt werden:

- eine optimale Route zu einem verzweigten Netzwerk
- direkter Zugriff auf einen Storage
- von der Architektur her näher an den VMs
- etc.

Wenn Sie Lizenzen für einen Windows-Server einsparen wollen, können Sie auch eine Workstation Edition oder auch bei VMware einen virtuellen Linux-Rechner als Proxy nutzen. Nehmen Sie hier möglichst ein 64-Bit-Betriebssystem mit entsprechend RAM und Anzahl an CPUs. Die Anforderungen an einen Proxy sind dabei relativ gering: 200 MByte RAM pro zu verarbeitenden Task reichen mittlerweile aus. Haben Sie einen Proxy mit vielen CPUs, können Sie den »default compression level« auf »optimal« einstellen, um Daten schneller übertragen zu können. Dabei wird die CPU-Last ca. um das Doppelte steigen, aber die Daten werden ca. um die Hälfte schrumpfen. Diese mit der Version 9.5 eingeführte Technik nennt sich »Advanced Data Fetcher« und entlastet die virtuelle Umgebung durch die Reduzierung von I/O-Operationen wesentlich.

> Wenn Sie mehrere Proxys einsetzen, sollten Sie den Backup-Server nicht als Proxy und wenn möglich auch nicht als Repository laufen lassen. Dies lässt sich nachträglich in der Infrastruktur oder bei den Jobs leicht erledigen.

On- und Off-Host Proxies

Nur unter Hyper-V gibt es den Unterschied zwischen diesen beiden Versionen des Proxys. Grob gesagt befindet sich der On-Host Proxy auf dem Hyper-V-Server, der Off-Host Proxy auf einem anderen, physischen Windows-Rechner.

Der Off-Host Proxy entlastet den Hyper-V-Server, indem er einen Volume-Snapshot auf dem Host initiiert, auf dem die zu sichernde VM liegt. Diesen Snapshot bindet er sich als Quelle direkt an, verarbeitet die Daten und transferiert diese zum Repository. Ist der Vorgang abgeschlossen, wird der Snapshot gelöst und anschließend gelöscht.

Achten Sie bei der Auswahl des Off-Host Proxys auf das Häkchen bei »Failover«, das gesetzt sein sollte (siehe Abbildung 4-7).

Einen On-Host Proxy können Sie nicht direkt zu Ihrer Umgebung hinzufügen. Erst beim Anlegen eines Backup Jobs kann die Auswahl auf diese Option geändert werden.

> Auf einem Hyper-V Cluster mit CSV (Cluster Shared Volumes) darf ein Off-Host Proxy nicht zum Cluster gehören. Da der Snapshot dieselbe LUN-Signatur hat wie das Volume, muss er außerhalb des Clusters verarbeitet werden, andernfalls kann das Cluster ausfallen.

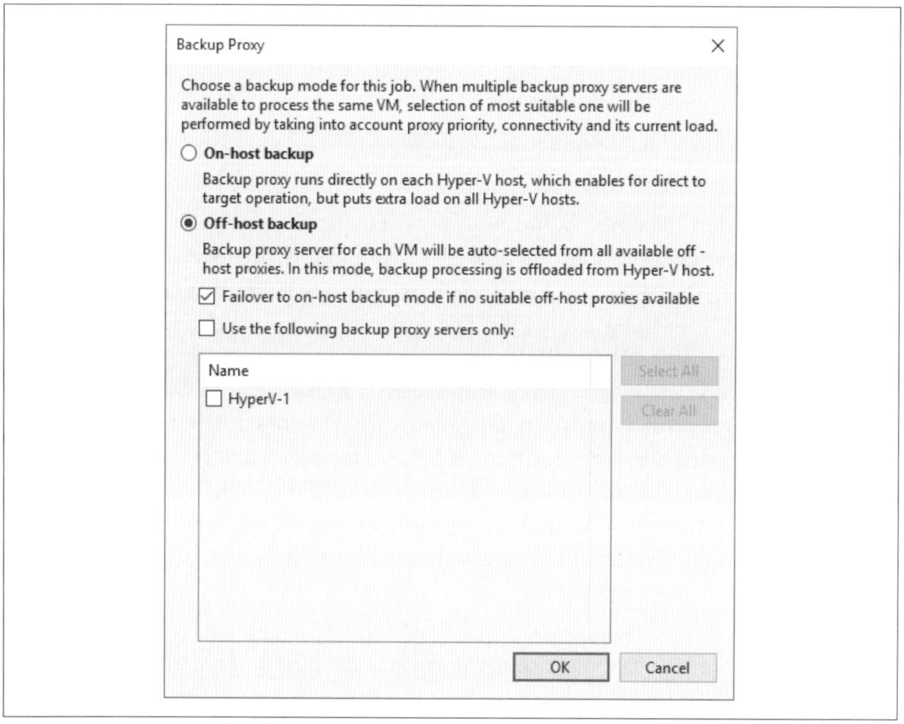

Abbildung 4-7: Hyper-V Off-Host Proxy

Linux-Proxy hinzufügen

An dieser Stelle möchte ich für alle »Nicht-Linuxer« eine Vorgehensweise für das Hinzufügen eines Linux-Proxys zur VMware-Umgebung beschreiben. Als Beispiel nehme ich eine aktuelle Ubuntu-Version 22.04 LTS (Long Term Support). Das ISO für die Installation des Rechners kann aus dem Internet heruntergeladen (ca. 3,5 GByte) und bei einer erstellten VM angebunden werden. Da auch hier mittlerweile die deutsche Sprache zur Verfügung steht, geht die eigentliche Installation schnell und unkompliziert von der Hand. Spezielle Einstellungen sind zur Installation nicht notwendig, können aber natürlich mit Linux-Kenntnissen erfolgen. Ich wähle hier für die VM 4 CPUs (auf einem Sockel), 8 GByte RAM und eine 60-GB-Festplatte. Die Netzwerkkarte ist üblicherweise schon korrekt auf den Typ VMX-NET3 eingestellt.

Installation des Systems:

1. Starten Sie die VM von der ISO und wählen Sie den ersten Eintrag »Try or Install Ubuntu«. Das System wird jetzt überprüft, was einen Augenblick dauert.
2. Wählen Sie im neuen Fenster das Tastatur-Layout »Deutsch« aus, klicken Sie auf die Schaltfläche »Ubuntu installieren« und bestätigen Sie die Tastaturbelegung.

3. Im nächsten Fenster wählen Sie »Minimale Installation« und die automatische Aktualisierung.
4. Übernehmen Sie die Einstellungen für die Installation, klicken Sie auf »Jetzt installieren«, anschließend auf »Weiter« und bestätigen Sie für die Zeitzone den Standort »Berlin«.
5. Im letzten Fenster geben Sie Ihren Namen an, den Namen des Computers im Betriebssystem, den Anmeldenamen und ein möglichst strenges Passwort.

Nach der eigentlichen Installation des Betriebssystems und dem durchgeführten Neustart melden Sie sich am Betriebssystem an und gehen Sie nach dieser Schritt-für-Schritt-Anleitung weiter vor.

1. Konfigurieren Sie das Netzwerk, falls kein DHCP-Server zur Verfügung steht, indem Sie rechts oben in der Ecke auf das Symbol für die Netzwerkeinstellungen klicken.
2. Wählen Sie aus dem Feld »Einstellungen« aus und klicken Sie in dem neuen Fenster auf das Zahnrad neben der Ethernet-Karte. Dort werden auf der Registerkarte »Informationen« die Details zur aktuellen Verbindung aufgeführt.
3. Wählen Sie die Registerkarte »IPv4«, stellen Sie die Methode auf »Manuell« und füllen Sie die Felder für die Adresse, Subnetzmaske, Gateway und DNS-Server aus, dann bestätigen Sie die Änderungen über die Schaltfläche »Anwenden«. Machen Sie anschließend einen Neustart des Systems (man kann das Netzwerk auch über die Kommandozeile neu starten, für unerfahrene Nutzer ist der Neustart aber schneller).
4. Suchen Sie unten links über die neun Punkte das »Terminal« raus, alternativ mit der Tastenkombination Strg+Alt+T. Es öffnet sich ein Fenster, in dem Befehle eingegeben werden können.
5. Die Installation der »open VMware Tools« des Distributors kann mit dem Befehl »sudo apt-get install open-vm-tools« überprüft und ggf. nachgeholt werden. Über den gleichen Weg installieren wir das Paket für ssh: »sudo apt install ssh« und aktivieren es anschließend mittels »sudo systemctl enable ssh«. Das notwendige Paket für Pearl ist bereits vorhanden.
6. Auf dem BS wählen wir jetzt links unten »Backup Infrastructure«, dann links oben »Backup Proxies«, die Schaltfläche »Add Proxy« und anschließend »VMware backup proxy« aus.
7. In dem neuen Fenster können wir nun die Ubuntu-VM über »Add New« und anschließend »Linux« hinzufügen. Geben Sie den Namen oder die IP-Adresse an und im nächsten Fenster den zuvor erstellten Benutzer. Da es sich um einen Benutzer handelt, der keine Root-Rechte hat, müssen noch das Häkchen bei »Elevate account privileges automatically« und »Add account to sudoers file« sowie das User-Passwort bei »Root password« eingegeben werden. Über einen Klick auf »Apply« wird die Verbindung überprüft, ggf. der SSH-Key angezeigt und der Server zur Umgebung hinzugefügt.

8. Im nächsten Fenster können noch weitere Einstellungen gemacht werden, wie der Transport-Modus und die Traffic-Rules, die aber schon im oberen Teil ausführlich beschrieben wurden.

Das gleiche Vorgehen können Sie benutzen, um ein an den Linux-Server angeschlossenes Laufwerk für die Datensicherung zu verwenden. Das Repository wird anschließend über »Direct attached storage – Linux« hinzugefügt, allerdings ist der Mount-Server nicht die Linux-VM selbst.

Windows-Proxy hinzufügen

Als Proxy mit dem Betriebssystem Windows kann sowohl ein physischer oder virtueller Server als auch eine Workstation genommen werden. Wie oben bei der Linux-VM wähle ich hier für die VM 4 CPUs (auf einem Sockel), 8 GByte RAM und eine 90-GB-Festplatte. Die Netzwerkkarte sollte auf den Typ VMXNET3 eingestellt werden. Die Treiber für diese Karte sind in den VMware Tools vorhanden.

Haben Sie die Installation des Betriebssystems abgeschlossen und die VMware Tools installiert, können Sie mit der Schritt-für-Schritt-Anleitung fortfahren:

Konfiguration des Systems:

1. Melden Sie sich bei der VM mit administrativen Rechten an und überprüfen Sie den Status der Firewall. Sollte diese eingeschaltet sein, deaktivieren Sie sie für die Installation der Veeam-Komponenten. Nachdem der Proxy beim BS hinzugefügt wurde, sollten Sie die Firewall wieder einschalten. Dieses Vorgehen hat den Vorteil, dass die notwendigen Ports automatisch konfiguriert werden.
2. Fügen Sie den Windows-Rechner nun als Proxy Ihrer Umgebung hinzu, wie oben bei Linux beschrieben.
3. Die Pakete für »Transport«, den Gast-Agenten und den Veeam-Log-Backup-Dienst werden nun auf den Windows-Proxy übertragen und installiert.
4. Nun können wie oben unter »Linux-Proxy hinzufügen« auf Seite 64 beschrieben die Einstellungen für den Transportmodus, die verbundenen Datenträger, die Anzahl der gleichzeitig zu sichernden Festplatten und im nächsten Fenster die Übertragungsbremse (Throttling) sowie eine optionale Verschlüsselung gewählt werden.

Wenn der neue Proxy der Liste hinzugefügt ist, sollten Sie die Firewall wieder aktivieren.

VMware CDP Proxy

Ein »VMware CDP proxy« wird für die synchrone Replikation (Continuous Data Protection) von VMs benötigt. Hierfür kann sowohl ein Windows- als auch ein Linux-Rechner genutzt werden, wenn die Enterprise-Plus- oder VUL-Lizenz vorliegt. Üblicherweise wird ein Proxy fürs Ziel (Ausweich-Rechenzentrum) und einer für die Quelle (Produktions-Rechenzentrum) konfiguriert. Das Hinzufügen der CDP-Proxies läuft wie oben beschrieben ab, deshalb wiederhole ich das hier nicht.

Zunächst muss auf dem gewünschten Cluster die Installation von »vSphere API for I/O filtering (VAIO)« durchgeführt werden. Dazu klickt man unter »Backup Infrastructure« auf den vCenter Server, wählt dann aus dem Ribbon oder dem Kontextmenü »Manage I/O Filters« und setzt das Häkchen bei dem zutreffenden Cluster.

> Sollte es nicht funktionieren, überprüfen Sie die Namensauflösung: Alle Hosts, der vCenter Server und der BS müssen sich über den Namen finden.

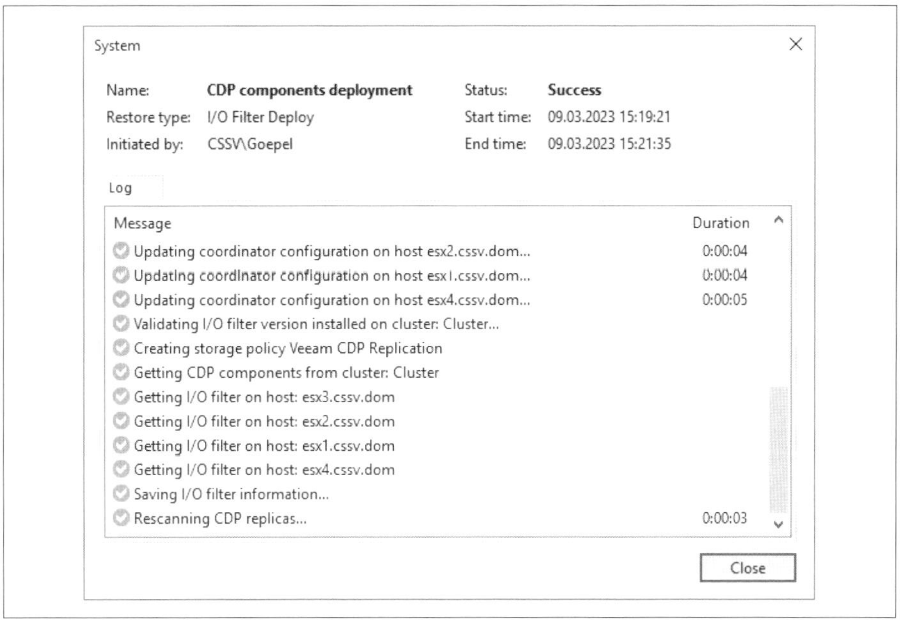

Abbildung 4-8: CDP-Konfiguration auf dem Cluster

Weitere Proxies

Es gibt noch weitere Proxies: einen »NAS, Filers and Agent backup proxy« als Unterstützung für ein NAS, eine Dateifreigabe und einen »Off-Host«-Agenten. Der Letztere kann nur ein Windows-Rechner sein, und die Konfiguration entspricht dem oben Beschriebenen, weshalb ich hier nicht näher darauf eingehe.

WAN Accelerators

Für eine Datenübertragung über eine Internetverbindung bis 100 MBit/s können die Beschleuniger im »Low bandwidth mode«, darüber im »High bandwidth mode« eingesetzt werden. Bei der Version Enterprise Plus (und der VUL-Lizenz) kann man dann sogenannte WAN Accelerators einsetzen, die ein besonderes Komprimierungsverfahren nutzen; die Enterprise-Version schränkt dieses auf Cloud-Ziele ein. Diese können den Datenverkehr um bis zum 50-Fachen beschleunigen. Der neue »High bandwidth mode« verwendet eine schnellere Komprimierungsmethode, eine optimierte Digest-Verarbeitung und einen alternativen Deduplizierungsmechanismus.

Die WAN-Accelerators werden üblicherweise als Paar eingesetzt: einer an der Quellseite, der andere an der Zielseite, die die zu übertragenden Daten cachen und deduplizieren – deshalb sollte die Maschine genug Festplattenspeicher haben (üblicherweise 10 GByte pro eingesetztem Betriebssystem und zusätzlich 20 GByte pro TByte-Daten auf der Zielseite). Es gibt auch die Möglichkeit, mehrere Quell-WAN-Accelerator mit einem Ziel-WAN-Accelerator einzusetzen. Die Installation wird wie beim Proxy beschrieben direkt vom B&R-Server auf einer 64-Bit physischen oder virtuellen Windows-Maschine durchgeführt. Ein bereits bestehender Proxy- oder ein Repository-Server kann diese Aufgabe auch zusätzlich übernehmen, wenn er mindestens 8 GByte RAM hat.

Wenn Sie einen Ziel- oder Quell-WAN-Beschleuniger zur Umgebung hinzufügen, sollten Sie bei den Bemerkungen (Description) unbedingt etwas eintragen, weil dieser Text, z.B. Quelle oder Ziel, auch bei der Auswahl bei einem Job erscheint – das macht die Arbeit einfacher.

Transportmodi

Um an die Daten der zu sichernden VMs zu kommen, gibt es drei verschiedene Möglichkeiten:

1. Direct Storage Access – direkter Zugriff auf den Datenspeicher über das jeweilige Protokoll (FC, FCoE, iSCSI, NFS)
2. Virtual Appliance – Anbinden der VM-Festplatte der zu sichernden VM an den eigenen SCSI-Adapter nach dem Snapshot
3. Network – über das Netzwerk vom ESXi-Host

Welcher der drei Modi genommen wird, entscheidet der Backup-Server oder Proxy selbst. Beim Backup Job kann dies nicht eingestellt bzw. erzwungen werden, es kann lediglich der jeweilige Proxy mit seinen Voreinstellungen ausgewählt werden. Der Backup-Server überprüft jeweils die Möglichkeiten und entscheidet sich für das Beste in folgender Reihenfolge: Direct Storage Access, Virtual Appliance oder Network (NBD = Network Block Device).

Bei VMware erfolgt der Zugriff bei allen drei Möglichkeiten über die Softwareschnittstelle VADP (vSphere API for Data Protection), weshalb ein kostenloser ESXi hier nicht eingesetzt werden kann, weil dort alle Schnittstellen beim Einspielen der Lizenz deaktiviert werden.

Direct Storage Access

Veeam Backup & Replication kann Daten direkt vom/zum Storage System, auf dem die VMs oder Backups liegen, lesen und schreiben. Es wird außerdem über das Protokoll SCSI (SAN), NFS (NAS) und SMB3 (Windows-Freigabe) unterschieden, wie im Folgenden erklärt.

Direct SAN Access (DSA)

Diese Zugriffsart wird empfohlen, wenn die zu sichernden VM-Daten auf einem gemeinsamen SAN Volume liegen, welches über Fibre Channel (FC), Fibre Channel over Ethernet (FCoE), Internet SCSI (iSCSI) angeschlossen ist, oder auf einem gemeinsam genutzten DAS Storage (Direct Attached Storage, SAS oder SCSI). Bei diesen Zugriffen wird weder der Host noch das Netzwerk belastet, und die Übertragungsgeschwindigkeit ist meist deutlich höher als bei den anderen Möglichkeiten. Natürlich funktioniert der Zugriff auch bei NFS Version 3 und 4.1 (siehe »Direct NFS Access« auf Seite 70).

Dieser Modus kann für Backups, Replikationen, Wiederherstellung von VMs oder deren Dateien und Replica Failback eingesetzt werden.

Voraussetzungen für DSA

Um eine optimale Geschwindigkeit zu bekommen, sollte es sich bei der Maschine für DSA um eine physische Maschine handeln (iSCSI über eine VM ist nicht sinnvoll, weil dies wiederum den Host belastet). Darüber hinaus muss diese über einen Hardware- oder Software-HBA (Host Bus Adapter) verfügen. SAN Volumes müssen für das Betriebssystem des Rechners sichtbar sein, es darf aber keine Initialisierung der Datastores erfolgen, weil diese sonst für die Hosts unbrauchbar wären. Veeam setzt die SAN-Berechtigung automatisch auf »Offline Shared«, um so eine Änderung zu verhindern. Für eine Wiederherstellung muss der Zugriff aber schreibend erlaubt werden. Überdenken Sie dabei die Berechtigungen für User auf so einem Gerät. Verwenden Sie lieber wenige, aber stärkere Proxys für diesen Zugriff.

Begrenzungen beim DAS

- Ein VMware vSAN kann hier nicht genutzt werden, es muss einer der anderen beiden Modi zum Tragen kommen.
- Ebenfalls werden virtuelle Volumes (vVol) von Veeam nicht unterstützt. VMs werden über DSA nicht gesichert, wenn auch nur eine der VM-Platten auf so einem Storage liegt.

- Bei einer Replikation wird nur beim ersten Mal in diesem Modus geschrieben, gelesen wird immer so.
- Beim DSA werden nur Thick-, keine Thin-Provisioning-Festplatten berücksichtigt, wohl aber das »Thin Provisioning« vom Storage selbst.
- Eine inkrementelle Wiederherstellung wird nicht unterstützt. Wenn man CBT (Changed Block Tracking) deaktiviert, funktioniert allerdings die Wiederherstellung, oder man nutzt einen der anderen beiden Modi.
- Ab vSphere 5.5 werden auch IDE- und SATA-Festplatten unterstützt.
- Die »Advanced Data Fetcher (ADF)«-Technologie (entlastet die VMware-Umgebung durch die Reduzierung von I/O-Operationen) kann hier nicht genutzt werden, außer es werden Snapshots vom Storage genommen (empfohlen).

> Wenn Sie iSCSI-Verbindungen nutzen, sollten Sie zum einen die »TCP-Windows Size« in der Registry auf 65.500 setzen (HKLM\SYSTEM\CurrentControlSet\Services\Tcpip\Parameters\ GlobalMaxTcp WindowSize) und das »autotuning« deaktivieren: [netsh interface tcp show global] zum Anzeigen der Einstellungen, [netsh interface tcp set global autotuning = disable] zum Abschalten.

Direct NFS Access

Werden VMs auf einem NFS Storage betrieben, sollte für den Veeam Backup & Replication Server der direkte Zugriff auf die Volumes ermöglicht werden, um den ESXi-Host zu entlasten (Microsoft unterstützt kein NFS-Protokoll). Veeam bringt einen optimierten nativen NFS-Client mit, der für Backups, Replikationen, Quick Migration, VM Copy, vollständiges Wiederherstellen einer VM, Festplattenwiederherstellung und das Replica Failback genutzt wird. Im Gegensatz zum DAS wird hier die Advanced-Data-Fetcher-Technologie unterstützt. Gerade bei Hyper Converged Systems sollte diese Zugriffsart genutzt werden.

Es kann sowohl das Protokoll v.3.0 als auch v.4.1 genutzt werden. Sind am ESXi die NFS Volumes mit Namen statt IP-Adresse verbunden, muss der Backup-Server diese Namen auflösen können (ggf. eine lokale Hosts-Datei verwenden).

Direkter NFS-Zugriff kann nicht verwendet werden, wenn die VM schon einen Snapshot hat, und bei der Replikation geht das Updaten nicht. Der Zugriff geht ebenfalls nicht, wenn VMware Tools quiescence beim Job aktiviert wurden. In allen Fällen, in denen der NFS-Zugriff nicht funktioniert, werden die Daten übers Netzwerk übertragen.

Über die Einstellungen beim Proxy kann man den Transportmodus auswählen (siehe Abbildung 4-9). Der Proxy muss lesend und schreibend auf die NFS Volumes zugreifen können und Root-Rechte besitzen.

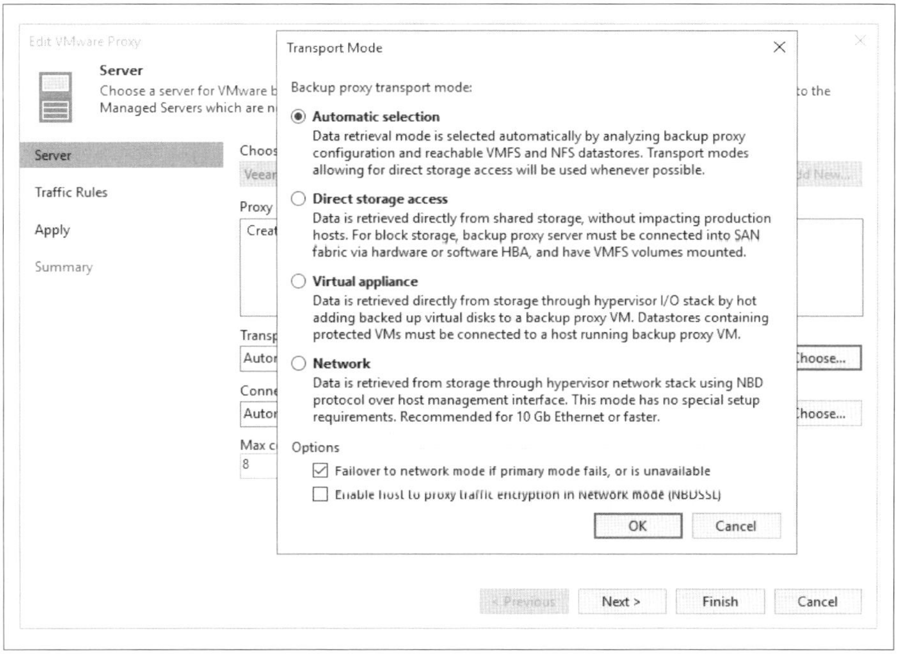

Abbildung 4-9: Wählbare Transportmodi

SMB3-Speicher

Unter Hyper-V können VMs auch auf einem Windows-2012(oder höher)-Cluster oder einer Standalone-Freigabe laufen, im Gegensatz zu VMware vSphere. Veeam unterstützt die Sicherung von diesen Speichern, weshalb sie (Microsoft SMB3 Server) zusätzlich zu den Hosts zur Bestandsliste hinzugefugt werden sollten. Anderenfalls kann das bereits oben beschriebene CBT-Verfahren nicht für diese VMs genutzt werden. Eine Ausnahme bildet dabei der Server 2016: Hier muss die Freigabe nicht hinzugefügt werden, sollte aber, damit man mehr Kontrolle (maximale Anzahl an Snapshots und die Latenz-Kontrolle) über diesen Storage bekommt.

Appliance-Modus

Der virtuelle Appliance-Modus ist nur bei vSphere vorhanden und nicht so effektiv wie die DSA-Modi, aber besser als der Netzwerkmodus. Dafür wird eine VM als Proxy eingesetzt, die sich die Festplatten der zu sichernden VMs lokal an ihren SCSI-Adapter mountet (HotAdd). Da die Daten direkt vom ESXi Storage kommen, ist es ähnlich wie bei DAS – nur dass der Stack vom Host verwendet wird. Dieser Modus kann für Backup, Replikation, VM Copy, Quick Migration, vollständige VM-Wiederherstellung, Festplattenwiederherstellung und Replica Failback genutzt werden. Gerade für das schnelle Wiederherstellen ganzer VMs wird dieser Modus empfohlen, zumal jede Storage-Art hier Unterstützung findet. Wenn möglich, sollte in großen Umgebungen pro Host – zumindest pro Cluster – je ein Proxy dafür eingesetzt werden.

Einschränkungen:

- Bei vSphere 5.5 und neuer darf die VMDK-Datei bis zu 62 TB groß sein.
- IDE-Festplatten werden nicht unterstützt.
- Für das HotAdd werden auch paravirtuelle SCSI-Adapter auf der Appliance unterstützt.
- Erst ab vSphere 6.0 werden SATA-Festplatten unterstützt.

Dieser Modus ist die einzige Möglichkeit für VMs, die auf vSAN Volumes liegen oder verschlüsselt sind.

> Überprüfen Sie regelmäßig, ob die Festplatten der zu sichernden VMs korrekt wieder gelöst wurden, sonst bleibt ein Snapshot zurück und die Platten müssen manuell konsolidiert werden. Bitte nicht bei NFS Storages einsetzen, nehmen Sie lieber Direct NFS Access oder setzen Sie den Registry Key »HKLM\Software\Veeam\Veeam Backup and Replication\EnableSameHostHotaddMode« (DWord, Wert 2) ein! Proxys sollten nicht geklont werden, das Ausrollen von Templates für diesen Zweck geht aber.

Netzwerkmodus

Diese Variante kann für jegliche Infrastruktur genutzt werden. Bei diesem Modus werden die Daten über den Host über das Netzwerk (NBD = Network-Block-Device-Protokoll) übertragen. Dies ist die langsamste Möglichkeit für den Backup-Server, aber die einzige Art, wenn man einen physischen Proxy und lokale Platten auf dem Host hat. Die zu sichernden Daten werden nach dem Snapshot der VM vom Host gelesen und über das Netzwerk (Management Network = Verwaltungsdatenverkehr) an den Proxy geliefert. Der Host drosselt dabei die Übertragungsrate auf ca. 25 MByte/s bei 1-GBit-Adaptern für NBD und NBDSSL. Auch hier ist die ADF-Funktion nicht nutzbar.

Für kleine Übertragungsdaten und bei 10 GE (Gigabit Ethernet) ist das eine gute Möglichkeit, bei NFS Storages und für komplette Wiederherstellungen von VMs sollte es aber trotzdem nicht verwendet werden.

Veeam Backup & Replication kann mehrere Festplatten von VMs parallel verarbeiten, auch wenn diese auf unterschiedlichen Storages (SAN und lokal) liegen. Wichtig ist, dass man bei den Modi »Failover to network mode if primary modes fails, or is unavailable« beim Proxy auswählt bzw. den Standard (angeklickt) lässt (siehe Abbildung 4-10).

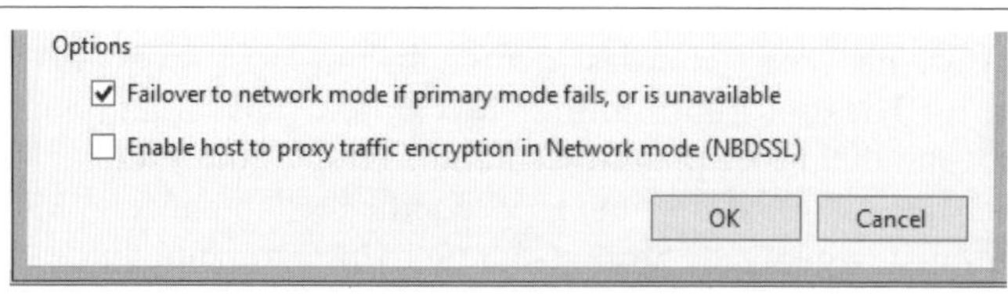

Abbildung 4-10: Rückfall zum Netzwerkmodus

Transportmodi-Übersicht

In der folgenden Tabelle 4-2 werden die einzelnen Modi nochmals zusammengefasst und verglichen:

Tabelle 4-2: Transportmodi

	Direct SAN	SAN+BFSS	Direct NFS	HotAdd	NBD
ADF	nein	ja	ja	ja	nein
Geschwindigkeit	schnell	schneller	schneller	schneller	langsam
Beeinflussung	wenig	weniger	weniger	hoch	hoch
Zuverlässigkeit	gut	sehr gut	sehr gut	schlecht	sehr gut
Unterstützung	gut	sehr gut	sehr gut	gut	gut

Dabei bezeichnet SAN Storage Area Network (bei Fibre Channel und iSCSI), BFSS Backup From Storage Snapshots, NBD Network-Block-Device-Protokoll und ADF Advanced Data Fetcher, wie bereits oben beschrieben.

KAPITEL 5

Menüeinstellungen

In dem Hauptmenü, das links oben durch drei waagerechte Balken erreichbar ist, werden einige grundsätzliche Einstellungen zum Backup-Server eingerichtet. Vieles davon erreichen Sie auch an anderen Stellen – anderes jedoch nicht.

Der Punkt »Upgrade« ist ausgegraut, wenn es keine aktualisierte Version gibt. Nachrichten über fehlende Patches sehen Sie in der Konsole unter dem Eintrag »Backup Infrastructure« durch einen nur dann erscheinenden Punkt »Missing Updates«.

Credentials and Passwords

Unter diesem Haupteintrag verbergen sich alle Menüpunkte für die Benutzer, die Passwörter, die Berechtigungen und die Einträge zum Verschlüsseln von Sicherungen. Die Unterpunkte werde ich im Folgenden detailliert besprechen.

Datacenter (Manage) Credentials

Nach einem Klick auf die Option »Datacenter Credentials« öffnet sich das Fenster »Manage Credentials«, in dem alle bisher eingetragenen Benutzer zentral angezeigt, gelöscht und bearbeitet werden können. Veeam selbst trägt dort mindestens vier Root-User ein, die für das Wiederherstellen von Dateien unter Linux und für andere Aufgaben (z.B. Microsoft Azure) genutzt werden. Diese sollten Sie nur bearbeiten, wenn Sie sich sicher sind, dass sich die Anmeldedaten o. Ä. geändert haben.

Alle User, die während der Erstellung der Jobs oder der Infrastruktur hinzugefügt werden, erscheinen automatisch auch in diesem Fenster. Wenn Sie einen Account ausgewählt haben und auf »Edit« klicken, öffnet sich ein neues Fenster, in dem alle Objekte angezeigt werden, bei dem diese User hinterlegt wurden.

Credentials löschen

Wenn Sie einen User oder eine Gruppe entfernen wollen, so müssen alle Jobs, die diesen Account nutzen, vorher geändert werden. Klicken Sie dazu in dem Fenster auf den Benutzer oder die Gruppe und anschließend auf »Edit« oder »Remove«. Im nächsten Fenster sind alle Objekte aufgelistet, bei denen Berechtigungen für diesen Account vergeben wurden. Dies kann der Zugriff auf den vCenter oder einen anderen Server sein, ein Job für »Application Aware Image Processing«, der SysAdmin für Oracle, eine SMB/CIFS-Freigabe, eine DataDomain, ein StorageOnce oder auch ein NAS-Laufwerk (Shared Folder). Erst wenn keine Einträge mehr angezeigt werden, kann man die Credentials löschen.

Cloud Credentials

Falls Sie Objektspeicher wie S3, Microsofts Azure, Amazon AWS, Google Cloud oder Veeam Cloud Connect nutzen, können Sie hier Angaben zum Manager hinzufügen und ändern. Haben Sie an anderer Stelle bereits Ihre Daten hinterlegt, so werden diese hier auch aufgelistet.

Encryption Passwords

Dieser Punkt ist für die Aktualisierung oder Änderung der Passwörter bei Verschlüsselungen gedacht. Sollten Sie schon einen Job mit Verschlüsselung angelegt haben, so werden hier der Hinweis (Hint) und das Datum der letzten Änderung angezeigt. Sollten Sie die Verschlüsselung eingesetzt haben und das Passwort nicht mehr wissen, so kann diese Sicherung nicht mehr entschlüsselt werden. Beachten Sie auch die Ausnahmen, die ich hierzu in Kapitel 12 »Enterprise Manager« beschrieben habe.

> Wenn Sie das Verschlüsselungspasswort ändern, wird die nächste verschlüsselte Sicherung mit dem neuen Passwort gesichert. Vorherige Backups besitzen noch das alte Passwort.

General Options

Hier werden auf sechs Registerkarten allgemeine Einstellungen vorgenommen:

I/O Control

Das Kästchen bei »Enable storage latency control« ist üblicherweise nicht angehakt. Dieser Punkt sollte auch nur genutzt werden, wenn der Datenspeicher häufig überfordert ist. Dann kann man Veeam dazu veranlassen, keine neuen Aufgaben zum Storage zu senden, wenn die Wartezeit (Latenz) schon bei 20 ms angekommen ist, und/oder bereits laufende Prozesse werden ab 30 ms gedrosselt.

Hat man das Häkchen gesetzt, so können im unteren Teil zusätzlich über einen Klick auf »Configure« (abhängig von der Lizenz) einzelne Datenspeicher aus der produktiven Umgebung eingestellt werden.

Security

In dieser Registerkarte kann für den BS ein neues Zertifikat importiert oder das bestehende angesehen werden. Linux-Computer werden für die Authentifizierung standardmäßig automatisch hinzugefügt, sicherer ist aber die manuelle Registrierung (mit Key, »Fingerprint«), die hier auch vorgenommen werden kann. Unter dem Punkt »FIPS compliance« können FIPS-zertifizierte Verschlüsselungsmodule benutzt werden. Da bei der Auswahl dann eine Echtzeit-Validierung der Integrität des Moduls gemacht wird und durch die fehlenden Optimierungen kann die Leistung verringert sein. Der letzte Punkt behandelt die Audit-Logdateien, in denen Aktivitäten wie z.B. FLR (File Level Restore) des BS aufgelistet werden.

E-Mail-Settings

Möchte man E-Mail-Nachrichten bekommen, wenn die jeweiligen Jobs beendet wurden, so kann man hier die dafür notwendigen Einstellungen vornehmen – das lässt sich auch bei jedem Job manuell einstellen, falls man individuelle Informationen zugeschickt bekommen möchte. Setzen Sie das Häkchen bei »Enable e-mail notifications« und füllen Sie die benötigten Felder aus. Im Feld »Subject« stehen einige Platzhalter für das Ergebnis (Success, Warning oder Error), der Name des Jobs, die Anzahl der im Job enthaltenen Objekte und ggf. Fehler.

Im unteren Teil sind standardmäßig alle vier Kästchen angehakt. Das betrifft Meldungen bei Erfolg, Warnungen und Fehler sowie das Unterdrücken von Fehlernachrichten bis zum letzten Versuch. Überlegen Sie sich, ob Sie die Fehlermeldung schon beim ersten Fehlversuch bekommen möchten, und nehmen Sie das letzte Häkchen dann ggf. raus.

Über das Kästchen »daily reports« kann man sich tägliche Berichte über Scale-out Repositories, Backup Copy Jobs inklusive Transaction Logs, agentenbasierte Sicherungen, Enterprise Plug-ins Jobs und über aktive Instant-Recovery-Aufgaben zuschicken lassen.

> Man kann auch seine eigene Webanwendung wie Microsoft Azure Portal oder Google Cloud Console dafür einrichten.

SNMP Setting

Auf dieser Registerkarte können bis zu sechs Empfänger für SNMP Traps eingetragen werden. Unabhängig davon kann der Server natürlich auch über SNMP auf dem Port 161/162 abgefragt werden.

Notifications

Sowohl bei SNMP als auch bei E-Mail werden einstellbare Informationen gesendet, wenn der Backup Storage (Repository) weniger als 10% freien Speicherplatz aufweist und wenn das Volume der zu sichernden VM weniger als 10% freien Platz hat.

Wenn der Produktionsspeicher weniger als 5% Platz frei hat, wird die jeweilige VM nicht mehr gesichert, da durch Snapshots der Platz aufgebraucht werden könnte und damit alle darauf laufenden VMs stehen bleiben würden.

Wenn der Vertrag (Subscription) ausläuft, wird eine Nachricht gesendet und es wird regelmäßig nach Updates für das Produkt gesucht.

History

Auf der letzten Registerkarte kann man einstellen, wie viele Aufgaben (500 sessions) angezeigt und wie lange diese gespeichert werden (13 weeks). Überlegen Sie sich, ob die Standardeinstellung von nur 13 Wochen für Ihre Zwecke sinnvoll ist. Haben Sie ein Upgrade von der Vorgängerversion gemacht, so sollten hier die alten Einstellungen (53 Wochen) übernommen worden sein.

Users and Roles

Möchte man Benutzern oder Gruppen die Möglichkeit geben, selbstständig über die Oberfläche Informationen zu lesen, Jobs zu bearbeiten, zu starten usw., können hier Berechtigungen dafür vergeben werden. Es gibt fünf vordefinierte Rollen, die einem lokalen Benutzer oder einer lokalen Gruppe – oder auch aus dem AD – zugewiesen werden können, damit er hier bestimmte Aufgaben übernehmen kann.

Der Restore Operator kann nur eine Wiederherstellung, der Backup Operator nur ein Backup initiieren, der Backup Viewer nur lesend zugreifen und der Backup Administrator hat alle Rechte. Der Tape Operator darf alles bezogen auf das Bandlaufwerk oder die Library. Auch können hier bestehende Einträge geändert und gelöscht werden.

Die lokale Administratorengruppe des Betriebssystems des BS hat standardmäßig die Administrator-Berechtigung. Gehört der BS zum Active Directory, so sind in dieser Gruppe auch die Domänen-Admins enthalten.

Neu hinzugekommen sind eine Zweifaktorauthentifizierung und das automatische Ausloggen nach einer gewissen Inaktivität. Die »multi-factor authentication« kann erst genutzt werden, wenn keine Gruppen – wie die lokale Administratorgruppe – Berechtigungen haben.

Leider ist es hier nicht möglich, Berechtigungen auf einzelne Objekte oder Kategorien zu legen, und wer hier lesen darf, sieht alle Daten – auch verschlüsselte. Beachten Sie hierzu auch die Ausführungen zum Veeam Self-Service unter »Veeam Self-Service File Restore« und »Veeam Self-Service Backup« auf Seite 175 in Kapitel 12.

Network Traffic Rules

Über diesen Menüpunkt kann man

- Regeln für die Bandbreitenbeschränkungen einrichten, damit der Transfer nicht die produktiven Maschinen zu stark belastet;
- Datentransferverbindungen einschränken: Pro Job werden fünf gleichzeitige Verbindungen aufgebaut, bei mehreren parallel laufenden Jobs kann das das Netzwerk überlasten. Da bei jeder Datenübertragung CRC (Cyclic Redundancy Checks) zum Einsatz kommen, sind die Daten von Veeam aber immer konsistent;
- Datenverschlüsselungen einrichten, falls die Verbindung über eine unsichere Leitung läuft, sowie
- bevorzugte Netzwerkverbindungen einstellen: Hiermit kann festgelegt werden, über welchen Weg z.B. eine Wiederherstellung erfolgen soll, wenn das Produktionsnetzwerk nicht belastet werden darf.

Die hier gemachten Einstellungen können dann bei dem jeweiligen Job ausgewählt werden, da sie übergreifend zur Verfügung stehen. Zusätzlich kann bei den meisten Transfers ebenfalls so eine Regel erstellt werden.

Beispiel: Ein NFS-Speicher an einem anderen Proxy ist für Copy Jobs eingerichtet worden und soll in der Hauptarbeitszeit von 8:00 bis 17:00 Uhr (freitags bis 14:00 Uhr) nur mit einer Datenübertragungsrate von 500 MBit/s arbeiten. Die Einstellungen dazu sehen Sie in Abbildung 5-1.

Beachten Sie dabei auch, dass der Bottleneck (Flaschenhals) nach dem Job üblicherweise der Storage ist, da dorthin aufgrund der Beschränkung nicht so schnell übertragen werden kann. Übrigens wird das Throttling auch umgekehrt von Target zur Source während der eingestellten Zeit berücksichtigt, nicht jedoch beim Wiederherstellen, wenn das Häkchen bei »Never throttle any restore activity« gesetzt ist. Werden mehrere Jobs gleichzeitig über diese Strecke übertragen, so wird die eingestellte Bandbreite prozentual aufgeteilt. Ist einer der Jobs fertig, so wird erneut aufgeteilt. Es können auch mehrere »Rules« erstellt werden, und bei konkurrierenden wird jeweils die größere Beschränkung genommen.

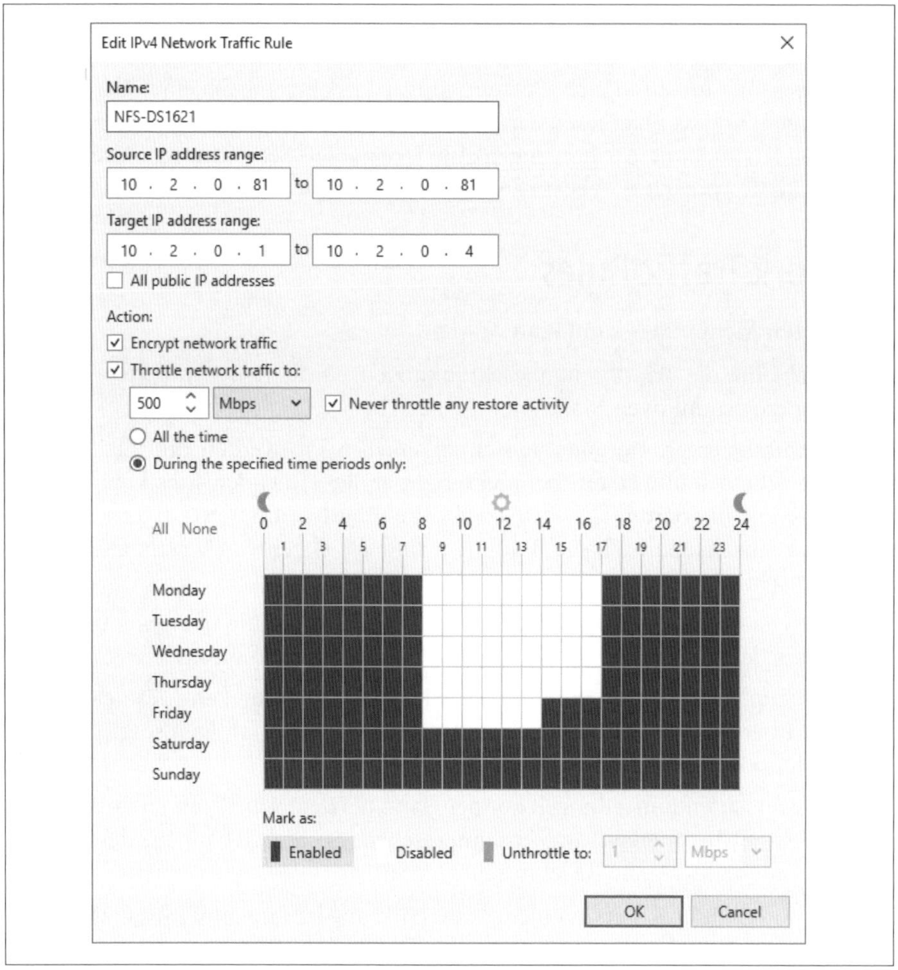

Abbildung 5-1: Network Traffic Rules

Configuration Backup

An dieser Stelle kann man die Informationen über alle Einstellungen mit allen Details einmal täglich auf einen Datenträger ablegen, um sie im Bedarfsfall auf einem neu erstellten BS wieder einlesen zu können. Weitere wichtige Details hierzu stehen im Abschnitt »Sicherung des Backup-Servers« auf Seite 109.

VM Exclusions

Die virtuellen Maschinen, die in diese Liste aufgenommen werden, werden niemals gesichert, selbst wenn Sie direkt einem Job zugeordnet sind. Im Job selber sieht man die Ausnahme nicht, dort könnte man sie aber auch einstellen.

Console

Hinter dem Menüpunkt »Console« verbirgt sich ein Link zum Aufruf einer Remote-Desktop-Verbindung auf den Backup-Server selbst, der Aufruf der angepassten PowerShell-Umgebung mit den Commandlets von Veeam, die näher in Kapitel 16 erklärt wird, über »Swagger« kann eine Automatisierung über die Softwareschnittstelle des BS genutzt werden und zuletzt kann hierüber das beliebte SSH-Tool PuTTy aufgerufen werden, mit dem man z.B. auf die Konsole eines ESXi Hosts oder auf andere Linux-Rechner kommen kann.

> Da über das Microsoft-RDP häufig vom lokalen Rechner Laufwerke, Drucker und die Zwischenablage an die entfernte Maschine durchgereicht werden, empfehle ich aus Sicherheitsgründen, auf dem BS den Zugriff über RDP zu unterbinden.

Color Theme

Wem das Farbdesign (dunkles Grün) von Veeam nicht zusagt, der kann die Konsole hierüber in einer von drei anderen Farben umgestalten.

License

Wie bereits im Abschnitt »Lizenzierung« in Kapitel 1 erwähnt, kann man hier Informationen zu den eingetragenen Lizenzen für die virtuelle Umgebung, die physischen Windows- und Linux-Rechner bekommen, eine neue oder zusätzliche Lizenz eintragen (falls Sie einen EM im Einsatz haben, sollten Sie das dort zentral erledigen) und über die Schaltfläche »Manage« auch nicht mehr vorhandene Hosts, VMs, physische Rechner etc. austragen (Revoke). Nach 30 Tagen ohne Sicherung werden die Instanzen automatisch zurückgesetzt.

Sobald eine VM von einem Host gesichert oder repliziert wird, wird er dieser Liste hinzugefügt. Tauschen Sie einen Hypervisor aus, so muss das hier über »Revoke« bekannt gemacht werden. Das manuelle Hinzufügen eines Hosts ist hier nicht möglich und auch nicht nötig – das geschieht automatisch. Weiterhin haben Sie hier den Überblick über die eingetragenen Lizenzen und/oder Instanzen, wie viele davon in Benutzung sind und wie viele noch übrigbleiben.

Über die Schaltfläche »Create Report« bekommen Sie Informationen über die Lizenz und eine Übersicht über die verbrauchten Sockel oder Instanzen, die auch ausgedruckt oder als PDF- oder Json-Datei gespeichert werden kann.

Merging Licenses

Das Zusammenführen von Lizenzen ist eine Option für Kunden, die eine Perpetual-Socket-Lizenz haben. Wenn Sie über eine Perpetual-Socket-Lizenz verfügen und

z. B. auch Ihre Cloud- oder physischen Arbeitslasten schützen oder mit Veeam-Plugins arbeiten möchten, können Sie eine Instanzlizenz erwerben und diese mit der Socket-Lizenz zusammenführen.

> Das Zusammenführen von Lizenzen ist ein integrierter Mechanismus, mit dem Sie zwei verschiedene Lizenztypen (Socket und Instanz) zusammenführen können. Wenn Sie mehrere Lizenzen desselben Typs (Socket und Socket, Instanz und Instanz) zusammenführen möchten, um eine einzige Lizenzschlüsseldatei zu erhalten, können Sie das Zusammenführungstool im Kundenportal im Internet verwenden.

Help

Über den vorletzten Punkt können Sie die Online-Hilfe aufrufen. Dabei wird der Standardbrowser geöffnet und die Seite mit der Dokumentation aufgerufen.

Darüber hinaus gibt es hier die Möglichkeit, Log-Dateien für einen Job oder alle beteiligten Komponenten (BS, Proxy etc.) bei »Support Information« zu exportieren, die man anschließend dem Veeam-Support zur Verfügung stellen kann.

Der dritte Punkt gibt Aufschluss über die installierte Version, die Dauer des Support-Vertrages, den Lizenznehmer und bietet zwei zusätzliche Links zum Technischen Support und zur Veeam Community. Mit einem Klick auf das Fenster schließt sich dieses wieder.

KAPITEL 6

Jobkonfiguration

Jedes Backup, jede Replikation, jede Kopieraktion oder auch ein SureBackup wird über einen Job erledigt, der gespeichert und zeitmäßig geplant werden kann. Für das Anlegen eines Jobs steht jeweils ein Assistent zur Verfügung, der alle notwendigen und möglichen Schritte abfragt.

Im Folgenden werden die einzelnen Typen der Jobs und was man dort einstellen kann näher erklärt.

Backup Jobs

Das Backup einer bestehenden VM ist wohl der häufigste Fall einer Datensicherung mit Veeam, deshalb werde ich ihn hier zuerst besprechen. Bei den weiteren Möglichkeiten, einen Job anzulegen, ist vieles zum Backup Job gleich und wird dort nicht nochmals erwähnt.

Um einen Backup Job zu generieren, klicken Sie im unteren linken Teil auf »Home«, dann auf »Backup Job« und wählen Sie aus dem Dropdown-Menü die passende Option:

- Virtuelle Maschine von VMware vSphere oder Microsoft Hyper-V
- Windows Computer – physischer Windows-Server oder Workstation
- Linux Computer – physischer Linux-Server oder Workstation
- Mac Computer – Computer mit MacOS Betriebssystem
- Unix Computer – Computer mit Oracle Solaris oder IBM AIX
- Application – Anwendungen für Oracle RMAN, SAP HANA oder SAP on Oracle
- Netzwerkfreigaben auf Windows oder Linux, NFS-Ordner oder SMB3-Freigaben

Als Beispiel nehme ich hier »Virtual machine« von Microsoft und VMware.

Menüpunkt Name

Geben Sie im ersten Fenster einen sprechenden Namen für den Job an. Es empfiehlt sich, dort ggf. die VMs, die gesichert werden sollen, anzugeben. Das kann der Name der VMs sein, der Name eines Ressourcenpools, eines Ordners oder des Betriebssystems etc. Wichtig ist, dass Sie die VM zum Wiederherstellen auch finden. Mit diesem Namen wird auf dem Repository ein Ordner erstellt, in dem die Backup-Dateien landen; diese Dateien haben ebenfalls den Namen des Jobs.

Unter Beschreibung (Description) werden der Ersteller des Jobs sowie Datum und Uhrzeit der Erstellung eingetragen. Diese Informationen sieht man auch in der Liste aller Jobs, deshalb sollte man dort ggf. etwas Aussagekräftiges eintragen wie die Uhrzeit, wann der Job läuft, wie oft etc. Diese Liste könnte man dann z. B. nach der Startzeit sortieren.

Setzt man das Häkchen bei »High priority«, so werden die VMs in diesem Job als Nächstes gesichert – unabhängig davon, wie viele noch vor ihnen in der Warteschlange wären. Das ist sinnvoll, wenn dieser Job zu einem bestimmten Zeitpunkt gestartet werden muss.

Menüpunkt Virtual Machines

Im nächsten Fenster können Sie über »Add« die gewünschten VMs zur Liste hinzufügen. In dem neuen Fenster ist es möglich, nach Namen oder Namensbestandteilen zu suchen:

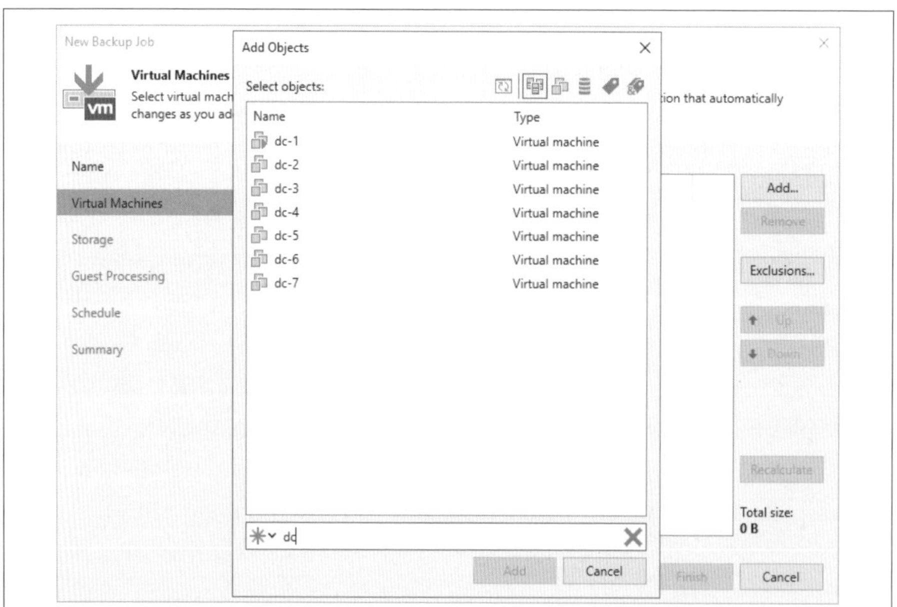

Abbildung 6-1: Auswahl der Objekte

Oben rechts in dem Fenster kann man über die Icons von links angefangen bei VMware:

1. die Ansicht aktualisieren,
2. die Ansicht »Hosts and Clusters«,
3. »VMs and Templates«,
4. »Datenspeicher und VMs«,
5. »VMs and Tags« oder
6. »Kombinationen von Tags«

auswählen.

Bei Hyper-V bedeuten die Icons:

1. die Ansicht aktualisieren
2. die Ansicht »Hosts and Clusters«
3. »Hosts and Volumes«
4. »VMs and Tags« (nur über SCVMM)
5. »VM Groups« (nur über SCVMM)

Bei »VMs and Tags«, also benutzerdefinierten Attribute, und beim letzten Icon »Tags combination« (nur die VMs, die alle ausgewählten Tags aufweisen) sollte man nach der ersten Sicherung überprüfen, ob das gewünschte Ergebnis erreicht wurde. Die Auswahl bei Tags ist nicht unbedingt immer zuverlässig.

Wenn man auf das blaue Sternchen unten links neben dem Eingabefeld klickt, kann man noch ein weiteres Kontextmenü aufklappen und darüber nach Objekten wie VMs, Ordner, Cluster, Hosts, Ressourcenpools und vApp (beides nur bei VMware), Host Group und SCVMM (beides nur bei Microsoft) suchen oder anzeigen lassen.

Viele meiner Kunden nutzen »Folder«, also eine Ordnerstruktur für die Datensicherung mit Veeam, weil so sichergestellt ist, dass eine neu angelegte oder auch wiederhergestellte VM automatisch in der Datensicherung ist – und nicht vergessen wird, wie in der Abbildung 6-2 dargestellt.

Hat man ein oder mehrere Objekte zum Sichern ausgewählt, können über die Schaltfläche »Exclusions« VMs, die sich in einem Ordner befinden, aber nicht gesichert werden sollen, ausgenommen werden (ggf. Kästchen bei »Show full hierarchy« anklicken). Für einzelne VMs können noch bestimmte Festplatten aus der Sicherung genommen oder auch Templates nur beim Full Backup gesichert werden.

Weiterhin kann man die Reihenfolge der VMs nachträglich ändern, damit die Sicherung auch wie gewünscht abläuft. Über die Schaltfläche »Recalculate« wird zum einen die Gesamtgröße der VMs und in der Spalte »Size« die jeweilige Größe der zu sichernden Objekte angezeigt. Sollte dort bei einer VM der Wert »0« oder »N/A« auftauchen, wurde die ID der Maschine nicht gefunden (Veeam merkt sich die ID, nicht den Namen). Das passiert z.B., wenn die VM gelöscht und aus einer

Datensicherung wiederhergestellt wurde, denn dann bekommt sie vom vCenter Server oder SCVMM eine neue ID.

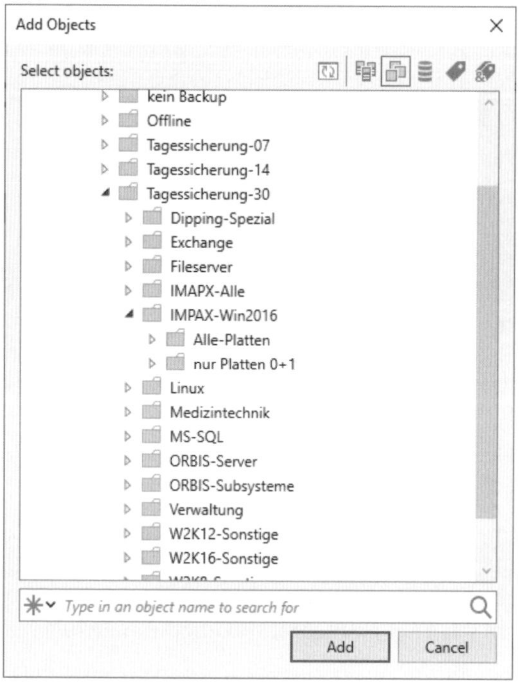

Abbildung 6-2: Ordnerstruktur für die Datensicherung

Menüpunkt Storage

Im dritten Fenster »Storage« wählen Sie den Backup Proxy und den Sicherungsplatz (Backup Repository) aus und geben an, wie viele Wiederherstellungspunkte (Restore Points) oder wie viele Tage (days) auf dem Storage behalten werden sollen. Die ältesten Sicherungen werden dann automatisch gelöscht, wenn die Anzahl überschritten wird.

Der Backup Proxy wird vom BS meist automatisch richtig erkannt, und diese Einstellung sollte nur in Ausnahmefällen, z. B. bei WAN Accelerators oder in einer DMZ, geändert werden – dazu später mehr.

In dem Dropdown-Feld »Backup repository« können Sie die zuvor erstellten Speicherplätze auswählen. Achten Sie darauf, dass für den Job und alle Restore Points genügend Speicher zur Verfügung steht. Über den blauen Link »Map backup« können bereits vorhandene Sicherungen hinzugefügt werden, z.B. wenn man die Sicherungen auf einen anderen Storage verschoben hat oder Veeam neu aufsetzen musste.

Die »Restore Points« beziehen sich auf den Job, nicht auf die VMs im Job. Hat man beispielsweise einen Ordner mit drei VMs fünf Mal gesichert, wobei das Backup für eine VM drei Mal fehlschlug, hat man von dieser VM nach der eingestellten Zahl nur zwei Restore Points. Bleibt der Fehler, hat man nach fünf Sicherungen keine Wiederherstellungspunkte der nicht gesicherten VM! Das heißt auch, wenn die VM gelöscht wird, aber im Job verbleibt, fallen die Daten nach der eingestellten Wiederholung automatisch raus.

Beim Kästchen »Keep certain full backups longer for archival purposes« kann über die Schaltfläche »Configure« seit der Version 10 ein GFS(Grandfather, Father, Son)-Backup eingestellt werden, bei dem man Wochen-, Monats- und Jahressicherungen unabhängig von den Restore Points länger aufbewahrt. Diese können während der eingestellten Laufzeit – also z. B. vier Wochen – nicht geändert oder gelöscht werden. Für das Monats-Backup wird üblicherweise das letzte Wochen-Backup genutzt und für das Jahres-Backup das letzte Monats-Backup des eingestellten Monats. Es wird also nicht nochmals ein zusätzliches Full Backup generiert, sondern nur das »Flag« dafür gesetzt.

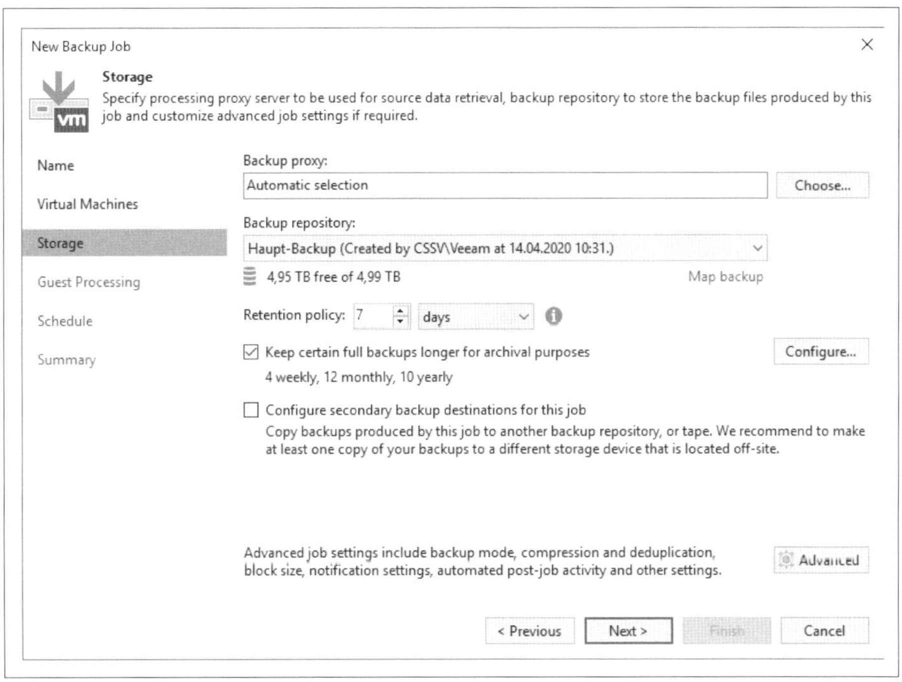

Abbildung 6-3: Backup-Job-Einstellungen

Bei »Configure secondary destinations for this job« kann man zusätzlich einen Tape Job oder einen Copy Job angeben, der nach der Datensicherung die gesicherten Dateien auf ein Bandlaufwerk oder einen anderen Datenspeicher kopieren soll. Dieser Job muss aber bereits angelegt sein, damit die Abhängigkeit zu dieser Sicherung sichergestellt ist.

Erweiterte Einstellungsmöglichkeiten zum Backup Job

Unter der Schaltfläche »Advanced« befinden sich weitere interessante Einstellungen, wie im Folgenden erklärt wird.

Auf der Registerkarte »Backup« kann man den Modus der Sicherung einstellen. Die einzelnen Modi habe ich bereits oben detailliert angesprochen. Der Modus »Incremental forever« wird eingestellt, indem man das Optionsfeld bei »Incremental (recommended)« anklickt und bei dem darunterliegenden Kästchen das Häkchen löscht. Überlegen Sie sich, ob Sie regelmäßig zusätzlich ein Full Backup erstellen lassen wollen oder ob Sie dafür einen eigenen Job generieren, um z.B. die Daten auf ein anderes Laufwerk abzulegen, was hier nicht ausgewählt werden kann.

Auf der Registerkarte »Maintenance« kann bei »Storage-level corruption guard« eine Überprüfung des Datenspeichers in regelmäßigen Abständen angegeben werden. Das ist sinnvoll, wenn man die Daten sehr lange dort liegen lässt. Veeam macht zwar bei jeder Sicherung eine Überprüfung, aber danach nicht mehr.

Unter »Full backup file maintenance« kann zum einen eine »Aufräumaktion« mit Defragmentierung und auch die Retention Policy für gelöschte oder aus dem Backup entfernte VMs eingestellt werden. Beachten Sie, dass hier Tage und nicht Wiederherstellungspunkte angegeben werden. Wenn man keine regelmäßigen Full Backups durchführen lässt, sollte man »Remove deleted VMs data after« anklicken und eine Anzahl an Tagen einstellen. Wenn die Zeit abgelaufen ist, werden die Daten bei der »Aufräumaktion« der VM als gelöscht markiert, also nicht wirklich vom Datenträger gelöscht, aber irgendwann überschrieben.

> Die Tage bei »Remove deleted VMs data after« sollten nicht unter »7« angegeben werden, weil es sonst bei einem vorübergehenden Ausfall der Infrastruktur zum Verlust aller Backups führen kann.

Auf der Registerkarte »Storage« können Einstellungen zum Datenspeicher ausgewählt werden. »Enable inline data deduplication« bewirkt, dass pro Job alle Redundanzen gelöscht werden, also weniger Speicher gebraucht wird (empfohlen). Bei »Exclude swap file blocks« wird bzw. werden die Auslagerungsdatei(en) der Maschinen nicht mit gesichert (empfohlen), und bei »Exclude deleted file blocks« werden gelöschte Dateien (Ausnahme die im Papierkorb) nicht mit gesichert. Die letzten beiden Funktionen betreffen nur VMs mit Microsoft-NTFS-Dateisystem.

Bei »Compression level« kann zwischen fünf Einstellungen gewählt werden, wobei ein höherer Kompressionsgrad Platz spart, aber auch meist eine längere Backup-Zeit bedingt.

- »None« sollte bei Repositories gewählt werden, die selbst komprimieren oder deduplizieren,
- »Dedupe-friendly« belastet die CPU des Backup Proxys weniger,
- »Optimal« balanciert den Zeitbedarf mit der Kompressionsrate aus,

- »High« verringert die Größe um ca. 10%, benötigt aber deutlich mehr CPU-Performance und
- »Extreme« bietet die geringste Backup-Größe auf Kosten der Performance und Zeit.
- Bei »Storage optimization« kann zwischen vier verschiedenen Blockgrößen im Dropdown-Feld ausgewählt werden. Dabei bedeutet
- »4 MB« (früher »Local target (large blocks)«), dass es sich um Storages handelt, auf denen die Dateien der Datensicherung größer als 16 TByte sind
- »1 MB« (früher »Local target«) einen lokalen Datenspeicher mit einer Übertragungsgeschwindigkeit ab 150 MByte/s. Dieses ist auch die richtige Einstellung für DAS und SAN.
- »512 KB« (früher »LAN target«) für Sicherungen auf NAS, Onsite Backup und Replikationen
- »256 KB« (früher WAN target«) für Backups über WAN-Strecken für Offsite-Sicherungen.

Der BS wird anhand dieser Einstellungen die jeweilige Komprimierung und Deduplizierung an die Übertragung anpassen.

Sollen die Backup-Daten verschlüsselt werden, kann unter »Enable backup file encryption« das Häkchen gesetzt und ein Passwort eingegeben werden. Haben Sie einen Enterprise Manager installiert und den BS dort hinterlegt, kann auch über den EM die Verschlüsselung bei verlorenem Passwort rückgängig gemacht werden. Den Vorgang dazu habe ich in Kapitel 12 ab Seite 177 ausführlich beschrieben.

Auf der Registerkarte Notifications können bei Bedarf Informationen zu einem Job per SNMP-Trap und/oder E-Mail verschickt sowie bei der VM in den Bemerkungen eingetragen werden. Dabei bedeutet die Option »Append«, dass jeweils das letzte Ergebnis an bestehende Eintragungen angehängt wird – nicht ältere Informationen zu den Jobs.

Bei mehreren Backup Jobs kann die Benachrichtigungseinstellung besser für alle Jobs zusammen unter dem Punkt »Options« aus dem Grundmenü eingestellt werden (siehe »E-Mail-Settings« auf Seite 77).

Auf der Registerkarte vSphere (nur bei VMware) bzw. Hyper-V (nur bei Microsoft) sollte bei bestimmten VMs das Einfrieren derselben ausgewählt werden, indem man das Häkchen bei »Enable VMware Tools quiescence« bzw. »Enable Hyper-V guest quiescence« setzt und dementsprechende Skripte einsetzt. Dies ist bei allen VMs angebracht, die spezielle Anwendungen (wie Datenbanken) hosten oder viele Transaktionen durchführen und nicht Microsoft als Betriebssystem nutzen. Bei Windows-VMs wird stattdessen der Dienst Volume Shadowcopy Service (VSS) genutzt. Beispiele für die Sicherung von Linux-Datenbanken habe ich weiter unten ausführlich beschrieben, wobei eine Oracle-Datenbank auf Linux nicht darunter fällt: Diese wird über »Application aware processing« anders behandelt. Beachten Sie dazu auch den nächsten Abschnitt »Guest Processing«.

> Haben Sie das Einfrieren für die VMs in dem Job gewählt und aktivieren später zusätzlich das Kästchen bei »Application aware processing«, so wird der BS immer zuerst versuchen, die Anwendung zu erkennen, und das »quiescence« ignorieren.

Für eine schnellere inkrementelle Sicherung und für die Wiederherstellung einer VM oder deren Platten sollte das CBT-Verfahren (Changed Block Tracking) verwendet werden. Hier legt die Sicherungssoftware beim ersten Backup eine Datei pro Festplatte in den Ordner der VM mit der Endung **.ctk*. Ab dann wird der Host die Adressen der geänderten Blöcke dort reinschreiben, damit bei der nächsten Sicherung der BS nur die geänderten Blöcke lesen und nicht die gesamte VM durchsuchen muss. Das beschleunigt die Sicherung immens. Bei Hyper-V auf 2016er-Maschinen lässt sich das nicht deaktivieren. Dort wird es RCT (Resilient Change Tracking) genannt. Voraussetzung ist dabei, dass alle Hosts die 2016er-Version oder höher haben, der Cluster-Level ebenfalls mindestens 2016 ist und die VM die Konfigurationsversion 8 oder höher hat. VMware-Maschinen müssen die Hardware Version 7 oder höher haben. Das CBT- oder RCT-Verfahren wird beim Full Backup automatisch wieder zurückgesetzt. Veeam nutzt bei VMs mit »Thin Provision«-Festplatten diese Funktion auch beim Full Backup. Hat eine VM einen Snapshot, so kann das Verfahren nicht angewendet werden.

Unter Hyper-V hat man hier zusätzlich den Schalter für Volume Snapshots. Hier können mehrere virtuelle Maschinen über einen einzigen Volume Snapshot gesichert werden. Dafür gibt es unter VMware die Registerkarte »Integration«, über die mit der Lizenz Enterprise Plus und VUL ebenfalls Snapshots von einem unterstützten Datenspeicher anstatt über die VMware Tools gemacht werden können. Dieses Verfahren bremst die virtuelle Umgebung nicht aus, und die Daten kommen sehr schnell direkt über den Storage. Dafür muss der Backup-Server allerdings physisch sein und einen direkten Zugriff auf den jeweiligen Speicher über iSCSI, Fibre Channel oder Ähnliches haben. Beachten Sie auch das Kästchen bei »Failover to standard backup«, falls eine Sicherung über diesen Weg nicht erfolgen kann.

Auf der Registerkarte »Scripts« können Befehle oder Kommandos vor und/oder nach dem Job auf dem BS ausgeführt werden. Das lässt sich dann noch tageweise einstellen, also wann und wie oft das jeweilige Kommando laufen soll. Benötigen Sie allerdings Skripte innerhalb der zu sichernden VM, können Sie das unter dem nächsten Punkt »Guest Processing« einstellen.

Haben Sie Einstellungen unter »Advanced« verändert, lässt sich das für alle folgenden Jobs als Standard über die Schaltfläche »Save As Default« abspeichern.

Zurückgekehrt in das Fenster »Storage«, kann ggf. ein zusätzlicher Hinweis auftauchen, wie in Abbildung 6-4 beispielhaft dargestellt.

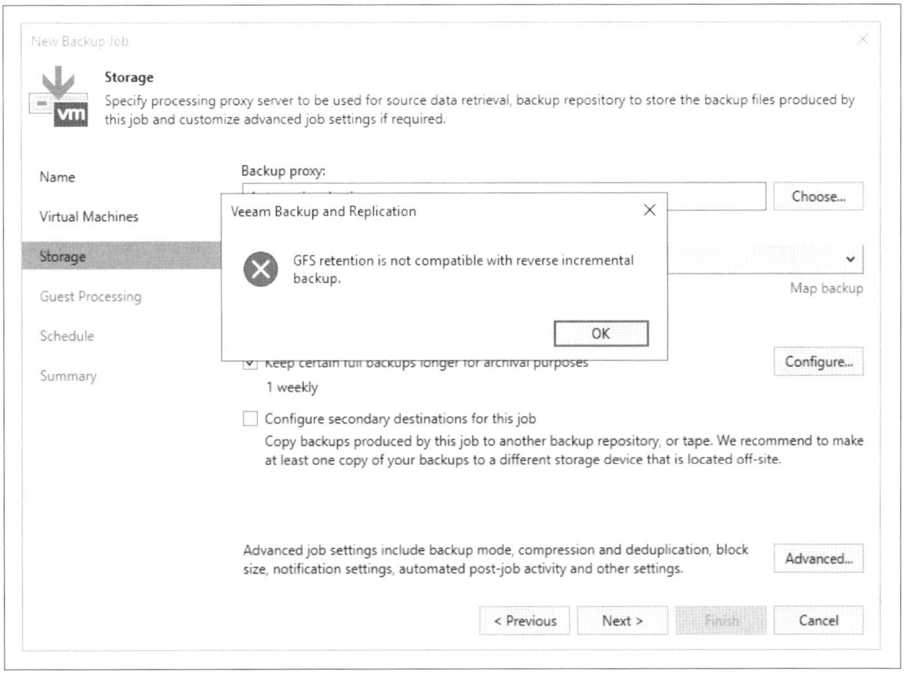

Abbildung 6-4: Konfigurationsfehler beim Backup Job

Hier wurde als Backup-Methode »Reverse incremental« oder »Incremental forever« (dann nur ein gelbes Dreieck) gewählt, was mit der GFS-Sicherung nicht vereinbar ist, da keine regelmäßigen Full Backups angelegt werden, die eigentlich wöchentlich, monatlich oder jährlich zur Verfügung stehen müssten.

Menüpunkt Guest Processing

Im vierten Fenster »Guest Processing« können für bestimmte Anwendungen im Betriebssystem noch Einstellungen und Anmeldedaten hinterlegt werden. Das macht Sinn bei Domänencontrollern, MSSQL- und Oracle-Servern, Exchange-Servern, SharePoint sowie bei PostgreSQL. Mit dem angegebenen Account können die Daten auch einzeln wiederhergestellt werden, also einzelne Postfächer, Anlagen zu E-Mails, Tabellen aus Datenbanken, gelöschte Objekte aus Active Directory etc.

Um beim Backup die jeweilige VM in einen konsistenten Zustand zu bringen, hat man beim Job die Möglichkeit, das Häkchen bei »Enable application-aware processing« zu setzen oder unter »Storage – Advanced – vSphere« das »VMware Tools quiescence« anzuhaken. Die Funktionen der beiden Methoden werden in der nachfolgenden Tabelle 6-1 beschrieben:

Tabelle 6-1: Funktionen der beiden Methoden

Feature	VMware Tools/Hyper-V guest quiescence	application-aware processing
konsistentes Backup von Windows-VMs	ja	ja
Synchronisationstreiber für Linux-VMs	ja	nein
Unterstützung für spezielle Anwendungen	eingeschränkt	ja
Vorbereitung für spez. Anwendung vor VSS (z. B. Oracle)	nein	ja
Application Log Truncation (MS SQL, Exchange)	ja, in der VM platziert	ja, kann vom B&R-Server platziert werden
Fehlermeldungen	im Gast-OS	auf B&R-Server

In beiden Fällen wird also versucht, ein konsistentes Backup zu bekommen, wobei das Stilllegen über die Funktionen der Virtualisierungssoftware das Microsoft VSS nutzt und über Veeam in dem Betriebssystem der VM ein eigener Laufzeitprozess abhängig von der Anwendung gestartet wird.

Über die Schaltfläche »Applications« kommen Sie in ein weiteres Fenster, in dem die Objekte des jeweiligen Jobs in einer Tabelle aufgeführt sind. Wählen Sie eines der Objekte aus und klicken auf »Edit«, so öffnet sich ein neues Fenster, in dem bei Bedarf weitere Einstellungen vorgenommen werden können. Auf der ersten Registerkarte »General« unter »Applications« lässt sich eine von drei Möglichkeiten für den korrekten Ablauf einstellen. Hier sollte man nur in Ausnahmefällen von dem Standard (recommended) abweichen, es sei denn, man hat das Stilllegen der VMs vorher ausgewählt. Wie bereits oben angeführt, versucht der BS immer zuerst die Anwendung zu erkennen, und falls das nicht funktioniert, wird er dann erst über die VMware bzw. Hyper-V Tools die VM einfrieren. Für Jobs, in denen VMs sowohl ohne als auch mit einer der genannten Anwendungen residieren, kann man für einzelne VMs das »application processing« hier deaktivieren, damit für diese das »quiescence« gilt.

Im unteren Teil bei »VSS Settings« kann auf das Abschneiden von Log-Dateien von SQL, Oracle und Exchange Einfluss genommen werden. Nach einer erfolgreichen Sicherung werden dann die Transaktions-Logs abgeschnitten, um Platz in der VM zu sparen. War die Sicherung nicht erfolgreich, wird dieser Prozess nicht durchgeführt und die Logs bleiben bestehen. Wichtig ist hierbei, dass die VMware Tools (bzw. Hyper-V integration components) korrekt installiert sind und die VSS-Erweiterung der Tools läuft. Soll eine in der Maschine integrierte Anwendung das machen, muss der untere Punkt (Perform copy only) angewählt werden. Das gilt auch, wenn in der VM ein anderes Tool die Transaktions-Logs wegschreibt.

Im letzten Abschnitt in diesem Fenster bei »Persistent guest agent« kann festgelegt werden, ob der spezielle Agent von Veeam dauerhaft in der zu sichernden Maschine verbleibt. Durch diese persistente Bereitstellung entfallen die Sicherheits- und Port-Anforderungen für die Injektion des Laufzeitprozesses.

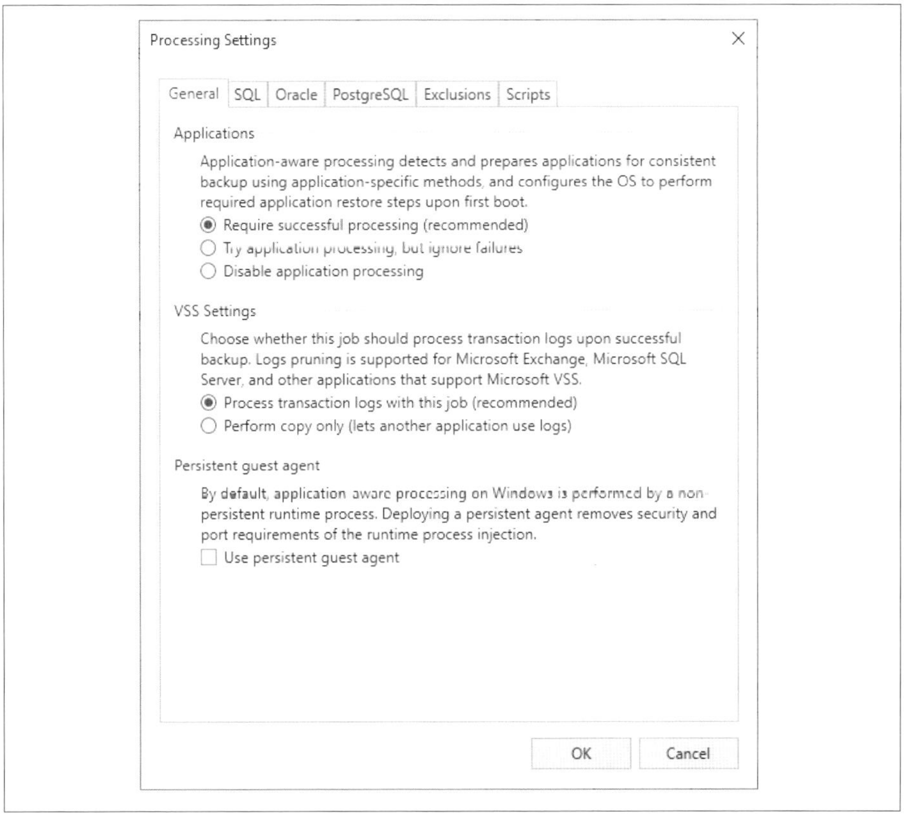

Abbildung 6-5: Erweiterte Einstellungen zu den Anwendungen

Auf den Registerkarten für »SQL«, »Oracle« und »PostgreSQL« hat man die Möglichkeit, die Log-Dateien in regelmäßigen Abständen zusätzlich zu sichern, damit sich ein konsistenter Zustand auch tagsüber in einstellbaren Intervallen sichern lässt. Sollten Sie diesen Punkt angeklickt haben, überlegen Sie sich, wann die Dateien nicht mehr benötigt werden – üblicherweise nach der nächsten oder übernächsten Sicherung. Hierbei werden im Grunde zwei Jobs angelegt: einer für die Sicherung der VM und einer für die Transaktions-Logs. Der Task für die Logs läuft ständig im Hintergrund und holt die Daten periodisch über eine eigene Laufzeitanwendung, z.B. alle 15 Minuten, ab. Diese Anwendung sichert im Betriebssystem der VM die Daten in einem temporären Ordner und transferiert sie in regelmäßigen Abständen auf das Repository. Die Transaktions-Logs werden übrigens erst nach einer erfolgreichen Sicherung der VM geholt – solange bleibt der Job im Leerlauf.

Auf den Registerkarten »Oracle« und »PostgreSQL« kann man zusätzlich einen speziellen Benutzer mit Passwort angeben, der die notwendigen Rechte auf der Datenbank hat.

Auf der Registerkarte »Exclusions« können sowohl Dateien als auch Ordner von der Sicherung einer einzelnen oder aller VMs mit NTFS als Dateisystem in dem Job ausgenommen werden. Hat man beispielsweise sehr viele große Dateien wie gepackte, Bilder und Filme, die nicht gesichert werden müssen, so kann dies Platz sparen, wird aber zu einer längeren Verarbeitungszeit führen. Im oberen Teil kann etwas ausgeschlossen werden, was dazu führt, dass die komplette VM gesichert wird, nur diese Daten nicht. Im unteren Teil wird eingetragen, was nur gesichert wird, also nicht die komplette VM, sondern nur diese(r) Ordner und Datei(en). Je mehr Einträge dort gemacht werden, umso länger dauert allerdings die Datensicherung – weil ständig nach den Ausnahmen gefiltert werden muss. Hierbei können auch Wildcards wie *, ? und Umgebungsvariablen wie `%windir%` und `%homepath%` genutzt werden.

> Gerade bei einem Server, bei dem Dateien nur in einem Ordner öfter gesichert werden sollen als die VM, ist die Funktion »Include« besser geeignet als ein »File Copy Job«. Achten Sie darauf, dass nur NTFS, nicht auch ReFS oder andere Dateisysteme unterstützt werden.

Auf der Registerkarte »Scripts« lassen sich noch Batch-Dateien für Windows-Anwendungen angeben, die keine Unterstützung durch VSS (Volume Shadowcopy Service) bieten, oder auch Shell-Skripte für Linux. Diese Dateien müssen sich auf dem lokalen System befinden (also z.B. dem Backup-Server) und sie müssen im Voraus fertiggestellt sein. Über solche Skripte könnte man zum Beispiel Dienste vor dem Snapshot (Pre-freeze script) stoppen und anschließend (Post-thaw script) wieder starten. Die Skripte müssen bei Linux die Endung *.sh haben und werden zur Laufzeit auf die VM über den SSH-Port 22 kopiert. Alternativ kann dies über die installierten VMware Tools mittels VMware-VIX-Kommunikation passieren. Achten Sie dabei auf das Häkchen bei »VMware Tools quiescence«.

Hat man als Sicherung Windows- und Linux-Maschinen in einem einzigen Job, so wird automatisch für Linux das Shell-Skript und für Windows die Batch-Datei genommen.

Das Häkchen bei »Enable guest file system indexing« ist für sehr große Datenmengen gedacht – typischerweise für Fileserver –, um schneller einzelne Dateien finden zu können. Ohne dieses Häkchen können trotzdem von fast jedem Dateisystem einzelne Dateien oder Ordner wiederhergestellt werden. Im Zusammenhang mit dem EM kann über mehrere BS in allen Sicherungen nach Dateien gesucht werden, da der EM alle Indexe lokal speichert (Details zum EM in Kapitel 12). Wählen Sie ein Objekt in dem Fenster aus, so können Sie über die Schaltfläche »Edit« noch zusätzliche Angaben zu Ein- und Ausschlüssen machen, wobei die Voreinstellungen für Windows und Linux bereits sehr gut sind.

Hat man das Häkchen bei »Enable application-aware processing« oder bei der Indexierung gesetzt, muss man ebenfalls im Feld »Guest OS credentials« die notwendigen Anmeldedaten raussuchen oder hinzufügen (»Add ...«). Hat man mehrere VMs mit unterschiedlichen Anmeldedaten in einem Job, so können über die Schaltfläche »Credentials« für jedes Objekt individuelle Angaben gemacht werden.

Haben Sie alle Accounts zugeordnet, so sollten Sie diese vorab über die Schaltfläche »Test Now« ausprobieren. In dem neuen Fenster werden alle Objekte aufgelistet und anschließend die Ergebnisse der Tests angezeigt. Sollte bei einem oder mehreren Einträgen eine Warnung stehen, so klicken Sie in die jeweilige Zeile auf der linken Seite, um Details in der rechten Hälfte dazu zu sehen.

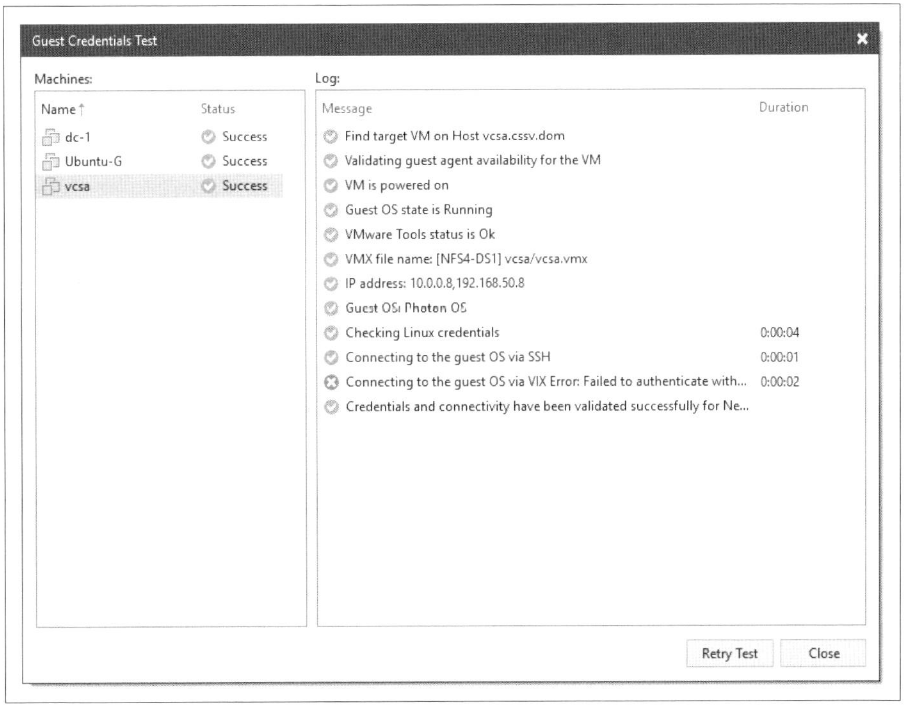

Abbildung 6-6: Anmeldedaten überprüfen

> Sollte in der Spalte »Status« bereits eine Warnung stehen, liegt dies häufig an der Firewall auf der jeweiligen VM. Diese lässt üblicherweise keine Anmeldung und Installation eines Agenten über das Netzwerk zu. Funktioniert der Zugriff nicht über RPC, aber über VIX oder umgekehrt, wird ebenfalls eine Warnung angezeigt, die aber die Funktionalität der Aufgabe nicht beeinflusst – diese Warnung kann dann also ignoriert werden.

Exchange- und SQL-Knoten

Jegliche Konfigurationen von Exchange-DAG-Knoten (Database Availability Groups) und Microsoft SQL 2012 AlwaysOn Cluster (und höher), ob aktiv, passiv oder hot-standby, mit allen Datenbanken unterstützt der BS von Veeam. Die Transaktions-Logs werden auf allen beteiligten Servern gekürzt, ohne dass weitere Einstellungen dazu notwendig sind und egal ob es sich um einen aktiven oder passiven Knoten handelt. Da es bei einem Snapshot zu einer Verzögerung oder kurzen Unterbrechung bei der Kommunikation der Exchange-Knoten untereinander kommen kann, sollte man ggf. die Timeouts der beteiligten Server anpassen. Dafür gibt es einen ausführlichen Knowledge-Base-Artikel von Veeam: *https://www.veeam.com/kb1744*. Beachten Sie, dass möglichst alle beteiligten SQL-Server der AlwaysOn Availability Group und alle Exchange-DAG-Knoten in jeweils einem Backup Job enthalten sein sollten.

Menüpunkt Schedule

Im vorletzten Fenster »Schedule« kann man planen, wann und wie oft der Job laufen soll. Es ist sowohl möglich, eine Zeit, bestimmte Tage, Zeitabstände als auch andere Optionen zu nutzen.

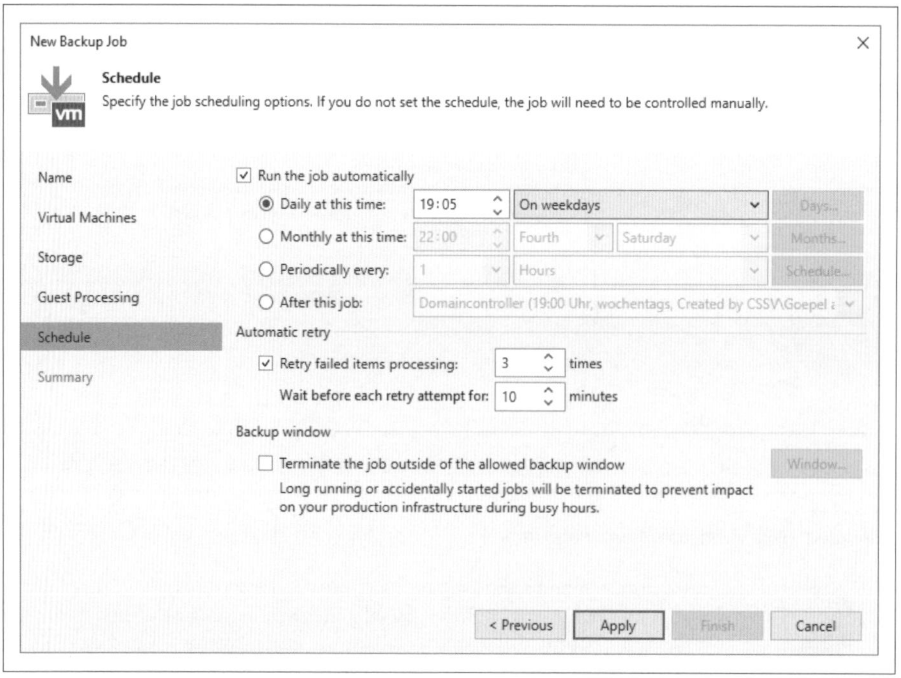

Abbildung 6-7: Auswahl der Sicherungsoptionen

In der Abbildung 6-8 ist als Beispiel der Job direkt nach Beendigung des vorherigen Jobs geplant.

Name	Type	Status	Last r...	Next run	Target	Object:
01-Linux	VMware Backup	Stopped	Success	03.03.2023 19:00:00	Backup SAN	2
01-vm-vCMA	VMware Backup	Stopped	Success	After [01-Linux]	Backup SAN	1
02-Exchange	VMware Backup	Stopped	Success	After [01-vm-vCMA]	Backup SAN	1
03-SQL	VMware Backup	Stopped	Success	After [02-Exchange]	Backup SAN	1
04-Fileserver01	VMware Backup	Stopped	Success	After [03-SQL]	Backup SAN	1
04-Fileserver02	VMware Backup	99% completed at 115...		After [04-Fileserver01]	Backup SAN	1
05-Impax alle	VMware Backup	Stopped	Success	After [04-Fileserver02]	Backup SAN	10

Abbildung 6-8: Reihenfolge der Jobs

- »Daily at this time«: Hier lassen sich die Uhrzeit und die jeweiligen Tage, wann die Sicherung laufen soll, einstellen. Everyday bedeutet jeden Tag von Montag bis Sonntag, On week-days sichert von Montag bis Freitag und bei On these days können über die Schaltfläche »Days« die gewünschten Tage angeklickt werden.
- »Monthly at this time«: Hier wird einmal im Monat eine Sicherung gemacht, und man kann zwischen First, Second, Third, Fourth, Last und This day auswählen. Im dritten Dropdown-Feld wählt man den Wochentag aus, und über die Schaltfläche »Month« lassen sich die gewünschten Monate einstellen.
- »Periodically every«: Will man eine VM mehrmals täglich sichern, wählt man diese Option. Sie können periodisch Stunden und Minuten oder auch ständig (Continuously) auswählen. Bei der letzten Option wird ein Snapshot der VM gemacht, diese gesichert, der Snapshot gelöscht und ein erneuter Snapshot gemacht, wieder gesichert usw. Über die Schaltfläche »Schedule« kann noch ein Zeitfenster für die Sicherung gewählt werden, also z.B. nur wochentags in der Zeit von 8:00 bis 16:00 Uhr und ohne die Mittagspause.

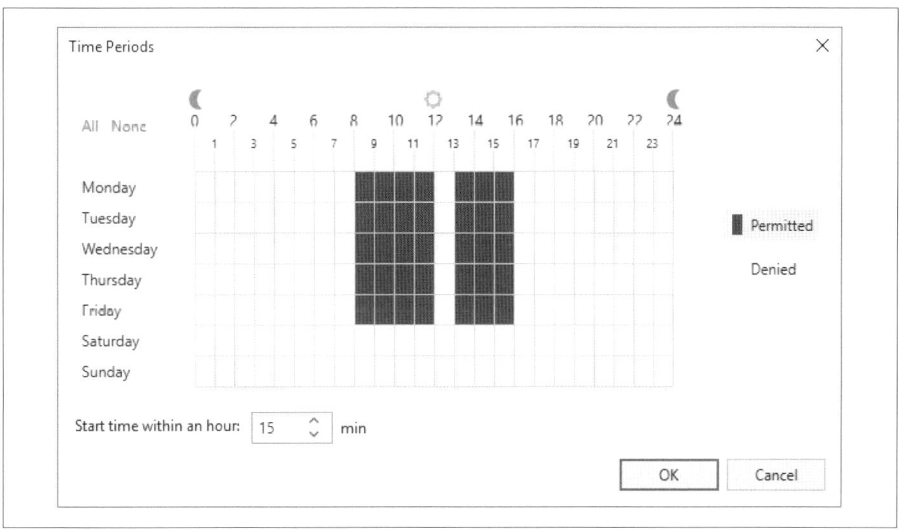

Abbildung 6-9: Sicherungen in Zeitintervallen

Achten Sie bei allen Einstellungen unter diesem Punkt auf die Anzahl der gewünschten Restore Points! Bei dem Beispiel im Screenshot werden z.B. ab 8:15 bis 11:15 Uhr und von 13:15 bis 15:15 Uhr Sicherungen gemacht, also pro Tag 7 und pro Woche 35. Brauchen Sie die Daten für zwei Wochen, so müssen Sie im dritten Fenster (Storage) insgesamt 70 Restore Points oder 14 Days ausgewählt haben.

In dem Feld »Automatic retry« ist üblicherweise eine dreifache Wiederholung mit jeweils 10 Minuten Pause eingestellt. Das lässt sich nach eigenen Bedürfnissen auch abändern.

In dem Feld »Backup window« kann eine Zeit ähnlich wie bei den periodischen Sicherungen eingestellt werden, damit eine noch laufende Datensicherung zu Beginn der Arbeitszeit abgebrochen wird. Tritt dies ein, werden alle noch nicht fertiggestellten Sicherungen von VMs gelöscht und bei der nächsten Datensicherung diese zuerst gesichert.

Menüpunkt Summary

Im letzten Fenster »Summary« steht nur noch die Übersicht zu dem Job – einstellen lässt sich hier nichts mehr. Klicken Sie auf »Finish«, nachdem Sie sich die Details zu dem Job angesehen haben, oder planen Sie den sofortigen Start des Jobs, indem Sie das Häkchen bei »Run the job when I click Finish« setzen.

Nach dem Backup Job kann man sich die Details zu der Sicherung anschauen und/oder auch per Mail als Bericht zusenden lassen.

Backup job: Domaincontroller — **Success**

19:00 Uhr, wochentags, Created by CSSV\Goepel at 03.03.2023 11:58. — 6 of 6 VMs processed

Dienstag, 7. März 2023 09:09:10

Success	6	**Start time**	09:09:10	**Total size**	590 GB	**Backup size**	395,8 MB
Warning	0	**End time**	09:12:31	**Data read**	3,7 GB	**Dedupe**	1,1x
Error	0	**Duration**	0:03:21	**Transferred**	391,9 MB	**Compression**	3,0x

Details

Name	Status	Start time	End time	Size	Read	Transferred	Duration	Details
dc-3	Success	09:09:23	09:10:04	90 GB	0 B	109,3 KB	0:00:41	
dc-4	Success	09:09:23	09:10:05	90 GB	0 B	107,7 KB	0:00:42	
dc-7	Success	09:09:48	09:10:22	90 GB	0 B	18,6 KB	0:00:34	
dc-2	Success	09:09:23	09:10:45	150 GB	0 B	111 KB	0:01:22	
dc-6	Success	09:10:28	09:12:00	90 GB	0 B	109,4 KB	0:01:32	
dc-1	Success	09:09:23	09:12:25	80 GB	3,7 GB	391,4 MB	0:03:02	

Abbildung 6-10: Übersichts-Mail nach der Sicherung

Backup von verschlüsselten VMs

Bei VMware vSphere kann man virtuelle Maschinen aus Sicherheitsgründen verschlüsseln. Das Backup solcher VMs muss man ganz anders gestalten als bei herkömmlichen Maschinen. Logischerweise geht ein Backup über den »Direct Storage Access« sowie über Storage Snapshots nicht. Eine gute Möglichkeit bietet hier ein Veeam Proxy als verschlüsselte VM, da darüber der HotAdd-Modus ausführbar ist. Auch eine Sicherung übers Netzwerk (nur NBDSSL) kann erfolgen. Da Veeam das VDDK (Virtual Disk Development Kit) nutzt und die Daten hiermit unverschlüsselt gelesen werden, sollte man über eine Verschlüsselung der Backup-Dateien nachdenken – ggf. auch über eine verschlüsselte Übertragung zum Repository.

VeeamZIP

Mit VeeamZIP kann man schnell und unkompliziert Full Backups von einer oder mehreren laufenden oder ausgeschalteten VMs, ähnlich wie beim normalen Backup, erstellen. Als Speicherort kommt der lokale Rechner, der BS oder eine Freigabe in Betracht, und es braucht kein Job dafür erstellt zu werden. Die zu wählenden Optionen sind dabei sehr überschaubar: Speicherort, Aufbewahrungszeit (eine Woche bis drei Jahre), Verschlüsselung des Backups, Kompressionslevel und ggf. das Stilllegen. Nach der Sicherung werden diese unter »Home – Disk (VeeamZIP)« angezeigt, und man kann von dort auch die Wiederherstellung – ähnlich wie beim normalen Backup – starten.

Bei diesen Vorgängen wird keine »Bremse« für den zugrunde liegenden Storage verwendet. Eventuell noch andere laufende Task könnten dadurch in Mitleidenschaft gezogen werden.

Über »Inventory« wählen Sie Ihre Infrastruktur aus und erweitern die Einträge, bis die VM, der Ordner o. Ä. auf der rechten Seite erscheint. Über das Kontextmenü oder das Ribbon wählen Sie dann VeeamZIP aus, geben den gewünschten Speicherort an und wann dieses Backup gelöscht werden soll (siehe Abbildung 6-11).

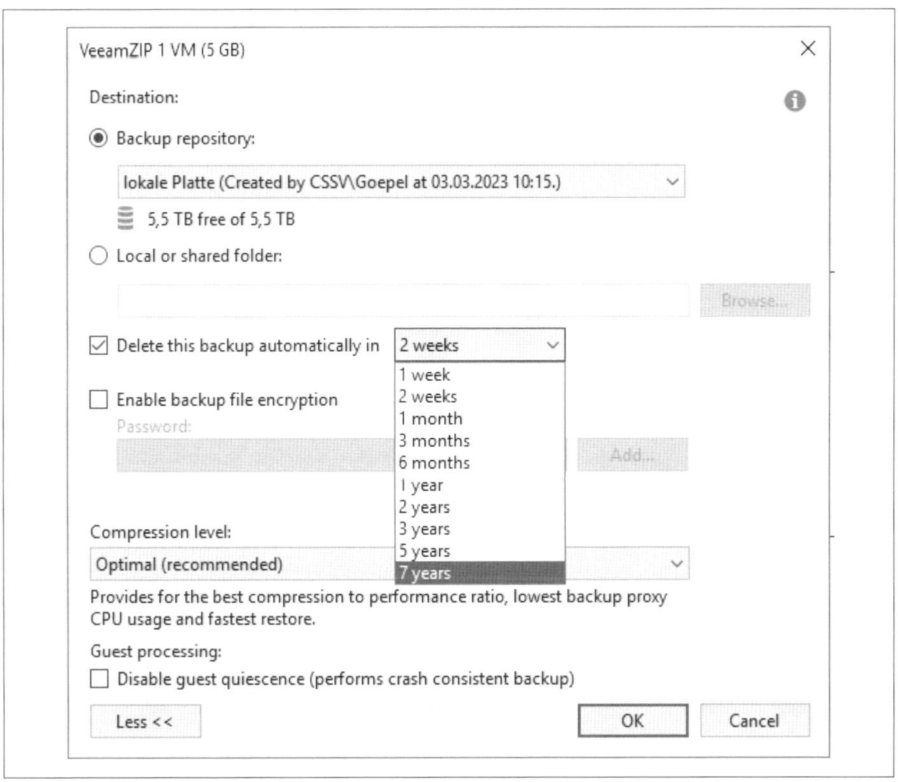

Abbildung 6-11: Auswahlmöglichkeiten bei VeeamZIP

Beachten Sie bitte, dass das letzte Kästchen für »Disable VMware Tools quiescence« angehakt werden muss, wenn Sie die VM nicht »einfrieren« wollen.

Wenn Sie das gleiche Backup nochmals vornehmen möchten, wählen Sie aus dem Kontextmenü »VeeamZIP to«, dann ist die Vorauswahl in dem Fenster wie beim letzten Mal.

Backup Copy Job

Der hauptsächliche Grund für eine Datensicherung ist der Schutz vor Datenverlust und defekten VMs. Um einen höheren Schutzlevel zu erreichen, wird das 3-2-1-Prinzip von vielen Experten empfohlen. Dabei soll man 3 Versionen der Daten haben: ein Original und zwei Sicherungen; man soll 2 unterschiedliche Medien benutzen, z. B. Festplatte und Band oder Cloud-Speicher, und 1 Backup an einem sicheren Ort unterbringen. Kurz ausgedrückt braucht man zusätzlich zum Original zwei Sicherungen an unterschiedlichen Orten. Dafür kann man einen Backup Copy Job einrichten.

Mit dieser Art Job kann man ein vorher gemachtes Backup an einen anderen Ort kopieren – auch inkrementell und im selben Format. Hierfür legt man wieder einen Job an, der auch regelmäßig oder in Abhängigkeit eines Backup Jobs laufen kann. Dabei werden nicht einfach die VBK-, VIB- oder VRB-Dateien kopiert, sondern die Daten der einzelnen VM in Blöcken. Da hier direkt vom Backup Repository die Informationen geholt werden, belastet es nicht die virtuelle Umgebung.

Der BS holt sich die einzelnen zu kopierenden VMs und kann auch mehrere gleichzeitig verarbeiten (außer über WAN Accelerator). Die Reihenfolge kann beliebig gewählt werden, und falls von einer VM die Daten gerade in Benutzung sind, nimmt er sich die nächste. Später wird er erneut versuchen, die noch nicht gesicherte zu kopieren. Auf dem Zielspeicher wird eine Sicherungskette des kompletten Jobs als »forever forward incremental« angelegt, also immer nur eine aktive inkrementelle Kette mit einem Full Backup und der gewünschten Anzahl an Wiederherstellungspunkten. Haben Sie die Option »Use per-VM backup files« angeklickt, so findet man auf dem Ziel für jede VM eine eigene Kette. Sind die gewünschten Restore Points erreicht und es wird ein neuer Job initiiert, so werden die notwendigen Daten vom ältesten inkrementellen in das Full Backup übernommen und das alte Inkrement wird gelöscht.

> Sie können auch mehrere Copy Jobs anlegen, um die Daten auf weitere Ziele zu kopieren.

Da der Backup Copy Job immer auf die neuesten Daten wartet und diese dann kopiert, ist es ratsam, einen Zeitraum für das Kopieren festzulegen, also z. B. von 8:00 bis 18:00 Uhr. Der Job wird zu diesem Zeitpunkt die Daten bearbeiten und in der restlichen Zeit als »Idle« angezeigt. Sollten die zu kopierenden Daten noch von einem anderen Job im Zugriff sein, wird mit der nächsten VM weitergemacht und später nochmals versucht, die dann freien Daten zu kopieren.

Replication Jobs

Als Alternative oder zusätzlich zu einem Backup Job kann ein Replikationsjob eingerichtet werden. Dabei wird eine VM 1:1 auf einen anderen Host und einen anderen Datenspeicher, bei Bedarf auch in ein anderes Rechenzentrum kopiert. Diese Kopie kann dann in regelmäßigen Abständen wie ein inkrementelles Backup aktualisiert werden. Der Vorteil dabei ist, dass so eine VM ohne Wiederherstellungszeit sofort gestartet werden kann: mit derselben IP, derselben MAC-Adresse, demselben Namen und derselben ID. Der Nachteil ist, dass hierfür die meist teure Infrastruktur genutzt werden muss.

Wenn Sie planen, Replikation oder Continuous Data Protection (CDP) zu verwenden, sollte der BS am Disaster-Recovery-Standort bereitgestellt werden. In diesem Fall wird Veeam bei einem Ausfall des Produktionshosts automatisch und ohne manuelle Eingriffe auf das Replikat umschalten. Die Quell-Backup-Infrastruktur kann weiterhin mit demselben BS verwaltet werden, und zwar mit Hilfe von Backup-Proxys, die am Quellstandort bereitgestellt werden.

Die Vorgehensweise bei einem »Replication Job« ist ähnlich wie bei einem Backup Job. Deshalb sind hier nur die Unterschiede ausführlich erklärt, die Vorgehensweise, die bei Backup und Replikation gleich sind, wurden gekürzt.

Klicken Sie im unteren linken Teil auf »Home«, wählen Sie aus dem Ribbon »Replication Job« und dann die gewünschte Umgebung aus.

Geben Sie im ersten Fenster einen sprechenden Namen für den Job an. Es empfiehlt sich, dort ggf. die VMs, die repliziert werden sollen, anzugeben. Das kann der Name der VM sein, der Name eines Ressourcenpools oder des Betriebssystems etc. Wichtig ist, dass Sie die VM zum jeweiligen Job schnell wiederfinden.

Im unteren Teil des Fensters können noch drei weitere wichtige Einstellungen für diesen Job ausgewählt werden:

- Replica seeding: Wenn zwischen Quelle und Ziel eine langsame WAN- oder LAN-Verbindung besteht, kann das »seeding« (Aussähen) genutzt werden. Hierbei wird eine am Ziel vorhandene Sicherung genutzt und es werden nur noch die unterschiedlichen Blöcke übertragen.
- Network remapping: Wenn das Zielnetzwerk anders konfiguriert ist als das Quellnetzwerk, kann eine Netzwerkzuordnungstabelle genutzt werden, um die korrekten Portgruppen der VMs auszusuchen.
- Replica re-IP: Bei virtuellen Windows-Maschinen können die IP-Adressinformationen automatisch an das Zielnetzwerk angepasst werden.

Durch das Setzen der Häkchen wird anschließend die Anzahl der aufzurufenden Seiten für diesen Job erhöht. Die zusätzlichen Seiten bieten dann die gewünschten Einstellungsmöglichkeiten.

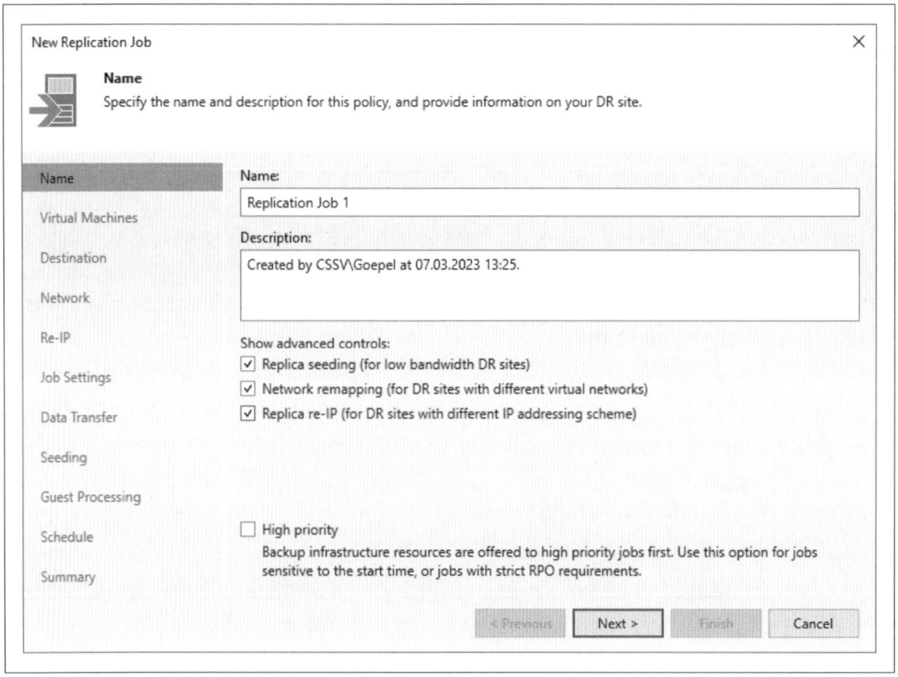

Abbildung 6-12: Zusätzliche Einstellungen beim Replikationsjob

Im nächsten Fenster können Sie über »Add« die gewünschten VMs zur Liste hinzufügen. Auch ist es möglich, nach Namen oder Namensbestandteilen zu suchen. Sie können auch Container von VMs angeben, wie oben bei Backup Jobs besprochen.

Über die Schaltfläche »Exclusions« können für einzelne VMs noch bestimmte Festplatten aus der Replikation genommen werden oder auch VMs, die sich in einem Ordner befinden, aber nicht repliziert werden sollen.

Des Weiteren kann man die Reihenfolge der VMs nachträglich ändern, damit die Replikation auch wie gewünscht abläuft. Über die Schaltfläche »Source« steuern Sie, woher Veeam B&R die Daten nehmen soll: von der am Anfang eingerichteten Infrastruktur oder aus einer bereits bestehenden Sicherung.

Bei einer Replikation werden die Log-Dateien und Templates automatisch ausgenommen, was auch nicht geändert werden kann.

Im dritten Fenster »Destination«, also Ziel, wählen Sie den Host oder das Cluster aus, auf dem die replizierte VM registriert werden soll. Hier kann auch ein Ressourcenpool und/oder ein Ordner angegeben werden, in dem die VMs platziert werden sollen. Der hier angegebene Ziel-Host braucht dabei keine Veeam-Lizenz.

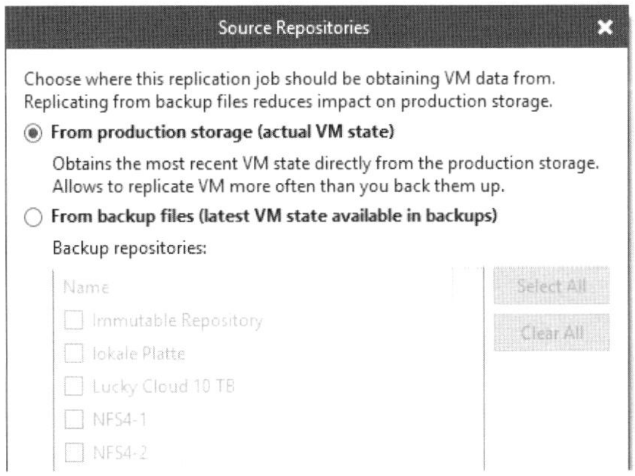

Abbildung 6-13: Auswahl der Quelle

Weiterhin müssen Sie den Storage angeben, auf dem die Replikate gespeichert werden sollen, wobei die Konfigurations- und die Festplattendateien auf unterschiedlichen Storages liegen können. Standardmäßig wird für die Festplatten des replizierten Rechners das Format »Thin« genommen, aber auch das lässt sich unter »Disk type« (nur bei VMware) anders einstellen, falls die Ausgangsmaschine nicht ebenfalls mit »Thin« angelegt wurde.

Haben Sie auf der ersten Seite des Assistenten das Häkchen bei »Network remapping« gesetzt, können Sie jetzt Einstellungen dazu vornehmen. Suchen Sie die Portgruppe für die VM aus, indem Sie auf die Schaltfläche »Browse« klicken.

Außerdem gibt es die Möglichkeit, die IP-Konfiguration einer Windows-VM bei der Replikation zu beeinflussen. Auf der Seite »Re-IP« können Sie über die Schaltfläche »Add« eine neue IP-Adresse, Subnetzmaske, Gateway sowie DNS-Server angeben. Bei der IP-Adresse können auch Sternchen verwendet werden, also z.B. 192.168.150.*, dann wird durch den Proxy auf der Zielseite eine Adresse gesetzt.

Auf der Seite »Job Settings« kann ein Sicherungsplatz auf der dortigen Seite ausgewählt werden; »Repository for replica metadata« gibt den Speicherort der Metadaten der VM an, die auf die andere Seite repliziert werden soll. Der Inhalt des Feldes »Replica name suffix« wird an den Namen der replizierten VM angehängt. Darüber hinaus kann die Anzahl der zu behaltenden Wiederherstellungspunkte angegeben werden. Die maximale Anzahl der »Restore points« ist durch die Möglichkeit der Snapshots unter vSphere auf 28, unter Hyper-V auf 47 beschränkt. Dabei sollte man auch den Speicherbedarf der jeweiligen Snapshots im Auge behalten.

Unter dem Punkt »Advanced« finden Sie einen Teil der Registerkarten, die im Abschnitt »Erweiterte Einstellungsmöglichkeiten zum Backup Job« auf Seite 88 beschrieben sind. »Backup« und »Maintenance« fehlen, und auf der Seite »Traffic«, die beim Backup »Storage« heißt, können Sie angeben, ob die Auslagerungsdatei ausgenommen werden soll und wie die Kompression und der Zugriff auf den Festplattenplatz optimiert sein sollen.

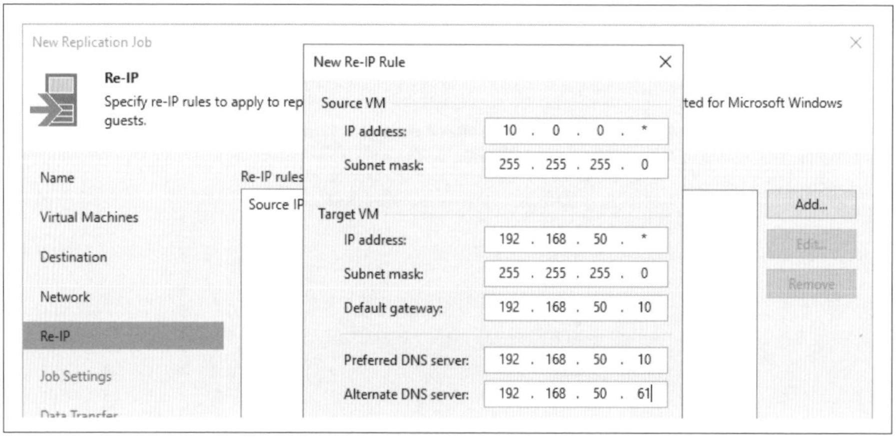

Abbildung 6-14: Netzwerkeinstellungen für den Zielort

Im Abschnitt »Data Transfer« können für VMware zunächst der Quell- und Ziel-Proxy ausgewählt werden und – je nach Vorauswahl – »Direct« (für Backup-Proxy-Übertragung direkt auf den Ziel-Datastore) oder »Through built-in WAN accelerators« auf beiden Seiten. Bei Hyper-V wählt man zunächst den Off- oder On-Host Proxy. Standardmäßig ist der Off-Host Proxy ausgewählt, und falls dieser nicht vorhanden oder geeignet ist, wird automatisch der On-Host Proxy genommen. Die Unterschiede zu den beiden Varianten habe ich ausführlich in Kapitel 4 unter »Proxies« auf Seite 62 beschrieben.

Das Fenster »Seeding« ist nur bei der Auswahl geringer Bandbreite (Replica seeding) auf der ersten Seite »Name« erreichbar. Dabei benutzt man den ersten Eintrag »Initial seeding«, um die Datenübertragung zu minimieren, falls schon ein Backup auf der Zielseite existiert. In diesem Fall wird der Backup-Speicher der Zielseite dort ausgewählt, und anschließend müssen nur noch die geänderten Daten zum Replikat übertragen werden.

Die Auswahl »Replica mapping« setzt eine schon vorhandene replizierte VM auf dem Ziel voraus. Gegebenenfalls kann man auch hier eine manuelle Auswahl treffen.

Das Fenster »Guest Processing« bietet unter »Applications« einen Teil der Einstellungen wie schon oben bei Backup beschrieben, und das »Guest file system indexing« fehlt hier.

Im vorletzten Fenster »Schedule« kann man planen, wann und wie oft der Job laufen soll. Es ist sowohl möglich, eine Zeit, bestimmte Tage, Zeitabstände als auch andere Optionen zu nutzen, wie bereits oben beim Backup Job beschrieben.

Klicken Sie im letzten Schritt auf »Finish«, nachdem Sie sich die Details zu dem Job angesehen haben. Sollte etwas nicht passen, kann zu jedem Punkt zurückgewechselt werden.

Nachdem der Replication Job gelaufen ist, kann man sich die Details zu der Replizierung anschauen und/oder auch per Mail als Bericht zusenden lassen.

> Aus einem Replikat lassen sich ebenfalls Dateien, Objekte usw. wiederherstellen – ähnlich wie bei der Sicherung.

Folgende Einschränkungen bei einem Replication Job sollten nicht unerwähnt bleiben:

- Ändert man die Größe einer Festplatte der Ausgangs-VM, so werden beim nächsten Start des Replication Jobs alle Wiederherstellungspunkte des Replikats gelöscht und es wird eine neue vollständige Kopie erstellt.
- Ein Backup Proxy sollte nicht gleichzeitig in der Liste der zu replizierenden VMs sein, für die er als Proxy arbeitet.
- Da die Replikation die Snapshot-Technologie nutzt, können bei vSphere nicht mehr als 28, bei Hyper-V maximal 47 Wiederherstellungspunkte erstellt werden.

CDP Policy

Unter dem letzten Punkt habe ich ausführlich erklärt, wie eine Replikation einer VM eingerichtet wird. Bei Continuous Data Protection werden ein oder zwei »VMware CDP proxy« für die synchrone Replikation eingesetzt (siehe »VMware CDP Proxy« auf Seite 66). Hierfür gehen Sie wie oben erklärt vor, bis Sie zu dem folgenden Fenster »Schedule« kommen:

In diesem Fenster können Sie bei RPO die maximal akzeptierte Zeit eines Datenverlustes innerhalb eines Zeitfensters (Schedule) einstellen. Bei der Schaltfläche »Reporting« kann noch die Warn- und Fehlerstufe eingestellt werden.

Die Replikationskette enthält kurzfristige (Short-term retention) und langfristige (Long-term retention) Wiederherstellungspunkte. Mit kurzfristigen Wiederherstellungspunkten können Sie Replikatdaten auf einen Zustand zurücksetzen, der vor Sekunden oder Minuten erstellt wurde, während langfristige Wiederherstellungspunkte einen Zustand herstellen, der vor Stunden oder Tagen erstellt wurde. Kurzfristige Wiederherstellungspunkte sind immer absturzsicher, langfristige Wiederherstellungspunkte können absturzsicher oder anwendungssicher sein, je nachdem, wie die langfristigen Wiederherstellungspunkte in den CDP-Richtlinieneinstellungen konfiguriert sind.

Diese spezielle Replikation kann auch über vCenter-Server-Grenzen hinweg stattfinden – es müssen nur beide Management-Server in der Infrastruktur des BS eingetragen sein.

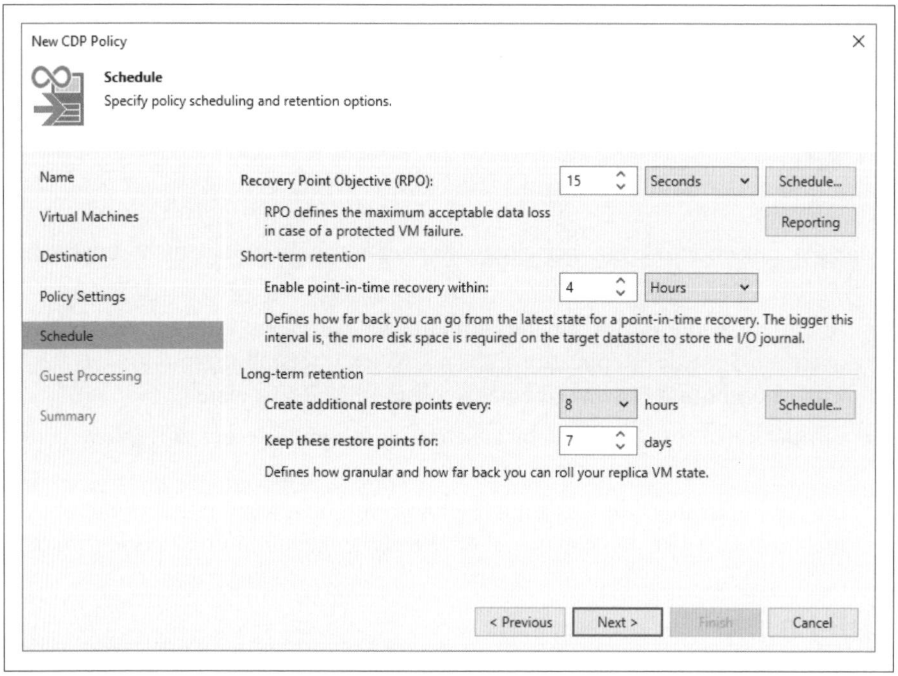

Abbildung 6-15: CDP Policy einrichten

Copy Jobs

Seit der Version 9.5 gibt es zwei verschiedene Kopierjobs, die sich aufgrund der jeweiligen Besonderheiten unterscheiden. Ich möchte hier beide Varianten und deren Einsatzmöglichkeiten aufzeigen. Das eigentliche Backup Copy habe ich bereits oben im Abschnitt »Backup Copy Job« auf Seite 100 behandelt.

File Copy Job

Mit einem File Copy Job können Sie Dateien und Ordner von einem Server oder Host auf einen anderen kopieren oder auch verschieben, wenn diese vorher zur Infrastruktur hinzugefügt wurden. Es ist auch möglich, eine voll funktionierende Kopie einer bestehenden virtuellen Maschine auf dem Backup Repository oder einem produktiven Volumen zu erstellen, wobei man dies jedoch besser mit dem VM Copy Job erledigt (siehe nächster Punkt). Sinnvoll ist so ein Schritt, wenn Sie z.B. eine zusätzliche Sicherheitskopie einer Datei oder eines Ordners brauchen. Die Daten können von einem ESXi-Server, Hyper-V-Host, Windows-Server, einer Linux-Maschine oder auch einem ExaGrid-Storage, Quantum DXI, Fujitsu CS800 oder Infinidat InfiniGuard kommen und auch auf diese abgelegt werden. Hierfür muss ein Job für die sofortige oder spätere Durchführung angelegt werden, der auch regelmäßig laufen kann.

Es können keine Backup-Dateien (VBK, VIB und VRB) hiermit kopiert werden. Dafür gibt es den Backup Copy Job, und es werden keine Unix-Systeme (wie Solaris, FreeBSD und AIX) unterstützt. Die Zugriffsberechtigungen (ACL = Access Control List) werden nur für Dateien, nicht für Ordner übernommen.

Nachdem Sie wie immer einen Namen für den Job vergeben haben, können Sie im nächsten Fenster über die Schaltfläche »Add« einen Server auswählen, auf dem sich das Objekt befindet. Anschließend kann im Feld »Folders« der Datenspeicher erweitert werden, um die Quelldatei oder den Quellordner auszuwählen. Im nächsten Fenster wählt man den Zielserver sowie den Speicherplatz, auf dem das Objekt kopiert werden soll. Soll diese Aktion regelmäßig ausgeführt werden, legt man im nächsten Fenster den Zeitpunkt fest. Nachdem die Schaltfläche »Apply« angeklickt wurde, kann die Aktion auch sofort durchgeführt werden, indem man das Häkchen bei »Run the job when I click Finish« setzt.

Sollte der Job nicht erfolgreich durchgeführt werden können, kann auf dem Zielspeicher eine unbrauchbare Datei zurückbleiben.

Wenn man unten links im Fenster den Eintrag »Files« auswählt, hat man auch die Möglichkeit, über das Kontextmenü Dateien und Ordner zu kopieren und an einem anderen Ort einzufügen, ohne einen Job dafür erstellen zu müssen. Drag-and-drop sowie das Löschen und Umbenennen sind hier ebenfalls möglich.

VM Copy Job

Um eine oder mehrere komplette VMs auf einen anderen Host oder einen anderen Storage zu kopieren, kann man diese Variante wählen. Wählt man einen Container, wie z. B. einen VM-Ordner oder Ressourcenpool, so werden alle darin befindlichen VMs kopiert, es sei denn, man hat explizit welche ausgeschlossen. Läuft dieser Job regelmäßig, so werden auch neu hinzugekommene VMs berücksichtigt. Log-Dateien werden übrigens nicht kopiert, standardmäßig aber Templates.

Möchte man mehrere oder alle VMs in eine andere Infrastruktur oder einen anderen vCenter Server/SCVMM kopieren, so müssen vorher beide virtuelle Infrastrukturen zum BS hinzugefügt werden. Überlegen Sie sich bei diesem Szenario, ggf. geeignete Proxys einzusetzen.

Die Fenster, die man während der Erstellung des Jobs bekommt, haben nicht alle Features eines Backup Jobs, wurden aber im Abschnitt »Backup Jobs« auf Seite 83 erklärt und werden hier nicht wiederholt.

Die Unterschiede zu dem oben beschriebenen Verfahren einer Replikation sind:

1. die Möglichkeit, einen lokalen oder an einen anderen Host angeschlossenen Storage auszuwählen. Wählen Sie einen Host aus, so werden alle angeschlos-

senen Volumes aufgelistet, auf denen Sie einen bestehenden Ordner für die Kopie auswählen oder einen neuen anlegen können, wie in Abbildung 6-16 dargestellt.

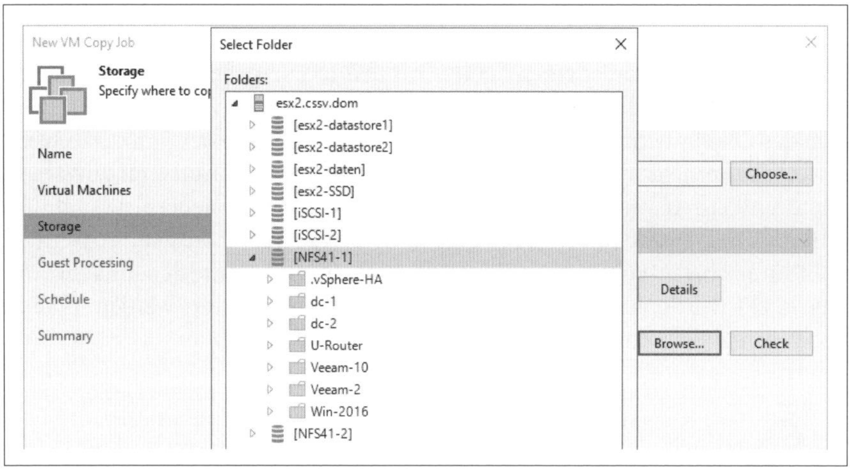

Abbildung 6-16: Auswahl des Speicherorts

2. Es wird jeweils der aktuelle Stand der VM »gespiegelt«, vorhandene Daten werden überschrieben.
3. Es kann keine inkrementelle Übertragung stattfinden.
4. Es werden keine Restore Points erstellt.
5. Die Festplatten der VM werden auf dem Ziel immer »thick provisioned« sein (bei einer Replikation kann dies ausgewählt werden), es sei denn, man nimmt einen Storage, der nur »thin« zur Verfügung stellt.
6. Es gibt keine »Failover«- oder »Failback«-Funktionalität.

Im Gegensatz zum herkömmlichen Kopieren über den Datastore-Browser wird hier über Veeam Backup & Replication eine deutlich höhere Geschwindigkeit erreicht, und die Daten werden vor der Übertragung komprimiert.

Performance Bottlenecks

Nach jedem abgeschlossenen Job zeigt der B&R-Server an, wo ein »Flaschenhals« entdeckt wurde. Sind die Prozentangaben alle ungefähr gleich, so besteht kein Problem. Liegt allerdings einer der Werte deutlich höher als die anderen, so sollte man dem nachgehen. Je nach Konfiguration erscheinen dort Angaben zu folgenden beteiligten Komponenten:

1. Source – die Komponente, von der die Daten gelesen bzw. geholt werden
2. Proxy – die Backup-Komponente, die die Daten bearbeitet

3. Source WAN Accelerator – auf der Quellseite installierter WAN-Beschleuniger für Backup Copy oder Replication
4. Network – Netzwerk-Warteschlangenschreiber bekommt vom Proxy Daten, um sie zum Repository übers Netzwerk zu schicken
5. Target WAN Accelerator – auf der Zielseite installierter WAN-Beschleuniger für Backup Copy oder Replication
6. Target – das Backup-Laufwerk oder Replica Storage

Die jeweils gemachten Prozentangaben bezeichnen die Zeit, die die jeweilige Komponente für den Job gebraucht hat, das heißt, dass die höchste Prozentangabe den »Flaschenhals« anzeigt. Da mehrere Komponenten gleichzeitig arbeiten, werden auch mehr als 100% angezeigt.

Beispiel: Das Repository, auf das geschrieben werden soll, ist so langsam, dass es die ganze Zeit über arbeitet (z. B. 90%). Die Quelle, von der die Daten stammen, ist schnell (z. B. 30%) und verbringt somit 70% der Zeit mit Warten. Die schnelle Netzwerkverbindung arbeitet auch nur 1/3 der Zeit (33%), und der Proxy langweilt sich ¾ der Zeit (25%). Damit werden insgesamt mehr als 100% angezeigt. Optimal wäre es, wenn immer alle Komponenten arbeiten würden, also alle 100% hätten. Das ist jedoch nie möglich, weil z. B. die Zeit des Snapshot-Machens und -Löschens nicht für den Transport von Daten über Proxy und Netzwerk zum Storage genutzt werden kann.

Hat man beim Storage oder Proxy eine Bremse eingebaut, so werden in der Statistik nicht die Worte »Target« oder »Network« erscheinen, sondern das Wort »Throttling«.

Die »Bottleneck«-Statistik wird bei jedem Job angezeigt, was nicht bedeutet, dass wirklich ein Problem vorliegt. Gerade bei Jobs, bei denen nur sehr wenig Daten gesichert werden, ist diese Anzeige nicht aussagekräftig. So wird der BS z. B. den Host anweisen, einen Snapshot zu generieren, dann wartet er auf die Bestätigung. Nach dem Job muss der Snapshot gelöscht werden, und der BS wartet erneut. Diese Wartezeit erhöht nur die Prozentzahl bei der Infrastruktur, während der Proxy und das Repository warten und keine Daten über das Netzwerk gehen.

Sicherung des Backup-Servers

Einmal pro Tag, üblicherweise um 10:00 Uhr, sichert der B&R-Server seine Konfigurationsdatenbank in eine Datei auf einem Repository. Sollte der Server neu installiert werden, so kann man diese Datei nutzen, um den alten Zustand mit allen Jobs und Einstellungen wiederherzustellen. Der B&R-Server selbst sollte nicht über einen Backup Job gesichert werden, zumal es auch unsinnig wäre (er könnte ja nur über einen BS wiederhergestellt werden). Gegebenenfalls kann zusätzlich ein Copy Job der Sicherung auf eine Netzwerkfreigabe erfolgen. Das »Configuration Backup« besteht aus einigen XML-Dateien, die in eine Backup-Datei mit der Endung BCO (eigenes Format, Backup Configuration Object) archiviert werden.

Folgende Informationen werden exportiert:

- Backup-Infrastrukturkomponenten und -objekte: Host, Server, Proxys, WAN Accelerator, Jobs, globale Einstellungen etc.
- Jobs: Backups, Replicas und Backup Copy
- Verlauf: Sicherungsverlauf (Backup Sessions)
- Tape: Tape Libraries

> Wenn in großen Umgebungen ein externer SQL-Server genutzt wird, sollte man das Configuration Backup zu einer Zeit planen, in der nicht viele andere SQL-Anfragen laufen, da es hier zu einer hohen Last auf der Datenbank kommen kann. Besser ist es, eine eigene Datenbank nur für Veeam zu nutzen!

Der Ordner *\VeeamConfigBackup\%BackupServer%* sollte auf einem sicheren Laufwerk und möglichst nicht auf dem Backup-Server selbst liegen. Wenn ein neues Repository hinzugefügt wird, fragt Veeam B&R, ob es das »ConfigBackup« hierhin legen soll. Wird dies bejaht, werden zukünftige BCO-Dateien dort abgelegt.

> Wichtig:
>
> - Scale-out Backup Repositories können hierfür nicht genutzt werden.
> - Wenn Sie die Konfigurationsdatenbank auf einen anderen Server migrieren wollen, sollten alle Jobs beendet und geplante Jobs deaktiviert werden, sonst schlägt der Vorgang ggf. fehl.
> - Wird ein »Hardened Repository« genutzt, so muss das Configuration Backup verschlüsselt werden.

Das Wiederherstellen der Konfiguration auf einen neuen Server wird im Abschnitt »Backup-Server wiederherstellen« auf Seite 127 ausführlich geschildert.

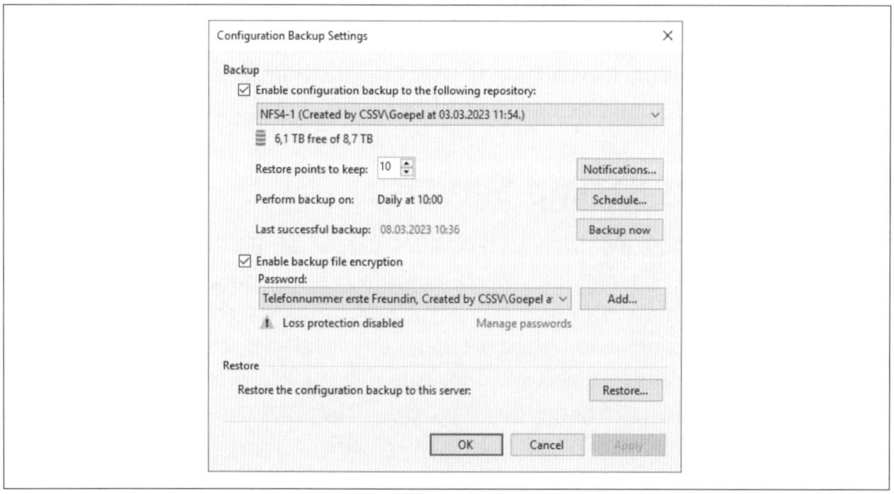

Abbildung 6-17: Configuration Backup Settings

In dem Fenster »Configuration Backup Settings«, das man über das Hauptmenü erreicht und in dem man alle Einstellungen diesbezüglich vornehmen kann, sollte darauf geachtet werden, dass das richtige Repository ausgewählt ist. Außerdem werden die Anzahl der Restore Points (üblicherweise 10), die Uhrzeit der nächsten Sicherung (10:00 Uhr) und das letzte erfolgreiche Durchführen des Exports angezeigt. Hat man bei dem Konfigurations-Backup keine Verschlüsselung gewählt, so gehen alle hinterlegten Passwörter verloren – diese müsste man nach der Wiederherstellung wieder manuell eingeben. Der Hinweis »Loss protection disabled« weist darauf hin, dass kein Enterprise Manager installiert ist oder dieser BS noch nicht hinzugefügt wurde (siehe dazu Kapitel 12).

Angelegte Jobs bearbeiten

Um alle angelegten Backup-, Copy-, Tape- und Replikationsjobs zu sehen, klicken Sie unter »Home« auf den Eintrag »Jobs«. Hierüber können Sie die Einstellungen zu den Jobs bearbeiten, diese starten und stoppen, wiederholen, klonen, Statistiken einsehen und nicht mehr benötigte Aufgaben löschen. Vieles davon geht auch über den auf der DVD oder ISO enthaltenen Enterprise Manager.

Bearbeiten von Jobs

Um die gemachten Einstellungen für eine Aufgabe zu bearbeiten oder zu überprüfen, können Sie den Job mit der rechten Maustaste anklicken und den Eintrag »Edit« auswählen oder das Icon im Ribbon anklicken.

Jobs klonen

Aus einem schon bestehenden Job kann mit den gleichen Einstellungen ein neuer kreiert werden, indem Sie den Job klonen. Beim Auswählen von »Clone« aus dem Ribbon oder dem Kontextmenü wird der ausgewählte Job mit gleichem Namen und der Endung »_clone1« angelegt. Der Inhalt ist ein exaktes Abbild des Ausgangsjobs, also auch die VMs und Zeiten sind identisch.

Öffnen Sie den Job anschließend, um Änderungen daran zu machen. Es kann sein, dass nicht alle vorherigen Einstellungen übereinstimmen, z. B. wenn diese den Ausgangsjob negativ beeinflussen würden. Dazu gehören auch die eingestellten Zeiten, weshalb der Klon erst mal deaktiviert ist.

Jobs deaktivieren und löschen

Wenn man eine eingerichtete geplante Aufgabe für einen undefinierten Zeitraum nicht benötigt, kann man diese deaktivieren. Klicken Sie dazu auf den Job und dann auf dem Ribbon oder dem Kontextmenü den Eintrag »Disable« an. Braucht man ihn wieder, so klickt man dazu auf den Job und dann wieder auf dem Ribbon oder dem Kontextmenü den Eintrag »Disable« erneut an. Ein manuelles Starten des Jobs ist auch im deaktivierten Zustand möglich.

Braucht man eine Aufgabe nicht mehr, so kann man den Job einfach mit einem Klick auf »Delete« löschen. Dabei wird dieser auch aus der Datenbank entfernt. Die mit diesem Job gesicherten Daten gehen allerdings nicht verloren, sondern werden unter »Disk (imported)« immer noch angezeigt und befinden sich in dem Ordner unter *X:\Backups*. Sie können diese bei Bedarf über den Eintrag »Disk (Imported)« vom Datenträger löschen.

Bei einem »Backup Copy Job« muss man zuerst die Synchronisation anhalten, indem man den Job auf »Disable« setzt; anschließend kann man auch diesen löschen. Auch hier verbleiben die Dateien auf dem Datenträger.

Laufenden Job abbrechen

Solange ein Job noch nicht fertiggestellt ist, kann dieser abgebrochen werden. Suchen Sie sich auf der linken Seite den fett gedruckten Eintrag »Running« raus und klicken Sie anschließend auf der rechten Seite mit der rechten Maustaste auf den laufenden Job. Aus dem Kontextmenü oder dem Ribbon können Sie nun den Prozess beenden.

Wenn Sie unter »Jobs – Backup« aus dem Kontextmenü das Beenden wählen, bekommen Sie zusätzlich die Möglichkeit, auszuwählen, ob dies sofort geschehen soll (Immediately) oder ob schon angefangene Tasks noch zu Ende laufen sollen (Gracefully).

KAPITEL 7
Wiederherstellung

Wenn wichtige Daten einer Maschine defekt sind oder gelöscht wurden, kann man die gesicherten Daten natürlich wiederherstellen. Dazu gibt es mehrere Möglichkeiten, die ich nachfolgend mit den jeweiligen Besonderheiten und Unterschieden erkläre. Achten Sie darauf, dass das Objekt, welches Sie wiederherstellen wollen, nicht gerade durch einen laufenden Job gesperrt ist.

Ganze VM

Um eine komplette virtuelle Maschine aus der Datensicherung zurückzuholen, kann man über »Home – Backups – Disk« den jeweiligen Job aussuchen, diesen erweitern (kleines Dreieck) und in dem Fenster die gewünschte VM auswählen. Anschließend kann man über das Ribbon oder das Kontextmenü den Punkt »Entire VM« wählen. Suchen Sie sich auf der nächsten Seite den gewünschten Restore Point der VM aus dem Backup aus, indem Sie die VM aus der Liste und anschließend die Schaltfläche »Point« anklicken. Das Datum aller Sicherungen, ggf. auch in mehreren Jobs, wird dann angezeigt.

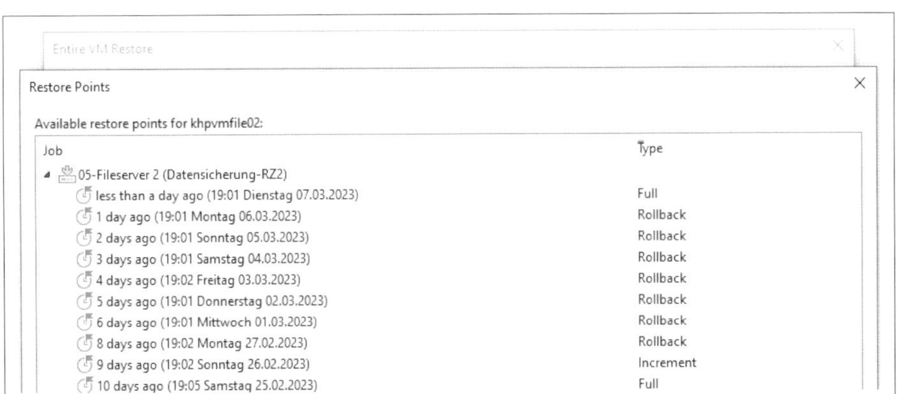

Abbildung 7-1: Auswahl der Restore Points

Über die Schaltfläche »Add VM« können weitere VMs, auch aus unterschiedlichen Datenquellen und Sicherungen zum Wiederherstellen, ausgewählt werden.

Auf der zweiten Seite »Restore Mode« haben Sie drei Auswahlmöglichkeiten:

- Restore to the original location: Hiermit wird die komplette VM an den ursprünglichen Ort, also Datenspeicher, Ordner und Host komplett zurückgespielt. Dabei wird wie bei der Sicherung der schnellste Weg (SAN, HotAdd oder NBD) automatisch ausgewählt. Ist die VM noch eingeschaltet, wird sie ausgeschaltet, ist die VM noch vorhanden, wird sie gelöscht. Die wiederhergestellte VM bekommt vom Management-Server ggf. eine neue ID und muss dann im Backup Job neu registriert werden, obwohl sie denselben Namen trägt. Veeam versucht allerdings, die UUID beizubehalten. Im unteren Teil des Fensters können Sie die Auswahl »Quick rollback« nutzen, um nur die geänderten Daten, z.B. nach einem fehlgeschlagenen Update der VM, zu nutzen. Dabei wird die komplette VM in den Zustand zum Zeitpunkt der ausgewählten Sicherung versetzt, aber nur die bis dahin geänderten Daten werden zurückgeschrieben (als hätte man vor den Änderungen einen Snapshot angelegt). Das reduziert nicht nur die notwendige Zeit für die Wiederherstellung, sondern belastet auch die produktive Umgebung deutlich weniger. Der direkte Zugriff aufs SAN ist bei VMware dabei leider nicht möglich.

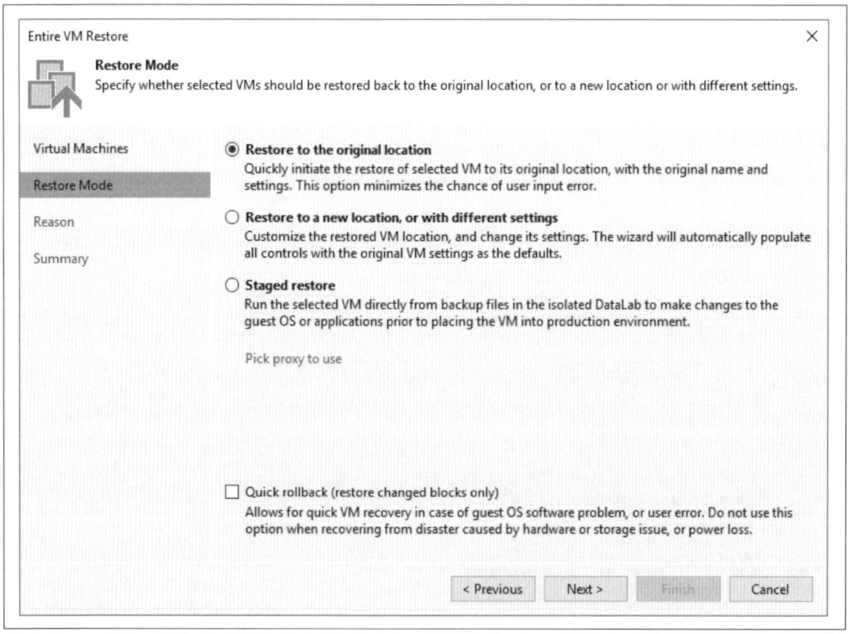

Abbildung 7-2: Zusätzliche Angaben zur Wiederherstellung

- »Restore to a new location, or with different settings«: Soll die VM auf einen anderen Storage, einen anderen Host, ein anderes Netzwerk und/oder soll sie einen anderen Namen bekommen, dann kann man diese Option auswählen.

Ein »Quick rollback« ist hier nicht möglich, dafür erscheinen im linken Teil des Fensters weitere Einstellmöglichkeiten. Bei der Wiederherstellung wird die VM auf dem ausgewählten Host registriert und in dem Storage in einen Ordner mit dem neuen Namen kopiert. Die Dateien der VM werden dabei nur zum Teil umbenannt. Das Format der Festplatte(n) wird dabei übernommen, kann aber auf ein anderes Format geändert werden (Thick, Thin etc.).

- »Staged restore«: Bei dieser Auswahl wird die VM ähnlich wie beim »Instant VM Recovery« (siehe »Copy Jobs« auf Seite 106) in einer Art Laborumgebung aus dem Backup heraus gestartet. Dabei muss diese Umgebung bereits eingerichtet sein. Wie das geht, erkläre ich ausführlich in Kapitel 11. Weiterhin hat man bei dieser Auswahl die Möglichkeit, ein Skript auf dem Backup-Server auszuführen (cmd, bat, exe, ps1 und sh) und über die Schaltfläche »Advanced« die Ressourcen beim Start der VM zu reduzieren.

Unter den in Abbildung 7-2 aufgeführten Optionen können Sie auf den nächsten Seiten einen Host, einen Ressourcenpool (nur VMware), einen Datastore und einen Ordner (nur VMware) auswählen. Die Möglichkeit »Restore VM tags« gibt es nur unter VMware, und der Link »Pick proxy to use« macht nur Sinn, wenn man mindestens zwei Proxies hat (der On-Host Proxy zählt nicht dazu).

Unter »Network« können Sie eine andere Portgruppe für die VM angeben und wählen, ob die Netzwerkkarte verbunden werden soll. Im Fenster »Secure Restore« lassen sich die Daten der VM vor dem Kopieren auf die Produktionsumgebung noch nach Malware durch eine installierte Antivirus-Software untersuchen.

Im nächsten Fenster können Sie noch einen Grund (Reason) für diesen Job angeben und im letzten den Vorgang über die Schaltfläche »Finish« starten. Wenn das Häkchen bei »Power on VM after restoring« gesetzt wurde, wird die Maschine nach der Wiederherstellung automatisch eingeschaltet.

Restore von verschlüsselten VMs

Wie bereits in »Backup von verschlüsselten VMs« auf Seite 98 erwähnt, kann man bei VMware vSphere virtuelle Maschinen verschlüsseln. Nicht nur das Backup, sondern auch der Wiederherstellungsprozess solcher VMs läuft deshalb anders als bei herkömmlichen Maschinen.

Die erneute Verschlüsselung läuft dabei über vSphere und nicht über den Backup-Server. Eine verschlüsselte VM kann auch nicht verschlüsselt und eine unverschlüsselte verschlüsselt wiederhergestellt werden, da der Prozess abhängig von der virtuellen Infrastruktur ist und nicht von Veeam. Achten Sie beim Wiederherstellen einer ganzen VM, bei der Replikation und beim Starten aus dem Backup (Instant VM Recovery) deshalb auf den Produktions-Storage und die für verschlüsselte VMs notwendige Storage Policy (VM Encryption Storage). Sie benötigen hierfür einen Proxy als virtuelle Appliance auf dem jeweiligen Host.

Dateien einer VM

Unter Dateien einer VM wiederherstellen (Restoring VM Files) versteht man die Dateien, die sich auf einem Storage befinden und zu einer virtuellen Maschine gehören, also Festplatte (**.vhdx*, **.vmdk* und **–flat.vmdk*), die Konfigurationsdateien (**.xml*, **.vmxf*, **.vmcx*, **.vmrs* und **.vmx*) sowie ggf. das BIOS (**.nvram*) und weitere.

Die Wiederherstellung dieser Dateien kann sinnvoll sein, wenn eine korrupt ist oder aus Versehen gelöscht wurde.

Auch hier wird wieder der »Restore Wizard« für die Arbeiten genutzt.

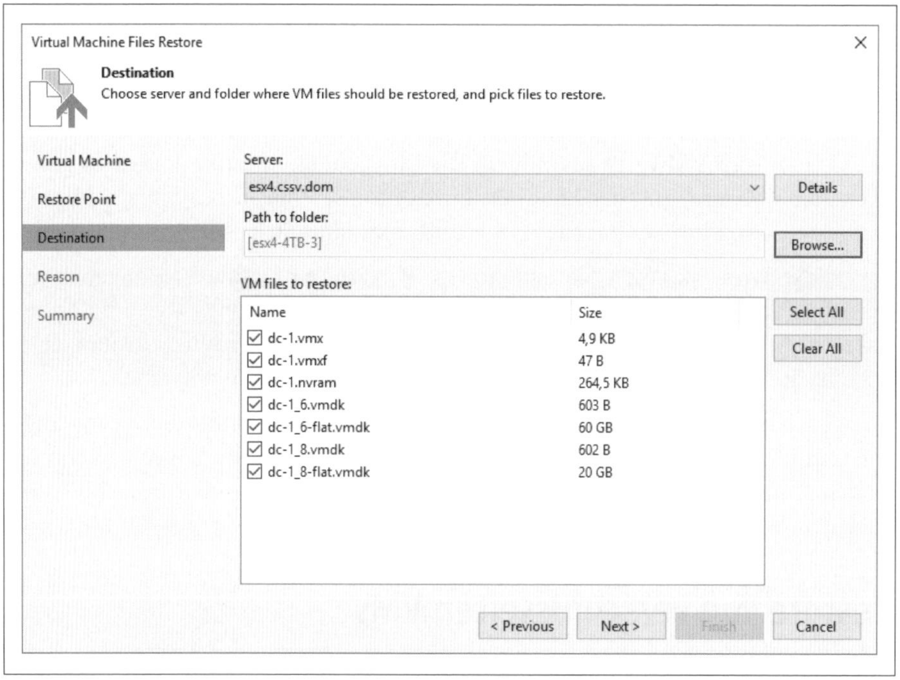

Abbildung 7-3: VM-Dateien wiederherstellen

Wählen Sie zunächst die gewünschte VM aus (Home – Backups – Disk – Job-Name) und dann den Zeitpunkt der Sicherung (Restore Point). Das Ziel kann die lokale Maschine, ein Host oder jeder andere Server sein, der zur Backup-Infrastruktur hinzugefügt wurde. Der Datenspeicher lässt sich über »Browse« auswählen, inklusive Ordner, die auch noch erstellt werden können. Setzen Sie die Häkchen für die Datei(en), die Sie wiederherstellen wollen. Beachten Sie dabei, dass Sie für eine komplette Festplatte unter VMware zwei Dateien brauchen: die Beschreibungsdatei zur Festplatte (*VM.vmdk*) und die binäre Datei (*VM-flat.vmdk*). Geben Sie bei Bedarf eine Begründung ein und starten Sie den Job mit einem Klick auf »Finish«.

Festplatten einer VM wiederherstellen

Eine oder mehrere Festplatten der virtuellen Maschinen können in demselben Ordner oder auch einem anderen zurückgesichert werden. Auch hier wird wieder der »Restore Wizard« für die Arbeiten genutzt. Gehen Sie wie oben erwähnt vor und wählen Sie zunächst die gewünschte VM aus und dann den Zeitpunkt der Sicherung (Restore Point).

In dem Fenster »Disk Mapping« können Häkchen in die Kästchen gesetzt werden, um eine oder mehrere der Festplatten aus dem Backup auf den Storage zu kopieren. Standardmäßig werden die Laufwerke wieder in den Originalspeicher der VM gelegt. Möchten Sie das nicht, weil die VM zwischenzeitlich verschoben wurde oder weil Sie die Festplatten an eine andere VM hängen wollen, müssen Sie die Ziel-VM (Virtual machine name) über die Schaltfläche »Choose« manuell auswählen. Anschließend können Sie noch Einstellungen vornehmen, indem Sie auf »Change« klicken. Gegebenenfalls müssen Sie noch den Knoten des virtuellen Gerätes (Virtual Node) ändern, also z.B. (0:1). Auch die Festplattenbereitstellung (Thin oder Thick) kann noch ausgewählt werden.

Die VM muss vorher ausgeschaltet sein, andernfalls wird diese von Veeam abgeschaltet, um die Änderungen durchführen zu können. Nehmen Sie eine andere VM, so wird nicht nur die Festplatte in den Ordner der VM gelegt, sondern die Festplatte auch zu der VM hinzugefügt. Achten Sie dabei auf die ID einer SCSI-Festplatte: Lassen Sie es bei der ID 0:0, so wird von der ausgewählten VM die Festplatte ersetzt. Suchen Sie einen freien Knoten aus dem Dropdown-Feld aus, so wird diese auch in der Konfiguration der VM registriert. Wählen Sie eine SCSI-ID an einem Adapter, der nicht zur VM gehört, so wird vom BS auch der SCSI-Adapter zur Konfiguration der VM hinzugefügt. Auch diese VM muss heruntergefahren sein oder sie wird vom BS ausgeschaltet.

> Wenn Sie wie oben beschrieben nur die Dateien der Festplatte zurückspielen, können Sie die Platte anschließend ohne Ausschalten der VM dieser hinzufügen.

Im unteren Teil des Fensters kann bei Bedarf noch ein spezieller Proxy gewählt werden. Das »Quick rollback« ersetzt die Festplatte der VM über eine inkrementelle Rücksicherung. Dabei werden nur die Änderungen zur jetzigen Festplatte übertragen, was deutlich schneller geht. Dieser Punkt ist aber nur auswählbar, wenn die bisherige Festplatte überschrieben wird und nicht eine andere VM ausgewählt wurde. Im Fenster »Secure Restore« lassen sich die Daten der VM vor dem Kopieren auf die Produktionsumgebung noch nach Malware durch eine installierte Antivirus-Software untersuchen.

Geben Sie bei Bedarf eine Begründung ein und starten Sie den Job mit einem Klick auf »Finish«. Im unteren Teil des Fensters können Sie die VM nach Abschluss der Wiederherstellung sofort einschalten lassen.

Dateien aus Gastbetriebssystemen

Unter dem Begriff »File Level Restore« versteht man das Wiederherstellen von Dateien aus dem Betriebssystem einer VM.

Wenn Dateien von einem Windows-Rechner wiederhergestellt werden sollen, wird der gewünschte Restore Point vom Mount-Server geladen. Wird ein anderes Dateisystem, z.B. Linux, ausgewählt, wird eine sogenannte Helper Appliance dafür eingesetzt. Da zwischen der Konsole und dem Mount-Server (Linux-Appliance) zwischen 50 und bis zu 400 MByte an Daten anfallen, sollte man bei langsamen Netzwerkverbindungen gegebenenfalls die Konsole auf dem Server selbst starten.

Um einzelne Dateien (Guest Files) aus dem Betriebssystem einer Windows-VM zurückzubekommen (File Level Recovery), nutzt Veeam Backup & Replication ein separates Programm namens Virtual Disk Driver (VDK). Dabei werden auf dem Backup-Server die Dateien aus der Sicherung der gewünschten VM zur Verfügung gestellt und können so z.B. über das Netzwerk kopiert werden. Die Sicherungsplatte wird gemountet, und Sie können mittels eines Veeam-Backup-Browsers oder mit dem Explorer die Dateien kopieren, als wären Sie auf Ihrem Rechner gespeichert. Dabei wird auf C:\ der Ordner VeeamFLR angelegt, der nach der Operation dort leer verbleibt. Eine Änderung der Dateien ist nicht möglich.

Nutzen Sie das normale Inkrementelle Backup, so können Sie die Dateien sogar während des laufenden Jobs bekommen – beim Reverse Incremental Backup und beim Replizieren nicht, da diese dann im Zugriff sind.

Falls Sie die Dateien direkt in die laufende VM zurückschreiben möchten, müssen die VMware Tools bzw. Hyper-V integration components dort laufen.

Auch hier wird wieder der »Restore Wizard« für die Arbeiten genutzt. Wählen Sie unter »Home – Backups« den Eintrag »Disk« und suchen Sie auf der rechten Seite unter dem Job-Namen die gewünschte VM aus. Auf dem Ribbon klicken Sie auf »Guest Files – Microsoft Windows« und anschließend auf den Zeitpunkt der Sicherung (Restore Point) der VM.

Geben Sie bei Bedarf eine Begründung ein und klicken Sie auf »Next«. Im letzten Fenster »Summary« steht im oberen weißen Feld der Hinweis, dass der Backup-Browser geöffnet wird, nachdem Sie auf »Finish« geklickt haben, indem Sie dann die gewünschten Dateien zur Wiederherstellung auswählen können.

In einem neuen Fenster wird der Inhalt der Datensicherung mit Ordnern und Dateien im Backup-Browser angezeigt.

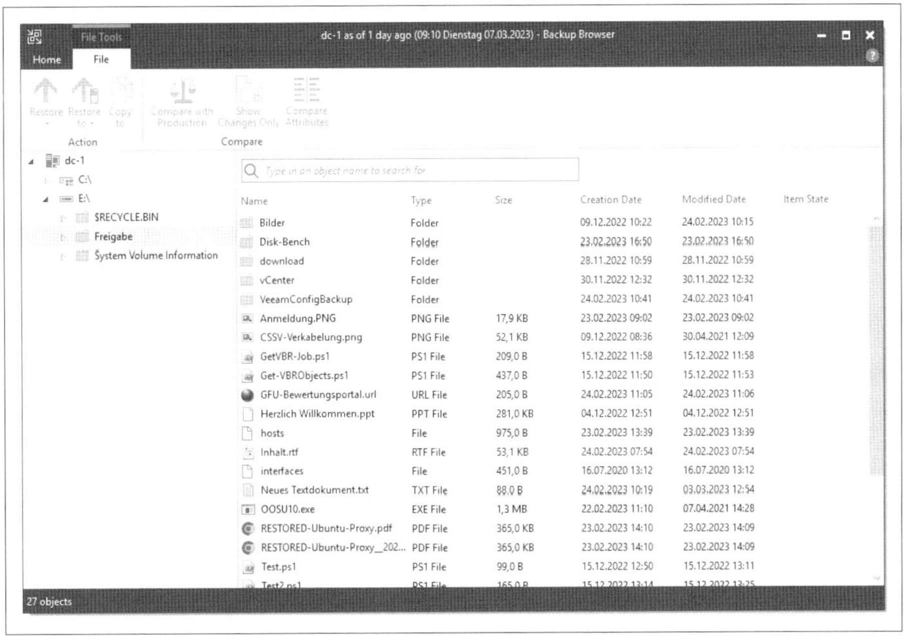

Abbildung 7-4: Dateiwiederherstellung – Auswahl

Hier haben Sie die Möglichkeit,

- die Datei(en) und Ordner an den Originalplatz zu kopieren (Restore), auch nur die Berechtigungen,
- die Datei(en) und Ordner an eine andere VM zu kopieren (Restore to),
- die Dateien und Ordner an einen anderen Platz zu kopieren (Copy to),
- sich die Unterschiede der Datei(en) und Ordner mit der Sicherung anzeigen zu lassen (Compare),
- sich die Eigenschaften der Datei anzeigen zu lassen (Properties).
- Unter »Home« haben Sie die Möglichkeit,
- die Ansicht der Liste einzustellen,
- den Inhalt der Festplatte im Explorer zu sehen (`C:\VeeamFLR\<VM Name>\Volume n`), und
- unter »Application Items« können Objekte aus dem Active Directory, Exchange, SharePoint Oracle und SQL wiederhergestellt werden.

Wenn Sie »Restore – Keep« auswählen, wird die Datei am Originalort wiederhergestellt und erhält das Präfix (Zusatz) »RESTORED_« zum Dateinamen. Existiert diese Datei auch schon, so werden das Datum und die Uhrzeit zusätzlich angehängt. Sind Sie fertig, schließen Sie das Fenster einfach über das weiße Kreuz oben rechts in der Ecke. Der Ordner C:\VeeamFLR bleibt zwar bestehen, ist aber anschließend leer, da die Sicherung gelöst (unmounted) wurde.

Wollen Sie beispielsweise Objekte (Items) von einem Exchange Server wiederherstellen und wählen diese unter »Application Items« aus, so wird der Veeam Explorer für Exchange gestartet und zeigt Ihnen die Datenbank(en) an, damit Sie dort Zugriff auf die Objekte bekommen. Es ist auch möglich, hier nach einstellbaren Kriterien zu suchen (Näheres weiter unten bei Veeam Explorer für Microsoft Exchange).

> Über den Windows Explorer werden nicht die Dateiberechtigungen wieder gesetzt (ACL), sondern nur über den Veeam-Browser.

Dateien von Nicht-Windows-VMs wiederherstellen

Mit dem »Veeam multi-OS File-Level Restore wizard« können auch Dateien aus anderen Betriebssystemen von VMs wiederhergestellt werden. Insgesamt werden zurzeit 19 Dateisysteme von Windows, Linux, Unix, BSD, MacOS, Novell und Unix unterstützt.

Für die Wiederherstellung einzelner Dateien aus diesen Dateisystemen nutzt Veeam eine temporäre VM (Virtual Appliance), die zur Laufzeit in der virtuellen Umgebung bereitgestellt wird, und bindet die gewünschten Festplatten aus der Datensicherung direkt an diese Appliance. Haben Sie bereits eine Linux-Maschine zur Umgebung hinzugefügt (z.B. einen Proxy), so wird dieser Rechner dafür genommen.

Nutzen Sie das normale Inkrementelle Backup, so können Sie die Dateien sogar während des laufenden Jobs bekommen – beim Reverse Incremental Backup und beim Replizieren geht das nicht.

Falls Sie die Dateien direkt in die laufende VM zurückschreiben möchten, müssen die VMware Tools bzw. Hyper-V integration components dort laufen. Wollen Sie die Dateien auf einen anderen Rechner übertragen (Copy to) und wollen eine Linux-Maschine dafür nutzen, dann muss diese Maschine in der Liste der Server auf dem Backup & Replication Server eingetragen sein.

Da die Wiederherstellung von Dateien aus einem fremden Dateisystem über eine Appliance für viele meiner Kunden schwierig ist und es häufig Fragen zu der Konfiguration der Appliance gab, folgt hier eine Schritt-für-Schritt-Anleitung:

1. Wählen Sie unter »Home – Backups« den Eintrag »Disk« und suchen Sie auf der rechten Seite unter dem Job-Namen die gewünschte VM aus.
2. Auf dem Ribbon oder über das Kontextmenü klicken Sie auf »Guest Files – Linux and other«. Es öffnet sich das Fenster mit dem »Guest File Restore Wizard«.
3. Wählen Sie den gewünschten Zeitpunkt der Sicherung (Restore Point) der VM und klicken Sie auf »Next«.

4. Im Fenster »Helper Appliance« betätigen Sie die Schaltfläche »Customize«.
5. Suchen Sie sich nur einen Host, einen Ressourcenpool und eine Portgruppe für die Appliance aus. Über diese Portgruppe muss die Appliance für den BS erreichbar sein.
6. Haben Sie in dem Netzwerk einen DHCP-Server, brauchen Sie hier nichts weiter einzustellen, andernfalls geben Sie eine IP-Adresse, Subnetzmaske und das Standardgateway für den Bereich ein. Aktivieren Sie das Kästchen bei »FTP-Server«, so können auch andere Benutzer Zugriff auf die Sicherungsdaten erhalten. Dafür muss aber das Passwort für die Appliance gesetzt werden.
7. Geben Sie bei Bedarf eine Begründung ein und klicken Sie auf »Next«.
8. Starten Sie den Job mit einem Klick auf »Browse«.

   Auf dem ausgewählten Host wird ein NAS-Datenspeicher mit dem Namen `VeeamBackup_<Name des Backupservers>` gemountet, auf dem sich die Appliance mit Namen `VeeamFLR_<Name der VM>` befindet. Diese belegt nur geringe Ressourcen: 2.048 MB RAM, 2 vCPU und eine Festplatte mit der Größe der VM. Gestartet wird diese über ein Floppy- und ISO-Image.
9. In einem neuen Fenster wird der Inhalt der Datensicherung im Backup-Browser angezeigt. Hier können Sie wie oben schon beschrieben weiter verfahren.

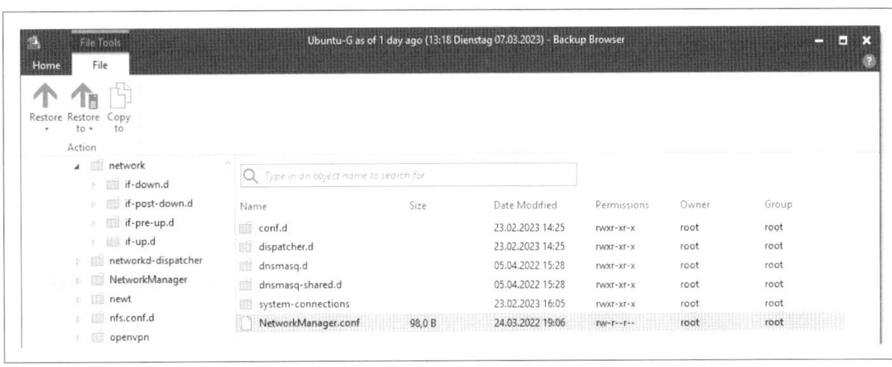

Abbildung 7-5: File Level Restore von Linux

Die Dateien bei Linux-VMs werden über SSH und scp wiederhergestellt, beides muss vorhanden bzw. aktiv sein. Auf BSD, Mac und Solaris können Dateien nur kopiert, nicht direkt wiederhergestellt werden.

Wenn Sie das Fenster schließen, wird die Appliance gelöscht, aber der Datenspeicher wird auf dem Host weiter angezeigt. Sollte Sie das stören, können Sie das Volume »unmounten«.

Wird das Dateisystem der VM von Veeam nicht unterstützt, so können Sie hierfür entweder das »Instant VM Recovery« (siehe »VM aus Backup starten«) oder das »Instant VM Disk Recovery« (siehe den Abschnitt »Festplatten einer VM wiederherstellen« auf Seite 117) nutzen.

VM aus Backup starten

Unter »Instant Recovery« versteht man das Starten einer VM aus dem Backup Repository direkt auf einem ESXi- oder Hyper-V-Host. Dazu benötigen Sie mindestens eine erfolgreiche Sicherung der VM und 10 GB freien Speicher auf dem Laufwerk, wo vPower NFS liegt (z.B. *E:\ProgramData\Veeam\Backup\IRCache\NfsDatastore*), für die Redo Logs sowie die Auslagerungsdatei des RAMs der VM. Hat die zu wiederherstellende VM z.B. 16 GB RAM, so muss dieser Platz ebenfalls zur Verfügung stehen.

Gerade bei großen Maschinen ist die Wiederherstellungszeit meist sehr lang. Mit dieser Technik startet die VM aus dem Backup heraus, ohne zunächst die ganze VM auf den Datastore der Infrastruktur zurückspielen zu müssen. Nach nur zwei bis drei Minuten wird die VM gestartet und steht dem Produktionsbetrieb wieder zur Verfügung.

Gehen Sie wie folgt vor: Stellen Sie sicher, dass die Maschine, die Sie in der Infrastruktur starten möchten, dabei ausgeschaltet, gelöscht oder dass die Registrierung aufgehoben wurde. Ist diese noch vorhanden, wird sie gelöscht.

Unter »Home« klicken Sie zunächst auf »Backups – Disk« und suchen die VM, die Sie aus dem Backup starten möchten. Wählen Sie anschließend aus dem Kontextmenü oder dem Ribbon den ersten Punkt »Instant Recovery«. Suchen Sie sich auf der nächsten Seite die gewünschte VM aus der Liste raus. Das Datum der letzten und die Größe der gespeicherten Sicherungen werden dann angezeigt, und über die Schaltfläche »Point« können Sie einen älteren Wiederherstellungspunkt auswählen.

Ab hier unterscheiden sich die nächsten Punkte bei VMware und Hyper-V, weshalb ich im Abschnitt »VMware« zunächst VMware erkläre und im Abschnitt »Hyper-V« die Einstellungen von Hyper-V. Im Abschnitt »Secure Restore« sind die Vorgehensweisen wieder gleich. Haben Sie beim »Restore« bzw. »Recovery Mode« den ersten Punkt »Restore to original location« angewählt, können Sie direkt bei »Secure Restore« auf Seite 123 weitermachen.

VMware

Auf der zweiten Seite »Restore Mode« haben Sie die Wahl zwischen dem bisherigen oder einem anderen Storage mit geänderten Einstellungen. Wählen Sie den zweiten Punkt, so erscheinen im linken Teil des Fensters die dafür notwendigen Einstellmöglichkeiten (Destination und Datastore).

Haben Sie den zweiten Punkt gewählt, so können Sie auf der Seite »Destination« ggf. einen abweichenden Namen eingeben, einen ESXi, einen Ordner für die VM sowie einen Ressourcenpool auswählen. Über die Schaltfläche »Advanced« kann noch die ID der VM gewählt werden: Ist die Original-VM nicht mehr vorhanden, so wählen Sie »Preserve BIOS UUID«, um die Identität beizubehalten. Soll die VM aus Testzwecken aus der Datensicherung gestartet werden, wählen Sie »Generate new BIOS UUID«, damit es keine Konflikte mit doppelten IDs gibt.

Unter »Datastore« können Sie eine Umleitung (z.B. für temporäre Dateien oder Benutzerzugriffe) für den Speicherort angeben. Lesen Sie jetzt bei »Secure Restore« weiter unten weiter.

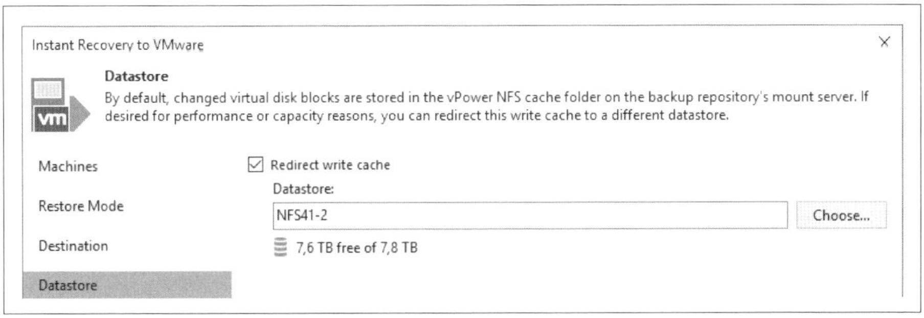

Abbildung 7-6: Umleitung für neuere Daten

Hyper-V

Auf der zweiten Seite »Recovery Mode« haben Sie die Wahl zwischen dem bisherigen oder einem anderen Storage mit geänderten Einstellungen. Wählen Sie den zweiten Punkt, so erscheinen im linken Teil des Fensters die dafür notwendigen Einstellmöglichkeiten (Host, Datastore, Network und Name).

Haben Sie den zweiten Punkt gewählt, so können Sie auf der Seite »Host« einen Hyper-V-Server und ggf. ein Cluster wählen. Unter »Datastore« wird der Speicherort der Original-VM angezeigt, der bei Bedarf geändert werden kann. Klicken Sie dazu auf den Namen der VM und dann auf die Schaltfläche »Path«. Erweitern Sie die Einträge bis zum gewünschten Pfad.

Auf der Seite »Network« kann für die VM ein anderer virtueller Switch gewählt werden und ob die Netzwerkkarte beim Einschalten verbunden sein soll.

Im nächsten Fenster kann ggf. ein abweichender Name eingegeben sowie die ID der VM gewählt werden: Ist die Original-VM nicht mehr vorhanden, so wählen Sie »Preserve« bei »VM UUID«, um die Nummer beizubehalten. Soll die VM aus Testzwecken aus der Datensicherung gestartet werden, wählen Sie die Schaltfläche »VM UUID« aus und klicken Sie auf »Generate new virtual machine ID«, damit es keine Konflikte mit doppelten IDs gibt. Machen Sie nun mit »Secure Restore« weiter.

Secure Restore

Im Fenster »Secure Restore« (nur bei Microsoft OS, nicht bei Linux) lassen sich die Daten der VM vor dem Bereitstellen auf die Produktionsumgebung nach Malware durch eine installierte Antivirus-Software untersuchen. Im nächsten Fenster können Sie einen Grund für diesen Job angeben und im vorletzten Fenster einstellen, ob die VM nach der Erstellung gestartet und das Netzwerk verbunden sein soll.

Im letzten Fenster wird die Zusammenfassung angezeigt, und Sie können festlegen, ob die VM direkt eingeschaltet werden soll und bei VMware, ob die VM ans Netzwerk angeschlossen ist. Nachdem Sie auf »Finish« geklickt haben, wird der Vorgang gestartet, und Sie sehen den Status der Operation in einem neuen Fenster:

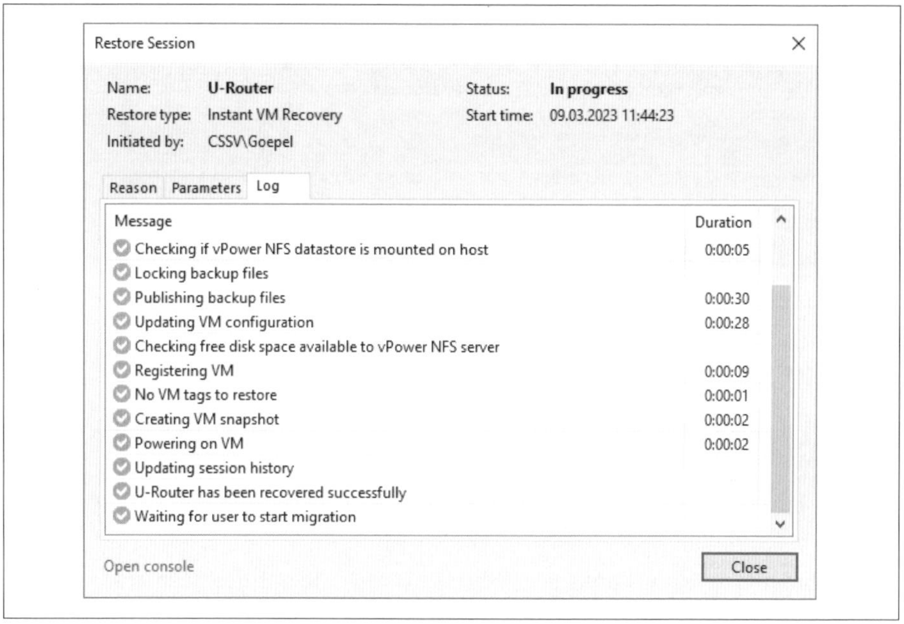

Abbildung 7-7: Warten auf Aktion des Users

Veeam legt für die Maschine einen Snapshot an, da die Daten im Backup nicht verändert werden können.

Ist der Vorgang abgeschlossen, so steht als letzter Eintrag »Waiting for user ...«. Sie können das Fenster nun schließen. Anschließend sehen Sie den laufenden Job »Instant Recovery« oberhalb der anderen Jobs. Wenn Sie nun auf den Eintrag klicken, stehen Ihnen zusätzliche Schaltflächen, z.B. für das Migrieren in die Produktionsumgebung, zur Verfügung.

> Wenn Ihre Lizenz und Ihre virtualisierte Umgebung es zulassen, das Verschieben auf einen produktiven Storage darüber zu machen, sollten Sie dies bevorzugen, weil die VM von Veeam sonst mehrfach mit einem Snapshot versehen und eingefroren wird. Dadurch dauert der Vorgang auch wesentlich länger.

Möchten Sie den Vorgang abbrechen oder nach erfolgter Verschiebung über die virtuelle Infrastruktur beenden, so klicken Sie im Ribbon auf »Stop Publishing«; anschließend folgt wiederum ein Fenster, das den Status anzeigt:

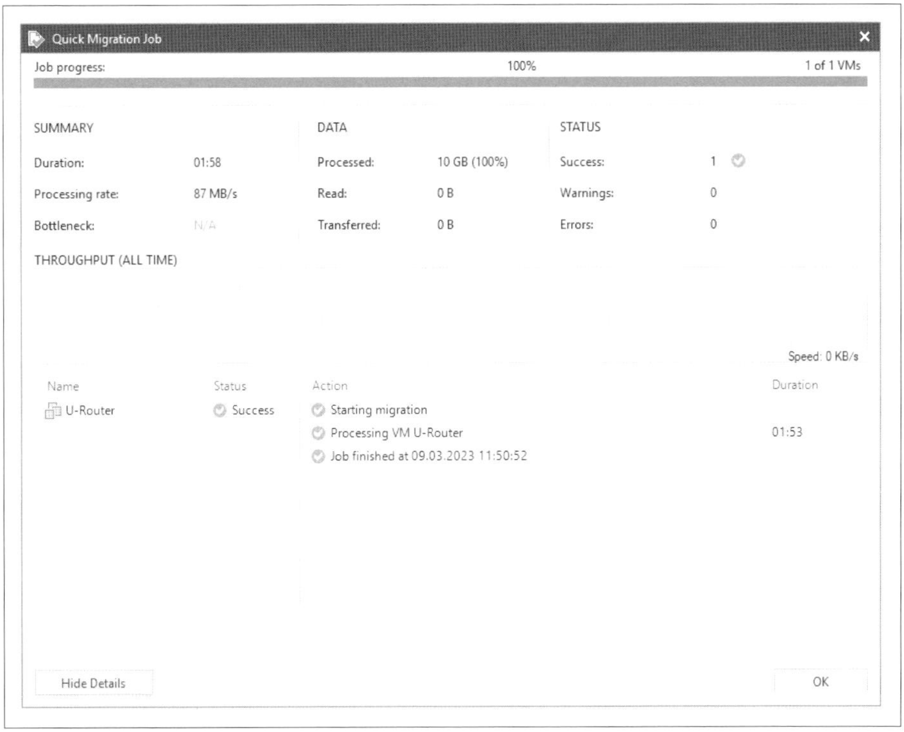

Abbildung 7-8: Stop Publishing

Anschließend wird je nach Auswahl (Abbruch oder Beenden) auf der virtualisierten Umgebung von Veeam »aufgeräumt«.

Überprüfen Sie nach Abschluss unbedingt die Snapshots und löschen Sie nicht benötigte.

Management-Server wiederherstellen

Üblicherweise werden ausgefallene VMs über den vCenter Server oder SCVMM wiederhergestellt. Ist dieser selbst von einem Ausfall betroffen, so scheitert natürlich der Versuch, eine ganze VM oder auch nur Teile von dieser wiederherzustellen. In diesem Fall müssen Sie wie folgt vorgehen:

1. Melden Sie sich wie gewohnt über die Konsole am Backup-Server an.
2. Klicken Sie links unten auf »Backup Infrastructure«, dann auf »Managed Servers« und schließlich im Ribbon auf das Icon »Add Server«.
3. Fügen Sie einen ESXi- oder Hyper-V-Host zu der Liste hinzu (denken Sie an die Anmeldedaten des Hosts: z.B. root mit seinem Passwort). Geht das Hin-

zufügen über den Namen nicht, weil dieser bereits in der Liste vorhanden ist, nehmen Sie einfach die IP-Adresse.

4. Klicken Sie links unten auf »Home« und dann unter »Backups« auf »Disk«.
5. Suchen Sie sich den Job heraus, in dem der Management-Server gespeichert wurde, klappen Sie diesen auf und wählen die VM aus.
6. Klicken Sie auf das Icon »Entire VM« und wählen Sie im Assistenten »Restore to a new location« und dann auf Next. Der Vorgang »Loading VM data« dauert sehr lange – werden Sie nicht ungeduldig.
7. Im nächsten Fenster betätigen Sie die Schaltfläche »Host« und suchen Sie den hinzugefügten Host aus (sonst versucht Veeam, den Management-Server zu erreichen, was ja nicht geht) – Next.
8. Bestätigen Sie die Meldung, dass die VM überschrieben wird – Next.
9. Die Netzwerkportgruppe der VM muss nun bestätigt und im nächsten Fenster muss »Finish« gewählt werden.

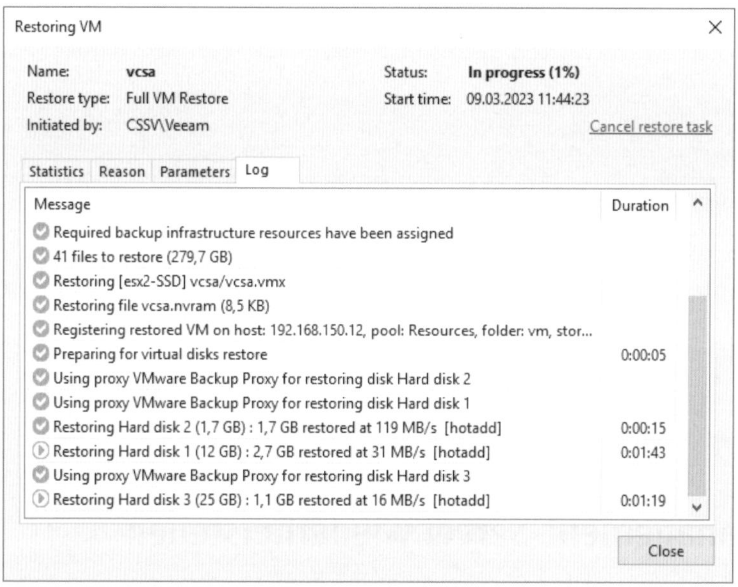

Abbildung 7-9: Wiederherstellung der vCenter Server Appliance

10. Wenn der Server wiederhergestellt wurde, sollten Sie sich auf dem vorher hinzugefügten Host anmelden, die neue VM starten und überprüfen, ob die vSphere- bzw. Hyper-V-Dienste laufen (vor allem der Start des VMware-VirtualCenter-Server-Dienstes dauert sehr lange).
11. Nicht vergessen: Wenn der Management-Server wieder funktioniert, den Backup Job des Servers aktualisieren, also den neuen Management-Server ggf. wie-

der hinzufügen und den ehemaligen löschen, da Veeam sich die ID und nicht den Namen der VM merkt.

> Der vorher hinzugefügte Host sollte aus der Infrastruktur unter Veeam wieder gelöscht werden.

Reihenfolge der VM-Festplatten

Wenn Sie eine komplette VM wiederherstellen, egal ob über »Full VM Restore« oder »Instant VM Recovery«, kann es sein, dass die Festplatten nicht wie vorher durchnummeriert sind, also die erste Festplatte über SCSI (0:0), die zweite über (0:1) usw. Innerhalb des Gastbetriebssystems gibt es aber keine Probleme, egal ob es sich um SCSI-, IDE- oder SATA-Platten handelt. Es gibt hier also nichts zu tun. Falls Sie das stört, müssen Sie die VM herunterfahren, die Festplatten entfernen (nicht von Festplatte löschen) und anschließend neu wieder in der gewünschten Reihenfolge hinzufügen. Veeam speichert nicht die Zuordnung der Platten, sondern stellt die Laufwerke nach der Wiederherstellung der Reihenfolge nach dem Adapter zur Verfügung.

Backup-Server wiederherstellen

Üblicherweise wird der Backup-Server selbst nicht gesichert, auch nicht über einen weiteren BS von Veeam. Jeder BS sichert seine Konfiguration täglich gegen 10:00 Uhr auf einem Repository, das natürlich nicht auf dem Laufwerk des Betriebssystems liegen sollte, wie bereits in »Sicherung des Backup Servers« auf Seite 109 erklärt.

Ist der BS selbst korrupt, startet nicht mehr oder die Dienste funktionieren nicht wie gewünscht, erstellen Sie einfach einen neuen Server (ggf. von Vorlage oder eine bestehende VM klonen) und installieren Sie anschließend das Backup-Programm neu.

Das Wiederherstellen oder Migrieren funktioniert zwischen Version 9.5 Update 4b und neuer, und zwar nur auf der lokalen Konsole des B&R-Servers. Nachdem Veeam B&R installiert ist, melden Sie sich über die Konsole lokal an, navigieren im Hauptmenü zu dem Punkt »Configuration Backup« und klicken Sie auf die Schaltfläche »Restore«.

Wenn Sie die Konfigurationsdatenbank auf einen anderen Server migrieren wollen, sollten alle Jobs beendet und geplante Jobs deaktiviert werden, sonst schlägt der Vorgang ggf. fehl.

Klickt man auf die Schaltfläche, öffnet sich ein Fenster mit einem Assistenten, der durch die Wiederherstellung oder Migration führt. Wählt man die Wiederherstellung über SQL-Server-Befehle, so gehen Sicherheitseinstellungen und Passwörter verloren. Hat man bei den Konfigurations-Backups keine Verschlüsselung angegeben, so gehen ebenfalls alle Passwörter verloren – diese muss man nach der Wiederherstellung manuell wieder eingeben. Außerdem müssen die Jobs anschließend wieder aktiviert werden, da diese standardmäßig nach der Wiederherstellung deaktiviert sind.

Sollten Sie eine Fehlermeldung bekommen, die besagt, dass die Datei korrupt ist oder eine falsche Version hat, kopieren Sie die BCO-Datei zunächst auf den lokalen Speicher des Servers und versuchen Sie es von dort aus nochmals, dann sollte es gehen.

Backup-Server OS Upgrade

Die Vorgehensweise der Wiederherstellung des BS kann auch für ein Upgrade des Betriebssystems z.B. von Windows-2016- auf -2022-Server genommen werden. Das OS lässt sich meist nicht mehr upgraden und muss neu installiert werden. Dann möchte man auch von Veeam die neueste Version einsetzen, was aber bei einer zu alten Vorgängerversion fehlschlägt. Gehen Sie dann wie folgt vor:

1. Gehen Sie im Hauptmenü des bisherigen BS zum »Configuration Backup«, setzen Sie das Häkchen bei »Enable backup file encryption«, geben Sie ein Passwort ein, das Sie aufschreiben oder sich merken können, und klicken Sie auf die Schaltfläche »Backup now«.
2. Vergewissern Sie sich, dass das verschlüsselte Backup des Servers korrekt durchgelaufen ist, indem Sie die Anzeige bei »Last successful backup« überprüfen, und merken Sie sich den Speicherort des Backups.
3. Erstellen Sie den neuen BS, updaten Sie das Betriebssystem auf den aktuellen Stand und installieren Sie die bisherige Veeam-Version auf dem neuen Server.
4. Navigieren Sie im neuen BS wieder zum »Configuration Backup«, holen Sie wie im Abschnitt »Backup-Server wiederherstellen« auf Seite 127 beschrieben die Konfiguration zurück und führen Sie anschließend das BS-Upgrade durch.

Backups löschen

Zunächst muss man sich Gedanken darüber machen, was gelöscht werden soll: der Job, eine VM aus einem Job, die Sicherungen auf der Platte, die Informationen in der Datenbank des BS oder auch alles zusammen. Auf keinen Fall sollten Sie auf dem Repository manuell Löschungen vornehmen, von denen der BS nichts weiß.

Wenn Sie einen Job löschen, so bleibt die bisherige Datensicherung auf dem Repository bestehen und Sie finden diese nicht mehr unter »Backups Disk«, sondern unter »Backups Disk (imported)«. An dieser Stelle können Sie den Eintrag aus der Konfigurationsdatenbank entfernen oder ihn von der Festplatte löschen.

Nehmen Sie den ersten Punkt, so bleiben alle Daten auf dem Sicherungsspeicher erhalten, werden aber nicht mehr in der Oberfläche des BS angezeigt. Sollten Sie nicht mehr angezeigte Sicherungen auf dem Repository haben, so können Sie unter »Backup Infrastructure – Backup Repositories« einen »Rescan« durchführen, und die Backups tauchen unter »Backups Disk (imported)« wieder in der Konsole auf.

Nehmen Sie den zweiten Punkt »Remove from disk«, so werden die Dateien auf dem Sicherungsspeicher und der Datenbank entfernt. Handelte es sich um eine physische Maschine, so bleiben der ggf. erstellte Startdatenträger und eventuelle Log-Dateien weiterhin in dem Ordner.

Gehen Sie den anderen Weg und lassen den Job bestehen, löschen aber unter »Backups Disk« eine oder mehrere VMs, so werden von dieser alle Restore Points von der Platte genommen. Ist die VM noch im Job, so wird bei dem nächsten Start des Jobs ein Full Backup von dieser VM angelegt. Das funktioniert auch mit VMs, die über einen Ordner oder Ressourcenpool gesichert werden.

Es kommt immer wieder vor, dass gemachte Datensicherungen manuell entfernt werden müssen. Das kann sein, weil der Job gelöscht wurde, ohne die Daten vom Repository ebenfalls zu löschen, weil eine Rückspielung vom Tape erfolgte oder auch bei nicht vollständig abgeschlossenen Backups durch einen Systemausfall. Wie bereits im oberen Absatz erwähnt, kann ein erneuter Scan über das Repository solche verwaisten Backups wieder zutage bringen, und anschließend kann bei »Backups Disk (imported)« eine korrekte Löschung erfolgen.

Haben Sie eine unvollständige oder korrupte Sicherung, so wird dies mit einem Ausrufezeichen im roten Kreis angezeigt, wie in der folgenden Abbildung 7-10 dargestellt.

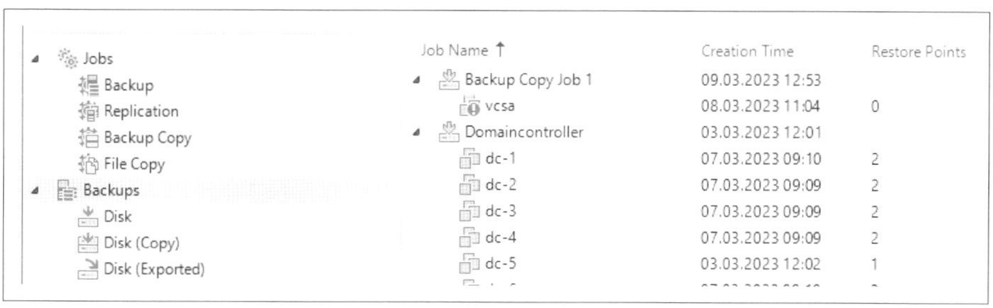

Abbildung 7-10: Unvollständiges Backup

Klicken Sie den Eintrag an und anschließend im Ribbon auf »Delete from Disk«, um das zu bereinigen. Ist die Maschine noch im Job, so wird diese auch weiterhin normal gesichert.

In der Darstellung in Abbildung 7-10 können Maschinen auch mehrfach vorkommen, wenn z.B. eine Wiederherstellung erfolgte und die VM eine neue ID bekommen hat. Dann gibt es für jeden Eintrag mindestens ein Full Backup. Auch diese Einträge können in der Auflistung gelöscht und nach Spalten sortiert werden. Achten Sie dabei auf die Zeitangaben bei »Creation Time«, um die alten Einträge zu identifizieren.

KAPITEL 8

Veeam Agent für physische Maschinen

Mit der Version 9.5 kam die Möglichkeit dazu, physische Windows- und Linux-Rechner über Agenten im Betriebssystem zu sichern, und kurze Zeit später konnte man eine physische Maschine einfach über das Ribbon »Backup Job – Windows-Computer« (oder Linux-Computer) fürs Backup auswählen.

Die Vorgehensweise bei so einem Job ist ähnlich wie bei einem Backup Job. Deshalb sind hier nur die Unterschiede ausführlich erklärt, die Vorgehensweisen, die beim VM Backup Job gleich sind, wurden gekürzt.

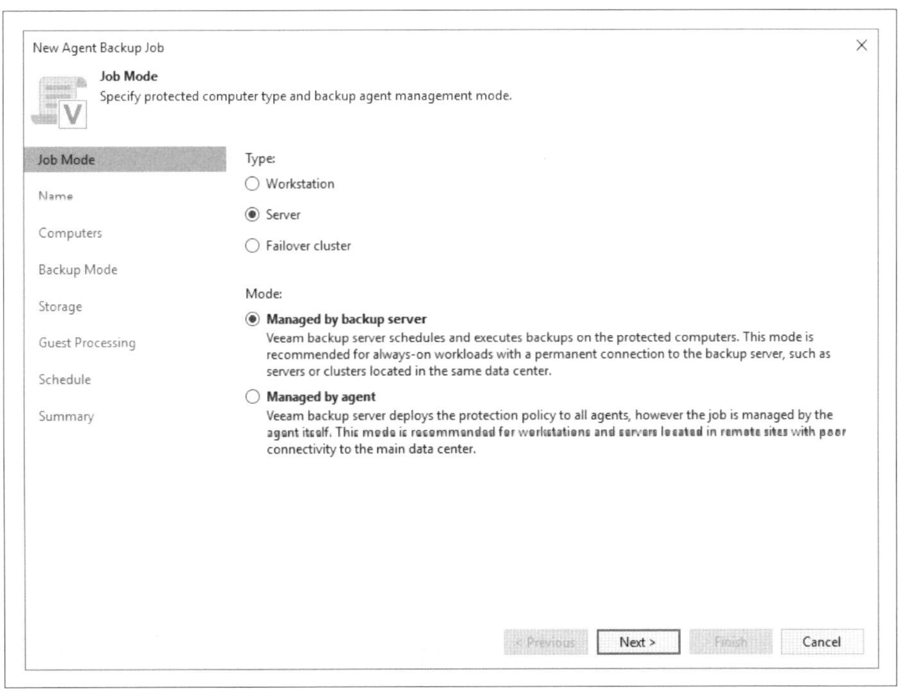

Abbildung 8-1: Backup über Agenten

Klicken Sie im unteren linken Teil auf »Home«, wählen Sie aus dem Ribbon »Backup Job« und dann »Windows computer« oder »Linux computer« aus. Bei Unix- oder Mac-Computern muss der Agent manuell installiert und eine Gruppe unter »Inventory« erstellt werden.

Bei Windows und Linux wird zwischen Workstation und Server unterschieden, bei der Auswahl »Windows computer« gibt es auch noch »Failover Cluster«.

Haben Sie »Workstation« ausgewählt, so wird vom BS der Agent über das Netzwerk auf der Maschine zur Verfügung gestellt; die eigentliche Arbeit erledigt dann diese Software auf der Maschine, nicht der Backup-Server. Diese Form sollte man auch für Server wählen, zu denen nur eine langsame Verbindung besteht. Achten Sie auf die genaue Schreibweise beim Hinzufügen eines Rechners zu dem Job und auf die Credentials, da Veeam dies nicht überprüft. Falsche Eingaben führen erst hinterher zu einer Fehlermeldung, wenn der Agent nicht ausgerollt werden kann.

Ist das Ausrollen des Agenten oder der »Rescan-Job« nicht erfolgreich, sehen Sie sich die Statistik an und klicken Sie in dem Fenster auf den Namen der Maschine – die dann angezeigten Fehlermeldungen sind meist sehr aussagekräftig.

Wählen Sie unter »Job Mode« einen Server aus, so wird die Arbeit – wie bei einer VM – vom BS aus erledigt. In dem dann folgenden Assistenten vergeben Sie einen Namen für den Job, fügen einen oder mehrere Computer hinzu, wählen Sie den ganzen Rechner, nur bestimmte Volumes oder Dateien, den Backup-Speicher, ggf. das Indexing oder »application-aware processing« und den Zeitpunkt der Sicherung – fertig. Die Details dazu habe ich ja schon ausführlich oben besprochen.

Wird der agentenbasierte Job gestartet, so wird zunächst die notwendige Software auf der physischen Maschine installiert, ein Scan und anschließend ein Full-Backup durchgeführt. Sollte die Remote-Installation des Agenten nicht funktionieren, können Sie kurzfristig die Firewall auf der physischen Maschine deaktivieren und nach der Installation wieder aktivieren.

Protection Group

Wenn Sie einen Computer zu dem Agent Backupjob hinzufügen, so können Sie auch eine »Protection Group« auswählen. Diese kann man zuvor unter »Inventory – Physical Infrastructure« erstellen. Alle vorher mit Agenten versehene Rechner sind dort unter »Manually Added« aufgelistet, auch die, die z.B. nicht über das Netzwerk gefunden werden konnten, bei denen man sich verschrieben hat usw. Um diese Einträge aus der Liste rauszubekommen, klicken Sie auf den Eintrag »Manually Added« und dann auf »Edit«. Im Fenster »Computers« können Sie die falschen Computer löschen.

Um eine neue Gruppe anzulegen, klicken Sie auf »Create Protection Group«, geben einen aussagekräftigen Namen für die Gruppe an und wählen Sie eine der fünf Möglichkeiten:

- »Individual computers«: einer oder mehrere Computer, die über DNS-Namen oder IP-Adresse hinzugefügt werden können (empfohlen für kleine Umgebungen oder wenn kein Active Directory vorhanden ist)
- »Microsoft Active Directory objects«: dynamische Erkennung von Objekten in einem AD-Container (Organisationseinheiten oder Sicherheitsgruppen)
- »Computers from CSV-file«: dynamische Erkennung von Objekten aus einer kommaseparierten Datei (**.csv*), die auf einer Freigabe liegt (empfohlen für größere Umgebungen ohne Active Directory oder CMDB (Configuration Management Database)-Informationen)
- »Computers with pre-installed backup agents«: Diese Sicherheitsgruppe findet alle Maschinen, bei denen ein spezieller Veeam Agent installiert wurde. Sobald die Maschine sich das erste Mal am BS verbindet, wird sie in der Gruppe gelistet.
- »Cloud machines«: dynamischer Bereich zum Schutz für Instanzen von Amazon EC2 und Microsoft Azure VMs. Hier wird der Agent auf die Maschinen über eine Softwareschnittstelle installiert, ohne eine Netzwerkverbindung zu benötigen.

Nachfolgend nehme ich als Beispiel »Active Directory«: Nachdem Sie die Objekte (Organisationseinheit, individuelle Computer etc.) ausgewählt haben, können im nächsten Fenster »Exclusions« noch Ausnahmen für die Zusammenstellung gemacht werden. Standardmäßig werden hier VMs ausgenommen und Computer, die seit 30 Tagen nicht mehr online waren. Über das letzte Kästchen können wiederum Objekte zur Liste hinzugefügt werden, für die eine Ausnahme gemacht werden soll.

Wählen Sie als Nächstes den User aus, der administrative Berechtigungen auf den Maschinen hat, oder fügen Sie einen hinzu – das kann auch gleich ausprobiert werden (»Test Now«). Unter »Options« wird festgelegt, wann und wie oft die Gruppe überprüft wird (Rescan), ob der Agent automatisch auf neuen Objekten installiert und ggf. upgedatet und ob ein Neustart durchgeführt werden soll

Über die Schaltfläche »Advanced« stellt man für den Agenten noch Netzwerkbeschränkungen (VPN, WLAN, Bandbreite etc.) und ggf. spezielle E-Mail-Konfigurationen ein. Bei »Security« kann von einem administrativen Account beim Wiederherstellen von Dateien abgesehen werden.

Abschließend wird ein »Rescan« über die Objekte gemacht, der Agent installiert und das Ergebnis in einem neuen Fenster angezeigt, wie in Abbildung 8-2 dargestellt. Diese Gruppe kann auch direkt zu einem bestehenden oder neuen Job hinzugefügt werden (Abbildung 8-2, Ausschnitt).

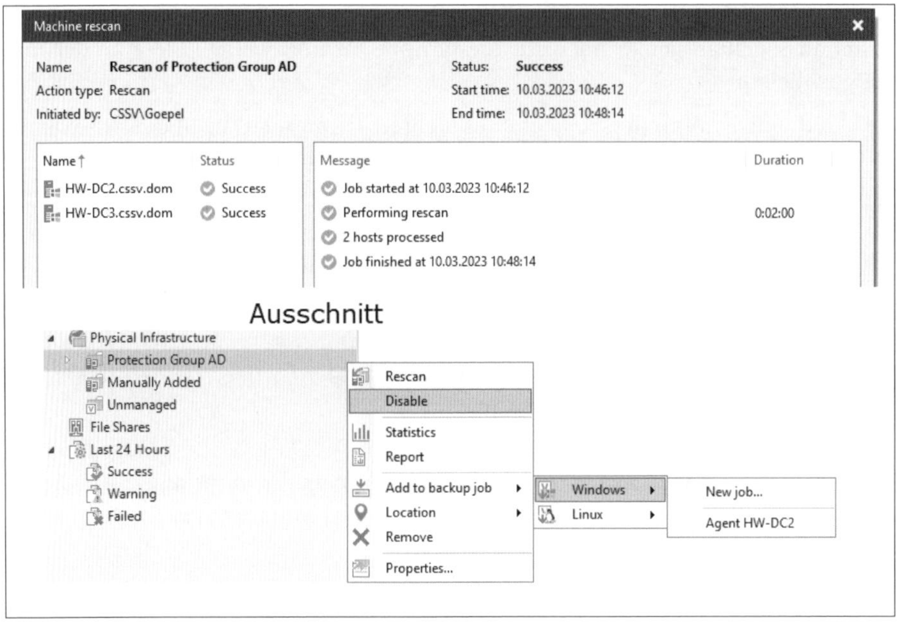

Abbildung 8-2: Sicherheitsgruppe angelegt

Der Backup-Server wird beim ersten Agenten-Job zum Verteilungsserver (Distribution Server) für die Agenten und ist auch für die Updates der Agenten zuständig. Diese Rolle kann bei Bedarf auch einer anderen Windows-64-Bit-Maschine zugeteilt werden.

Manuelle Agenteninstallation

Sollte die automatische Installation des Agenten nicht funktionieren (Berechtigungen, Firewall, DMZ etc.), so nehmen Sie den alten Weg:

Auf dem ISO-Image von Veeam B&R befinden sich im Ordner Agents die notwendigen Dateien für Windows, Linux, Mac und Unix, mit denen das Sichern von physischen Maschinen ermöglicht wird. Hier bespreche ich beispielhaft die Windows-Variante.

Im Ordner *X:\Agents\Windows* befindet sich die EXE-Datei, die auf der zu sichernden Maschine ausgeführt werden muss. Falls .NET Framework 4.7.2 nicht vorhanden ist, installiert man dieses über den Ordner *X:\Redistr* und macht zunächst einen Neustart des Rechners. Nach der erneuten Anmeldung wird die Installation automatisch fortgesetzt und die EULA muss akzeptiert werden.

Dann wird man aufgefordert, ein USB-Laufwerk für die Sicherung anzuschließen oder diesen Punkt zu überspringen, was ich hier tue. Der Punkt »Run Veeam Recovery Media creation wizard« wird angezeigt, bei dem man einen Datenträger oder eine ISO-Datei für das Booten eines neuen Rechners auswählen kann. Auch das überspringe ich hier zunächst.

Anschließend befinden sich ein neuer Dienst mit dem Namen »Veeam Agent for Microsoft Windows« (VeeamEndpointBackupSvc) und fünf zusätzliche Einträge im Programm-Menü. Bei der Installation des Agenten über den BS werden keine Menüeinträge erstellt.

Nach dem ersten Starten der Anwendung »Configure Backup« wird nach dem Job-Namen gefragt und im nächsten Fenster, was alles gesichert werden soll. Die einzelnen Einstellungen habe ich oben schon ausführlich erklärt, deshalb hier nur eine kurze Zusammenfassung.

In dem folgenden Fenster haben Sie drei Optionen zur Auswahl:

- »Entire computer«: Hiermit wird der komplette Rechner gesichert, mit Ausnahme der Auslagerungs-, der temporären und gelöschten Dateien, und ggf. angeschlossene USB-Laufwerke.
- »Volume level backup«: Hierüber kann man Images von einzelnen Laufwerken erstellen, also z.B. nur das Datenlaufwerk. Auch hier werden die gleichen Ausnahmen wie beim gesamten Computer-Backup gemacht.
- »File level backup«: Um einzelne Dateien und Ordner zu sichern, kann man diese Auswahl nutzen.

Haben Sie eine Auswahl getroffen und auf Next geklickt, so muss man als Nächstes den Speicherort im Fenster »Destination« für das Backup aussuchen:

- »Local storage«: ein lokales Laufwerk, das auch über USB, FireWire oder externen SATA-Anschluss angebunden sein kann. Dieses Laufwerk sollte während der Installation des Agenten am besten schon angeschlossen sein.
- »Shared folder«: Hier kann eine Windows-Netzwerkfreigabe (SMB, CIFS) auf einem entfernten Rechner oder einem NAS genutzt werden.
- »Veeam backup repository«: Hat man Veeam Backup & Replication installiert und an dem Rechner einen Datenspeicher für die Sicherungen eingerichtet, so kann man die Daten des lokalen Rechners auch dorthin speichern. Dafür müssen Sie den Namen oder die IP-Adresse sowie Anmeldedaten angeben. Bekommen Sie eine Fehlermeldung, dass kein Repository für Ihre Anmeldedaten hinterlegt ist, so wählen Sie auf dem Repository des BS aus dem Kontextmenü »Access Permissions« und geben dort die Anmeldedaten (Benutzer- oder Gruppennamen) ein oder suchen ihn z.B. im AD.

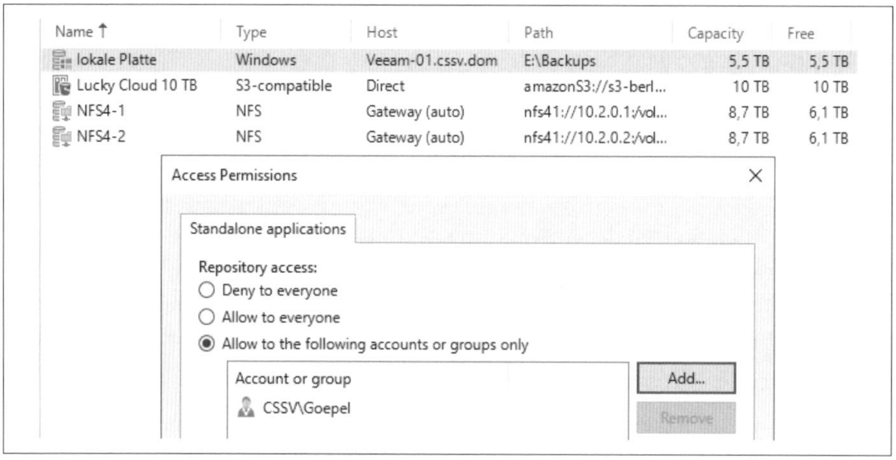

Abbildung 8-3: Repository Access Permissions

Nachdem die Anzahl der Wiederherstellungspunkte ausgewählt wurde, können noch wie beim Standard-Backup über die Schaltfläche »Advanced« Einstellungen zum synthetischen Full und Active Backup, zum Storage-Healthcheck, zur Maintenance sowie zur Datenreduktion und Verschlüsselung gewählt werden.

Ein Backup-Cache ist sinnvoll, wenn nicht immer eine Verbindung des zu sichernden Rechners mit dem Repository vorhanden ist. Sobald wieder eine Verbindung besteht, werden die Daten auf den Sicherungsspeicher geschoben und der Cache wird geleert. Achten Sie in dem Fenster auf den Hinweis, ob der vorgegebene Wert (10 GB) ggf. zu klein ist.

Wie bei der Datensicherung über Veeam Backup & Replication können hier das »application-aware processing« für Active Directory, MS-SQL, Exchange, Oracle und SharePoint und ggf. ein Dateiindex ausgewählt werden.

Auf der vorletzten Seite kann wie beim Standard-Backup ein Zeitplan zum Sichern erstellt werden.

Nachdem Sie auf Apply geklickt haben, wird die Übersicht angezeigt und Sie können den gerade erstellten Job sofort starten. Ist der Vorgang erfolgreich abgeschlossen, so erscheint die Zeit des Backups unter der grünen Säule.

Sollte in dem Fenster noch ein gelber Balken mit dem Text »Recovery media has not been created« angezeigt werden, so klicken Sie auf den blauen Link, damit nach einer kurzen Verzögerung der Assistent Create Recovery Media angezeigt wird.

Create Recovery Media

In diesem Abschnitt wird beispielhaft ein ca. 580 MB großes Image als ISO-Datei (mit dem Namen des lokalen Rechners) erstellt. Suchen Sie das Backup für die gewünschte Maschine raus, klicken diese an und wählen aus dem Ribbon dann »Recovery Media«.

Das bedeutet, dass von der Hardwaremaschine ein Teil-Image im ISO-Format gezogen wird, das hinterher auch für eine VM zum Starten genutzt werden kann. Dafür werden in das WindowsPE-Image die Treiber für die Netzwerkkarten und weitere Geräte einbezogen. Optional können noch ein Entschlüsselungs-Key, weitere Treiber für Festplattenanschlüsse und Netzwerkkarten (z.B. für die Wiederherstellung als VM) hinzugefügt werden. Die lokale Netzwerkkonfiguration ggf. mit WLAN-Einstellungen ist ebenfalls enthalten.

»Image Path«: Der Ablageort für das Image wird im nächsten Fenster mit optionalen Anmeldeinformationen (z.B. für eine Netzwerkfreigabe) abgefragt. Eventuell macht es hier Sinn, diese Datei ebenfalls auf den Backup-Server zu schieben.

Wenn Sie sich die Übersicht angeschaut haben, klicken Sie auf Create und warten Sie, bis der Vorgang abgeschlossen wurde (das dauert ca. 1–3 Minuten).

Haben Sie eine andere Ablage für die Sicherung gewählt und wollen diese auf den BS-Storage verschieben, gehen Sie nach dem Veeam-KB-Artikel kb2321 vor.

> Wenn Sie Microsoft-Workstations sichern wollen, achten Sie darauf, dass diese nicht während des Backups in den Suspend-Modus wechseln. Schalten Sie am besten diese Energieverwaltung aus, damit die Maschine gesichert werden kann.

Haben Sie die manuelle Installation des Agenten abgeschlossen und eine erste Datensicherung erstellt, so lassen sich Änderungen am Job nur hier erledigen. Möchten Sie lieber den BS als Zentrale dafür nutzen, so gehen Sie wie folgt vor:

1. Navigieren Sie im BS zu »Inventory – Physical Infrastructure – Unmanaged«. Dort erscheint die physische Maschine auf der rechten Fensterhälfte.
2. Klicken Sie diese mit der rechten Maustaste an und wählen Sie aus dem Kontextmenü »Move to – New protection group«. Damit werden die vorherigen Backup Jobs gelöscht, die Daten bleiben aber erhalten.
3. Beantworten Sie in den nun folgenden Fenstern die Fragen so, wie ich bereits oben unter »Protection Group« auf Seite 132 beschrieben habe.
4. Nachdem der »Discovery-Job« fertiggestellt ist, verschwindet der ehemalige Job-Eintrag unter »Home«, und unter »Backups – Disk (imported)« findet man einen neuen Eintrag mit der bisherigen Sicherung der Maschine.
5. Um einen neuen Job auf dem BS für diese Maschine oder Gruppe zu erstellen, klicken Sie unter »Inventory – Physical Infrastructure« auf den Ordner der Gruppe mit der rechten Maustaste und wählen Sie aus dem Kontextmenü »Add to backup job – Windows – New job« oder einen bestehenden aus.
6. Anschließend überprüfen Sie unter »Home – Jobs – Backup«, ob die Maschine oder Gruppe korrekt hinzugefügt wurde und alle Einstellungen hierfür geeignet sind, wie in Abbildung 8-4 dargestellt.

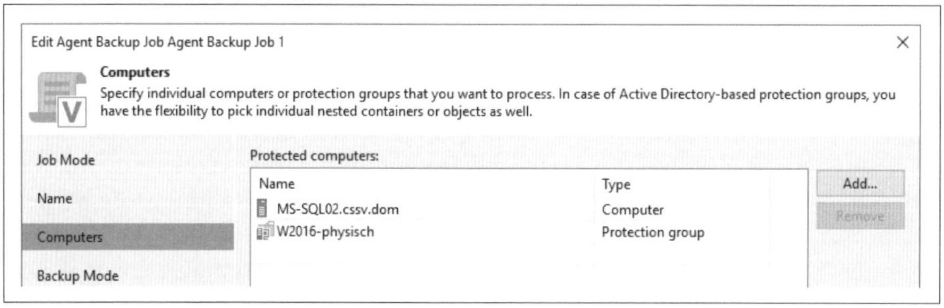

Abbildung 8-4: Edit Agent Backup Job

File Level Restore

Möchte man eine einzelne Datei oder einen Ordner aus der Sicherung des physischen Rechners wiederherstellen, so kann man den Programmpunkt »Guest Files« (File Level Restore) aufrufen. Das Tool sucht nach der letzten Sicherung, verbindet sich automatisch mit dem Datensicherungsspeicher und zeigt im Fenster die verfügbaren Wiederherstellungspunkte an. Nachdem Sie auf »Next« und anschließend auf »Finish« geklickt haben, öffnet sich der Backup-Browser, sodass Sie in dem Fenster die gesicherten Laufwerke, Ordner und Dateien sehen. Die Anzeige lässt sich auch im Windows Explorer öffnen, da die Datensicherung lokal auf der Maschine im Ordner *C:\VeeamFLR\>Name des PC*< angebunden wurde. Über ein Kontextmenü, das Sie mit der rechten Maustaste erreichen, können Sie die Wiederherstellung starten. Haben Sie alles Benötigte, so können Sie das Fenster über das weiße X oben rechts schließen. Natürlich geht das Wiederherstellen von Objekten aus AD, Exchange etc. hierüber auch.

Volume Restore

Muss man eine ganze Partition wieder in den ursprünglichen Zustand bringen, so wählt man das Programm »Volume Level Restore« (Restore Volumes). Das Tool sucht nach der letzten Sicherung, verbindet sich automatisch mit dem Datensicherungsspeicher und zeigt im Fenster die verfügbaren Wiederherstellungspunkte an. Nachdem Sie auf »Next« geklickt haben, werden die gesicherten Laufwerke mit ihrer Größe und dem Typ angezeigt. Wählen Sie das oder die gewünschten Laufwerke aus und klicken Sie auf »Next«. Beachten Sie, dass Systemlaufwerke nicht auf der lokalen Maschine hergestellt werden können, wohl aber auf einem anderen PC.

Über den blauen Link »Customize disk mapping« wird das Festplattenlayout angezeigt. Dort kann man mit der rechten Maustaste wieder ein Kontextmenü aufrufen und einzelne Partitionen entfernen, erweitern etc.

Nachdem Sie auf »Next« geklickt haben, wird ggf. noch eine Warnmeldung ausgegeben, dass bestehende Laufwerke überschrieben werden. Haben Sie auf »Yes« geklickt, so wird das Laufwerk wiederhergestellt.

Komplette Maschine wiederherstellen

Haben Sie physische Maschinen gesichert, so werden die Daten im Backup-Server ebenfalls unter »Home – Backups – Disk« angezeigt. Klicken Sie im rechten Fenster auf »Agents«, erweitern Sie die Anzeige und suchen Sie sich die gewünschte Maschine raus.

Es gibt mehrere Möglichkeiten, um aus der Sicherung eines physischen Rechners eine Wiederherstellung durchzuführen:

- Instant VM Recovery: Die gesicherte physische Maschine wird in der virtuellen Welt mit Standardhardware für das Betriebssystem aus dem Backup gestartet und kann anschließend über Veeam oder Funktionen in der virtuellen Infrastruktur auf einen schnellen Datastore verschoben werden.
- Wollen Sie den Rechner wieder auf Hardware herstellen, benötigen Sie jetzt das Recovery Media. Starten Sie den Rechner (von USB-Stick oder CD) und folgen Sie den Anweisungen des Assistenten.
- Wiederherstellung der VM nach Amazon EC2, Microsoft Azure oder Google CE (Compute Engine) direkt aus der Datensicherung.

Es gibt ebenfalls zwei Möglichkeiten, den Rechner in die virtuelle Welt zu bringen:

- Erstellen Sie dazu in Ihrer Infrastruktur eine neue VM ohne Festplatten und stellen Sie über Veeam (Export Disks) die Festplatten in dem Ordner der VM her. Binden Sie diese über einen Client an die VM und starten Sie sie (ggf. ohne Netzwerkverbindung, falls die physische Maschine noch läuft).
- Erstellen Sie eine VM mit den Hardwareanforderungen der physischen Maschine, starten Sie diese über eine zuvor erstellte ISO-Datei als Recovery Media und folgen Sie den Anweisungen des Assistenten.

In diesem Beispiel wird ein vorher gesicherter physischer Server als virtuelle Maschine wiederhergestellt:

1. Erstellen Sie in Ihrer virtuellen Umgebung eine VM mit den notwendigen Hardwarevoraussetzungen, ähnlich wie die physische Maschine. Achten Sie darauf, dass Sie die korrekte Firmware (BIOS oder EFI) wie bei der physischen Maschine einstellen.
2. Binden Sie das vorher erstellte ISO-Image an die VM und starten Sie sie damit.
3. Wenn der grüne Bildschirm erscheint, wählen Sie aus den drei Möglichkeiten »Bare Metal Recovery« aus.
4. Geben Sie an, wo sich die gesicherten Dateien befinden: lokal oder im Netzwerk. Da sich in der VM nichts lokal befindet, wählen wir das Netzwerklaufwerk und klicken auf »Next«.
5. Sollte der Netzwerkadapter nicht gefunden werden, so müssen die Treiber dafür nachinstalliert werden. Haben Sie keinen DHCP-Server in dem Netz, so geben Sie die Informationen manuell an. Wählen Sie anschließend »Shared

Folder«, »Veeam Backup Repository«, den Cloud-Speicher oder Microsoft OneDrive aus und klicken Sie auf »Next«.

6. Geben Sie den genauen Zielort der Sicherungsdateien und ggf. die Anmeldedaten an oder wählen Sie die Schaltfläche »Browse«.
7. Haben Sie mehrere Restore Points, wählen Sie den gewünschten und im nächsten Fenster – in unserem Beispiel – »Entire computer«. Eventuell müssen Sie das »Disk Mapping« manuell einrichten, wenn die Platten der VM kleiner sind als die des physischen Rechners.
8. Wenn Sie auf »Next« geklickt haben, wird der physische Server als VM hergestellt.

> Falls die physische Maschine noch läuft, kann es zu Konflikten mit doppeltem Namen im Netzwerk kommen, und der Rechner muss eine statische IP-Adresse wieder manuell eingetragen bekommen, da sie jetzt eine andere MAC-Adresse hat.

9. Ist der Wiederherstellungsprozess abgeschlossen, klicken Sie auf »Finish« und machen einen Neustart der VM.

Seit dem Update 3 der Version 9.5 kann man physische Maschinen direkt über die BS-Konsole auswählen, mit dem Agenten »betanken« und die Sicherungen einrichten. Seit der Version 10 wird auch ein Update der Agenten üblicherweise automatisch durchgeführt.

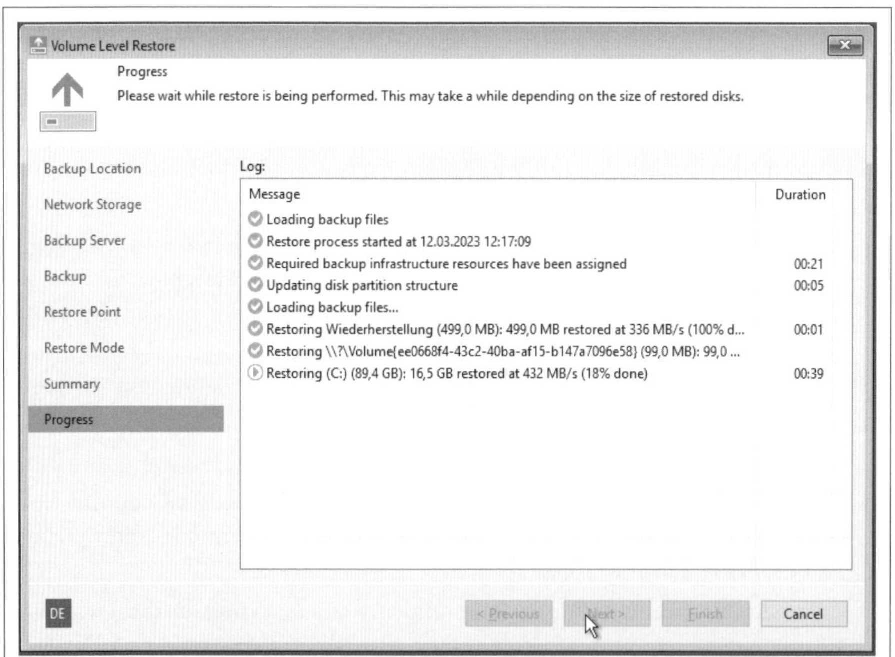

Abbildung 8-5: Physischen Rechner als VM wiederherstellen

KAPITEL 9

Veeam Explorer

Unter diesem Begriff verbergen sich acht Tools, die für spezielle Anwendungen unter Microsoft-Servern zum Wiederherstellen von Objekten genutzt werden können. Diese werden nachfolgend beschrieben.

Etwas ungewöhnlich ist hier die Wiederherstellung in zwei Schritten: Im ersten Schritt werden die Datensicherung und der Restore Point ausgewählt und man muss auf »Browse« klicken. Da kommen viele Benutzer ins Grübeln: »Was passiert denn jetzt, wenn ich auf Browse klicke?« Der Text am oberen Fensterrand wird hier nicht beachtet, denn dort steht, dass nach dem Schließen der Explorer für die spezielle Anwendung geöffnet wird, in dem man sich einzelne Objekte aussuchen kann.

Active Directory

Sie können den Veeam Explorer für Microsoft Active Directory benutzen, um jegliche Objekte aus einer erfolgreichen Sicherung oder Replizierung zurückzubekommen. Voraussetzung ist jedoch, dass der dazugehörige Sicherungsjob mit dem Häkchen bei »application-aware processing« versehen war und die dazugehörenden Optionen richtig konfiguriert waren, also z. B. der Anmeldename und das Passwort.

Um Objekte aus Microsoft Active Directory wiederherzustellen, gehen Sie wie folgt vor:

1. Klicken Sie unten links auf »Home« und suchen Sie in der Liste z.B. unter »Backups – Disk« nach dem gewünschten Backup- oder Replizierungsjob.
2. Klappen Sie den Ordner auf, um die darin befindlichen gesicherten VMs zu sehen, und klicken Sie die gewünschte an.
3. Über das Icon »Application Items« im Ribbon erreichen Sie ein Dropdown-Feld, aus dem Sie aus neun Einträgen dann »Microsoft Active Directory« auswählen.

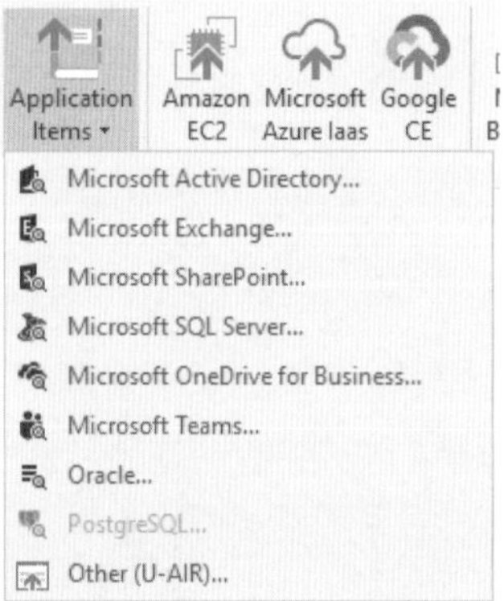

Abbildung 9-1: Objekte aus Anwendungen wiederherstellen

4. In dem folgenden Fenster können Sie den Wiederherstellungspunkt nach Datum und Typ (Increment oder Full) aussuchen.
5. Sie können auch hier eine Begründung für die Wiederherstellung eintragen. Nach einem Klick auf »Browse« wird das aktuelle Fenster geschlossen und der Veeam Explorer für Microsoft Active Directory gestartet.

In dem dann folgenden Fenster werden zunächst die Datenbank und die Domäne angezeigt, die in der Sicherung gefunden wurden. Ähnlich wie auf einem Domänencontroller zeigt der Explorer die Struktur an.

Je nachdem auf welches Objekt man in der Baumstruktur klickt, werden im Ribbon verschiedene Icons angezeigt, über die Aktionen ausgelöst werden können.

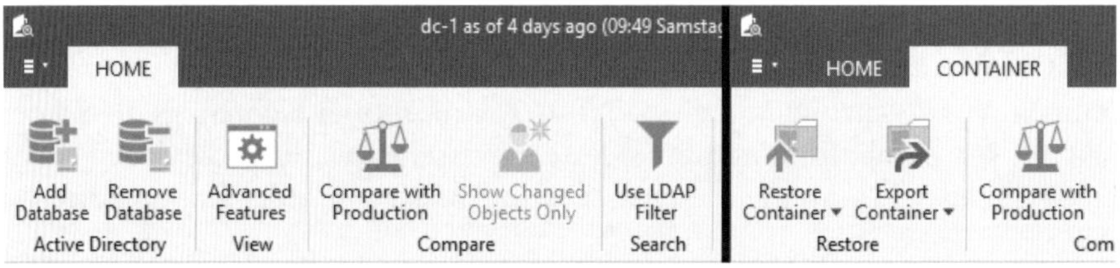

Abbildung 9-2: Veeam Explorer für Active Directory Ribbons

Bei großen Umgebungen kann man in der rechten Hälfte des Fensters den schmalen weißen Streifen benutzen, um nach Objekten zu suchen.

Je nach Objekt kann wiederum eine direkte Wiederherstellung oder auch ein Export (z.B. als *.ldf-Datei) gemacht werden.

Darüber hinaus gibt es die Möglichkeit, die gefundenen Objekte mit der Produktionsumgebung zu vergleichen (Home – Compare with Production). Anschließend können Sie auf das Wort »Status« klicken und die Liste sortieren, um z.B. gelöschte oder geänderte Einträge zu sehen. Hier können Sie auch direkt nach den

Unterschieden filtern, indem Sie die Schaltfläche »Show Changed Objects Only« anklicken.

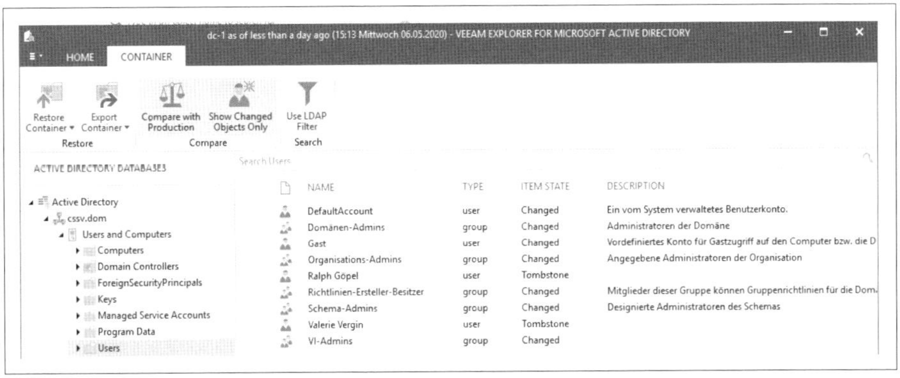

Abbildung 9-3: Vergleich der AD-Datenbank mit der Datensicherung

Haben Sie ein Objekt wiederhergestellt, so wird die Liste sofort aktualisiert. Wenn Sie Ihre Arbeiten abgeschlossen haben, können Sie das Fenster schließen. Veeam löst die Bindung zu der Sicherung und schließt den Explorer anschließend.

Einen kompletten DC wiederherstellen

Wenn Ihre Domäne mehrere Domänencontroller beherbergt, replizieren diese sich ständig. Bei jeder Änderung wird eine USN (Update Sequence Number) hochgezählt. Haben Sie bei dem Sicherungsjob von Veeam den Haken bei »application-aware processing« gesetzt und die dazugehörenden Optionen richtig konfiguriert, also z.B. den Anmeldenamen und das Passwort, so können Sie auch einen einzelnen DC ohne Probleme zurückspielen. Die Wiederherstellung geschieht damit vollautomatisch und benötigt keine weiteren Eingriffe des Benutzers. Der BS stellt den DC in einem »nicht autoritativen« Modus wieder her, und beim ersten Start wird der »Directory Services Restore Mode« (DSRM) geladen. Nach dem automatischen Neustart wird die VM im normalen Modus gestartet und kann sich mit den anderen DCs wieder replizieren.

Gibt es in Ihrer Umgebung nur einen Domänencontroller, so können Sie dieses Verfahren ebenfalls nutzen.

> Wenn die Zeitspanne zwischen der Sicherung und der Wiederherstellung zu groß ist, kann es passieren, dass die verbliebenen DCs den wiederhergestellten als unzuverlässig einstufen und ihn aus der Domäne »verbannen«. Überlegen Sie sich deshalb vor dem Zurückspielen, ob es nicht ggf. einfacher und besser ist, einen neuen Server aufzusetzen und diesen zu einem weiteren DC zu machen. Übrigens ist die maximale Zeit (Tombstone Lifetime) bei einem DC 180 Tage. Danach lässt auch Veeam keine Wiederherstellung mehr zu.

Eine komplette AD-Infrastruktur wiederherstellen

Sollten Sie eine komplette AD-Umgebung wiederherstellen müssen, so suchen Sie sich zunächst zwei DCs aus, um diese wie oben beschrieben zurückzuspielen. Achten Sie darauf, dass mindestens einer davon auch DNS-Server ist. Gehen Sie dabei wie folgt vor:

1. Nach dem ersten (automatischen) Neustart drücken Sie die Taste »F8«, um eine autoritative Wiederherstellung zu machen.
2. Melden Sie sich an, öffnen Sie eine Kommandozeile und geben Sie »ntdsutil« ein.
3. An dem Prompt geben Sie `authoritative restore` ein und drücken Enter.
4. Am Prompt `ntdsutil authoritative restore:` geben Sie `restore database` ein und drücken wieder Enter.
5. Wenn die Wiederherstellung komplett ist, klicken Sie auf die Schaltfläche »Yes« und anschließend »quit« und »Enter«.
6. Danach startet der Server neu.
7. Melden Sie sich anschließend am Server an und zwingen Sie ihn, für SYSVOL ebenfalls autoritativ zu sein. Informationen dazu finden Sie je nach Serverversion und Funktionsstufe der Domäne (FRS oder DFRS) bei Microsoft unter *https://technet.microsoft.com/en-us/library/cc816897(WS.10).aspx*.
8. Die anschließende Replikation zwischen den ersten beiden DCs erfolgt automatisch. Danach können Sie die anderen ohne weitere Bearbeitung folgen lassen.

Wenn Sie alle DCs sofort zurückspielen würden, kann eine funktionierende Replikation bis zu 30 Minuten dauern – und bis dahin ist das Active Directory nicht funktionstüchtig.

Exchange

Sie können den Veeam Explorer für Exchange benutzen, um jegliche Objekte aus einer erfolgreichen Sicherung oder Replizierung zurückzubekommen. Voraussetzung ist jedoch, dass der dazugehörige Sicherungsjob mit dem Häkchen bei »application-aware processing« versehen war und die dazugehörenden Optionen richtig konfiguriert waren, also z. B. der Anmeldename und das Passwort.

> Beachten Sie dabei, dass beim »application-aware processing« nicht die »SQL Logs truncating« abgestellt sein dürfen, weil sonst die Exchange Logs ebenfalls nicht gelöscht werden.

Um Objekte aus Exchange wiederherzustellen, gehen Sie wie folgt vor:

1. Klicken Sie unten links auf »Home« und suchen Sie in der Liste z.B. unter »Backups – Disk« nach dem gewünschten Backup- oder Replizierungsjob.
2. Klappen Sie den Ordner auf, um die darin befindlichen gesicherten VMs zu sehen, und klicken Sie die gewünschte an.
3. Über das Icon »Application Items« im Ribbon erreichen Sie ein Dropdown-Feld, aus dem Sie aus neun Einträgen dann »Microsoft Exchange« auswählen.
4. In dem folgenden Fenster können Sie den Wiederherstellungspunkt nach Datum und Typ (Increment oder Full) aussuchen.
5. Sie können auch hier eine Begründung für die Wiederherstellung eintragen. Nach einem Klick auf »Browse« wird das aktuelle Fenster geschlossen und der Veeam Explorer für Microsoft Exchange gestartet.

In dem dann folgenden Fenster wird bzw. werden zunächst die *.edb-Datenbank(en) angezeigt, die in der Sicherung gefunden wurden. Ähnlich wie auf einem Exchange Server zeigt der Explorer die Struktur an.

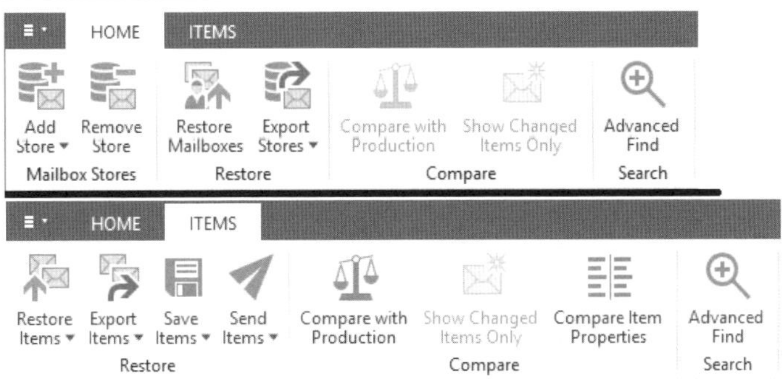

Abbildung 9-4: Veeam Explorer für Exchange

Je nachdem auf welches Objekt man in der Baumstruktur klickt und ob man »Home« oder »Items« anwählt, werden im Ribbon verschiedene Icons angezeigt, über die Aktionen ausgelöst werden können.

Bei großen Umgebungen kann man in der rechten Hälfte des Fensters den schmalen weißen Streifen benutzen, um nach Objekten zu suchen.

Je nach Objekt kann wiederum eine direkte Wiederherstellung oder auch ein Export (z.B. als *.pst-Datei) gemacht werden.

Des Weiteren gibt es die Möglichkeit, die gefundenen Objekte zu sichern oder auch zu verschicken. Was jeweils in dem Fenster auf der linken Seite angezeigt wird, hängt hier von den eingerichteten Objekten ab. Sind sehr viele Objekte enthalten, so kann auch hier wieder gefiltert werden, wie im folgenden Bild dargestellt.

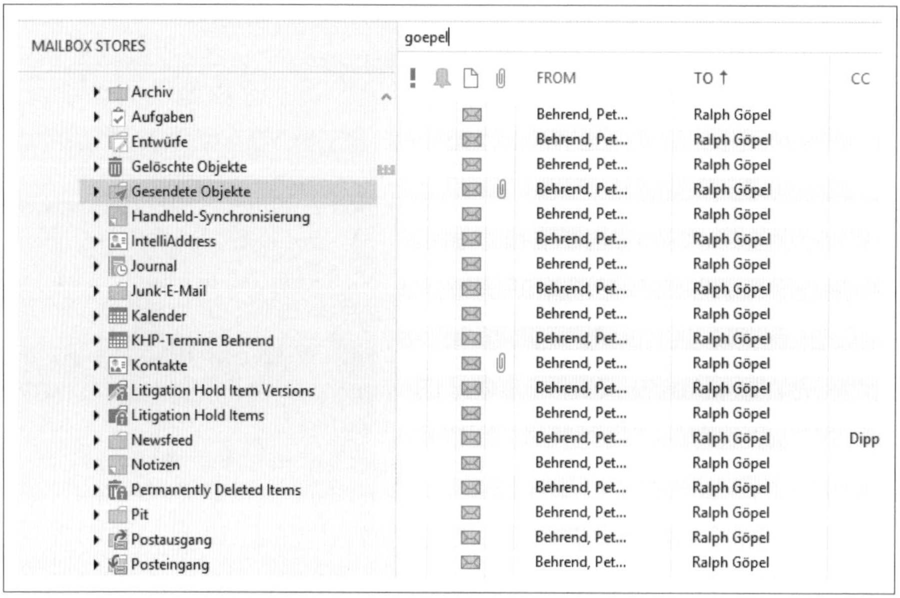

Abbildung 9-5: Auswahl der Objekte aus Exchange

Wenn Sie Ihre Arbeiten abgeschlossen haben, können Sie das Fenster schließen. Veeam löst die Bindung zu der Sicherung und schließt den Explorer anschließend.

Üblicherweise lassen sich die Objekte nicht direkt wieder in das gesicherte Postfach kopieren, weil dafür meist die Berechtigungen fehlen. Es gibt für MS Exchange einen speziellen User, den man dafür anlegen kann – das ist jedoch aus Datenschutzgründen in Deutschland nicht erlaubt.

MS SQL

Sie können den Veeam Explorer für Microsoft SQL benutzen, um jegliche Objekte aus einer erfolgreichen Sicherung oder Replizierung zurückzubekommen. Voraussetzung ist jedoch, dass der dazugehörige Sicherungsjob mit dem Häkchen bei »application-aware processing« versehen war und die dazugehörenden Optionen richtig konfiguriert waren, also z.B. der Anmeldename und das Passwort.

Um Objekte aus SQL wiederherzustellen, gehen Sie wie folgt vor:

1. Klicken Sie unten links auf »Home« und suchen Sie in der Liste z.B. unter »Backups – Disk« nach dem gewünschten Backup- oder Replizierungsjob.
2. Klappen Sie den Ordner auf, um die darin befindlichen gesicherten VMs zu sehen, und klicken Sie die gewünschte an.
3. Über das Icon »Application Items« auf der Symbolleiste erreichen Sie ein Dropdown-Feld, aus dem Sie aus neun Einträgen dann »Microsoft SQL Server« auswählen.

4. In dem folgenden Fenster können Sie den Wiederherstellungspunkt nach Datum und Typ (Increment oder Full) aussuchen.
5. Sie können auch hier eine Begründung für die Wiederherstellung eintragen. Nach einem Klick auf »Browse« wird das aktuelle Fenster geschlossen und der Veeam Explorer für Microsoft SQL Server gestartet.

In dem dann folgenden Fenster werden zunächst die ausgewählte VM und die darauf befindlichen Datenbanken angezeigt, die in der Sicherung gefunden wurden. Ähnlich wie auf einem SQL-Server zeigt der Explorer die Struktur an.

Je nachdem welches Objekt man in der Baumstruktur anklickt, werden im Ribbon verschiedene Icons angezeigt, über die Aktionen ausgelöst werden können.

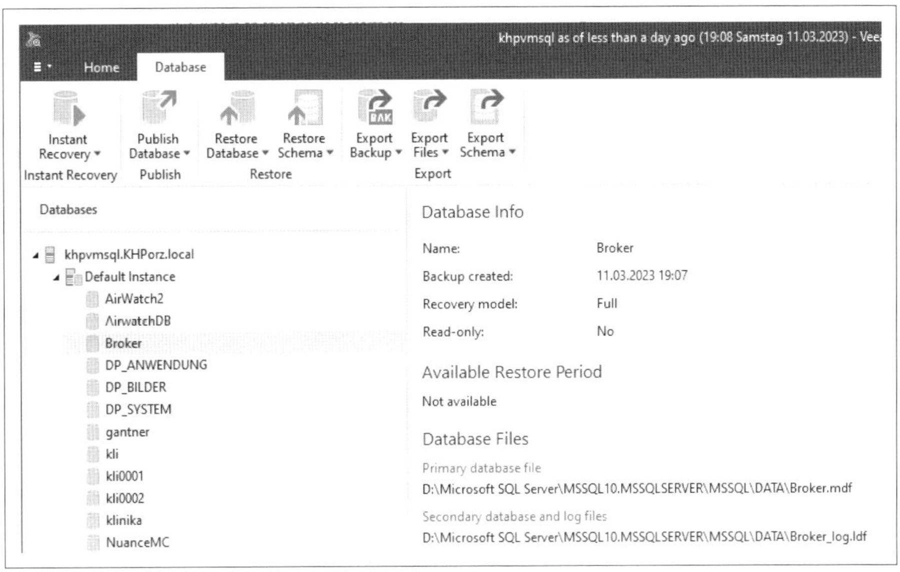

Abbildung 9-6: Veeam Explorer für MS SQL

Je nach Objekt kann wiederum eine direkte Wiederherstellung (Restore Database) oder auch ein Export (z.B. als *.mdf- und *.ldf-Datei) gemacht werden.

In dem Fenster auf der rechten Seite wird angezeigt, welche Daten sich hinter der jeweiligen Datenbank verbergen.

Wenn Sie Ihre Arbeiten abgeschlossen haben, können Sie das Fenster schließen. Veeam löst die Bindung zu der Sicherung und schließt den Explorer anschließend.

> Sollten Sie bei diesem Vorgang eine Meldung bekommen, dass der Staging SQL Server nicht konfiguriert ist, können Sie das jetzt nachholen. Dieser wird für einige Wiederherstellungsvorgänge benötigt. Sie können dafür auch den lokalen SQL-Server von Veeam benutzen.

Haben Sie die Transaktions-Logs ebenfalls gesichert, lässt sich der Zustand natürlich auch auf den letzten Zeitpunkt des Logs wiederherstellen.

Oracle

Sie können den Veeam Explorer für Oracle benutzen, um jegliche Objekte aus einer erfolgreichen Sicherung oder Replizierung zurückzubekommen. Voraussetzung ist jedoch, dass der dazugehörige Sicherungsjob mit dem Häkchen bei »application-aware image processing« versehen war und die dazugehörenden Optionen richtig konfiguriert waren, also z.B. der Anmeldename und das Passwort für den SYSDBA.

Um Objekte aus Oracle wiederherzustellen, gehen Sie wie oben bei Microsoft SQL beschrieben vor.

Haben Sie die Transaktions-Logs ebenfalls gesichert, lässt sich der Zustand natürlich auch auf den letzten Zeitpunkt des Logs wiederherstellen.

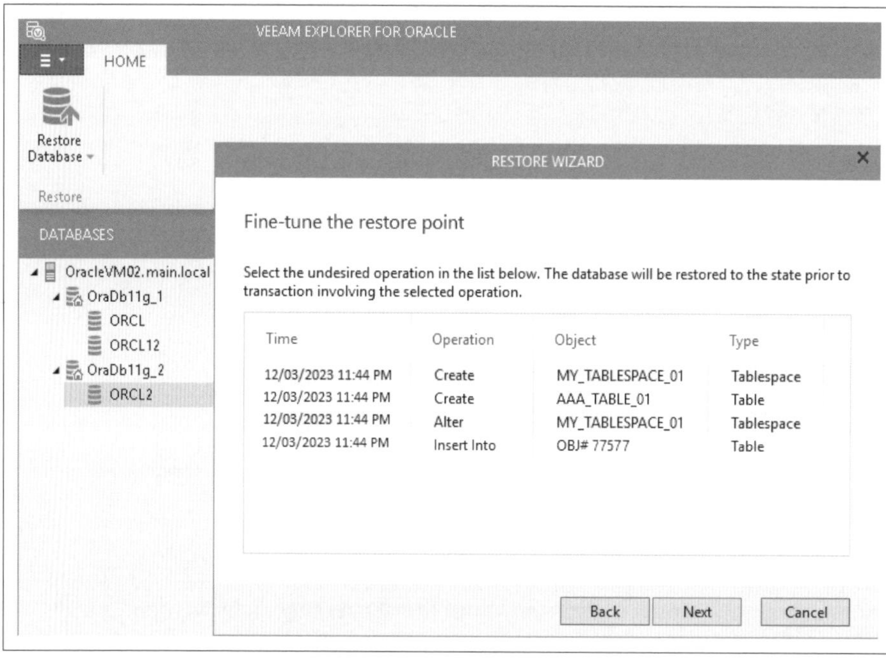

Abbildung 9-7: Veeam Explorer für Oracle

Der Explorer für Oracle unterstützt sowohl 32- als auch 64-Bit-Windows- und -Linux-VMs und die Versionen Oracle 11g Release2, 12c (Release 1 und 2), 18c, 19c und 21c. Er ist kompatibel mit dem Oracle Automatic Storage Management (ASM), jedoch werden zurzeit keine Real Application Clusters (RAC) unterstützt.

SQL-Datenbanken ausschließen

Wenn man beim Backup Job den Punkt »Application aware Processing« ausgewählt hat, werden alle Datenbanken von allen VMs in diesem Job gesichert. Möchte man hier eine Ausnahme generieren, so muss man wie folgt vorgehen:

1. Melden Sie sich an dem BS mit administrativen Rechten an.
2. Schließen Sie ggf. die B&R-Konsole.
3. Starten Sie Regedit.exe auf dem Server und navigieren Sie zu dem Key HKLM\Software\Veeam\Veeam Backup and Replication\.
4. Fügen Sie einen neuen Eintrag als DWORD-Wert (32-Bit) mit dem Wert »1« ein: »EnableDBExclusions«.
5. Beenden Sie Regedit.exe und öffnen Sie die Veeam-Konsole.
6. Aus dem Hauptmenü (die drei waagerechten Striche oben links) können Sie jetzt »Global Exclusions → Database Exclusions« und anschließend in dem Fenster »Add« auswählen.
7. Geben Sie den FQDN oder die IP-Adresse sowie den Instanznamen (hier bitte Groß- und Kleinschreibung beachten) an, den Sie von der Sicherung ausschließen wollen.

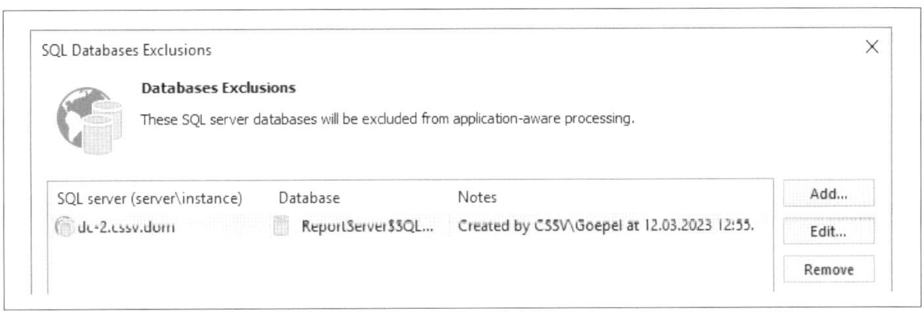

Abbildung 9-8: Ausnahmen von SQL-Instanzen

Bei der nächsten Sicherung wird diese Instanz ausgespart. Bei Oracle-Datenbanken funktioniert dieser Trick leider nicht.

Sollten Sie einen Fehler wie »SQL VSS Writer is missing. databases will be backed up in crash-consistent« bekommen, so kann dies unterschiedliche Ursachen haben:

- Der Name der Datenbank enthält ein Leerzeichen – dann bitte umbenennen (siehe dazu *http://msdn.microsoft.com/en-us/library/ms345378.aspx*).
- Der SQL VSS Writer hat nicht genug Berechtigungen – das kann im SQL Management Studio geändert werden.
- Bei einem Small Business Server, der ebenfalls DC ist, soll der Writer nicht mit lokalen Systemrechten, sondern mit Domain Administrator laufen.

- Der Writer-Dienst hat keine Berechtigung für VSS – schauen Sie in der Registry nach dem Wert unter HKEY_LOCAL_MACHINE\SYSTEM\CurrentControlSet\Services\VSS\VssAccessControl. Dort sollte ein DWORD-Eintrag »NT SERVICE\SQLWriter« mit dem Wert »1« stehen. Sollte der VSS-Dienst laufen, so machen Sie einen Neustart. Der Dienst selbst darf nicht auf »Disable« stehen.

SharePoint

Sie können den Veeam Explorer für SharePoint benutzen, um jegliche Objekte aus einer erfolgreichen Sicherung oder Replizierung zurückzubekommen. Dazu zählen die Webseiten, Dokumente, Bibliotheken und Listen. Voraussetzung ist jedoch, dass der dazugehörige Sicherungsjob mit dem Häkchen bei »application-aware processing« versehen war und die dazugehörenden Optionen richtig konfiguriert waren, also z. B. der Anmeldename und das Passwort.

Um Objekte aus SharePoint wiederherzustellen, gehen Sie vor wie bereits oben mehrfach besprochen.

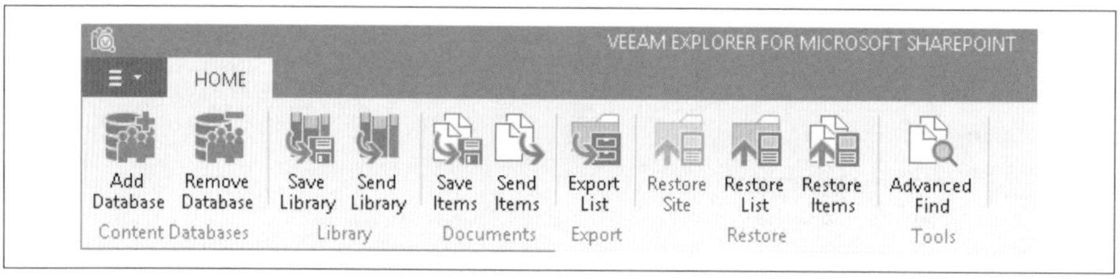

Abbildung 9-9: Veeam Explorer für SharePoint – Ribbon

In diesem Explorer-Fenster können Sie ebenfalls eine Volltextsuche nutzen, Elemente per Mail-Anhang versenden und sogar Berechtigungen wiederherstellen. Der Remote BLOB Storage (RBS) wird ebenfalls unterstützt.

Weitere Veeam Explorer

Da die Vorgehensweise bei allen Veeam Explorern ziemlich identisch ist, folgen hier aus Platzgründen keine weiteren Details.

MySQL und MariaDB

Bei Microsoft-Betriebssystemen wird das VSS (Volume Shadow Copy Service) eingesetzt, um ein konsistentes Backup zu bekommen. Bei Linux gibt es diese Funktion nicht, weshalb man hier anders vorgehen muss. Um MySQL- und MariaDB-Datenbanken unter Linux korrekt zu sichern, sollte man Shell-Skripte vor (Pre-Freeze) und nach (Post-Thaw) dem Backup einsetzen. Diese Skripte werden vom

BS zur Laufzeit auf die Linux-VM kopiert und über die VMware Tools gestartet, weshalb diese in der VM installiert sein und laufen müssen.

Da Windows das Zeilenende von Textdateien anders darstellt als Linux, muss hier ein Editor eingesetzt werden, der das berücksichtigt: Atom, Sublime Text, Notepad++ oder andere. Sie können die Dateien aber auch auf einem Linux-Rechner erstellen und auf den BS kopieren.

Diese Skripte müssen die Endung *.sh haben und werden zur Laufzeit auf die Linux-VM über den SSH-Port 22 kopiert – dieser muss also auch eingerichtet und offen sein. Alternativ kann dies über die installierten VMware Tools mittels VMware-VIX-Kommunikation passieren.

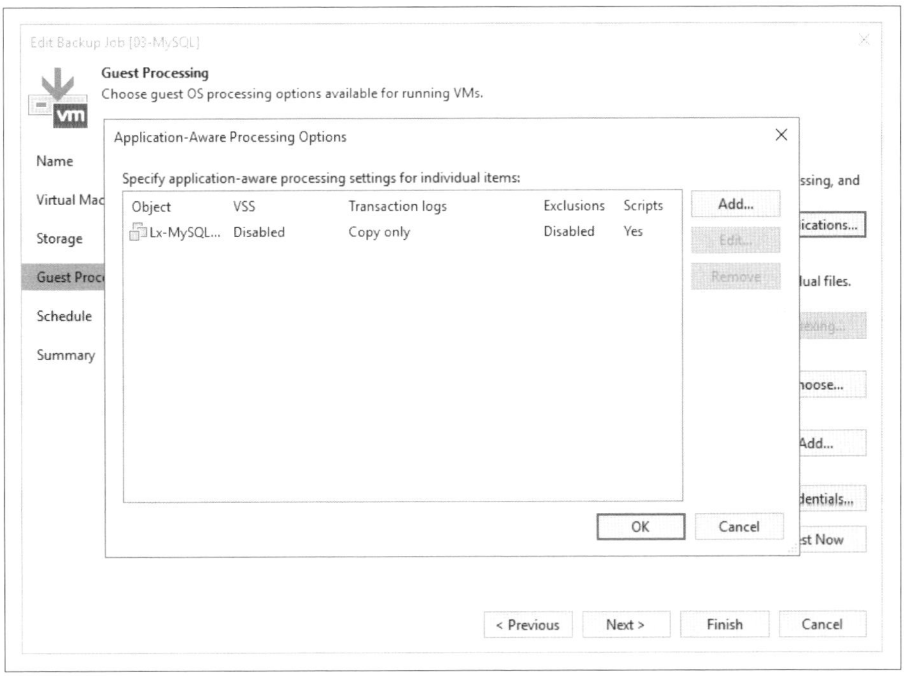

Abbildung 9-10: Zusätzliche Einstellungen zu Linux-Datenbanken

Natürlich müssen die Anmeldedaten bei dem Job (Credentials) für diese VMs hinterlegt werden, also wird bei diesem Job auch das Häkchen bei »Enable application-aware processing« gesetzt. Anschließend kann man unter »General« das VSS abschalten (Disable application processing) und für jede einzelne Maschine über die Schaltfläche »Edit« die Skripte angeben.

In den Skripten müssen die jeweiligen Befehle für die Anwendung stehen; diese müssen mit der Berechtigung für die Datenbank ausgeführt werden, oder man braucht Berechtigungen für Befehle bezüglich init.d oder systemctl. Eine weitere Möglichkeit ist, die Datenbank geregelt vor dem Backup herunterzufahren. Im Skript selbst muss man die berechtigten Benutzer mit –u *User* –p *Passwort* korrekt eintragen oder dem zugreifenden Benutzer über die MySQL-Konfigurationsdatei (üblicherweise */etc/my.cnf* oder */etc/mysql/debian.cnf*) Berechtigungen zu den MySQL-Befehlen zuweisen. Sollten die beiden oben genannten Dateien nicht existieren, so kann man einfach eine Vorlage unter */usr/share/mysql/my-*.cnf* dafür nutzen und die notwendigen User dort eintragen:

```
vi /etc/my.cnf
[client]
user     = User
password = Passwort
port     = 3306
socket   = /var/lib/mysql/mysql.sock
```

Zu der weiteren Vorgehensweise gibt es ein Whitepaper von Pascal Di Marco, welches man sich von der Veeam-Webseite herunterladen kann. Dort gibt es auch Beispielskripte für Pre-Freeze und Post-Thaw.

Dateinamen und -endungen

Auf dem Datensicherungsspeicher (Repository) können sich mehrere unterschiedliche Dateien mit unterschiedlichen Endungen befinden. In der untenstehenden Tabelle 9-1 sehen Sie die jeweilige Zuordnung:

Tabelle 9-1: Dateifunktionen und -endungen

Dateiendung	Funktion/Aufgabe
*.vbm	Backup Chain Metadata File
*.adb, *.edb	Exchange Explorer Database
*.bco	Backup Configuration
*.dit	Active Directory Explorer Database
*.ifd	Index File
*.lic	License File
*.mdf	SQL Explorer
*.vbk	Full Backup File
*.vblob	StoreBlobFile
*.vcache	Store Cache File
*.vdf	Backup Definition File
*.vib	Incremental Backup File
*.vindex	Store Index File
*.vlb	Backup Log-File
*.vom	Oracle Meta File
*.vrb	Reversed Incremental Backup File
*.vslice	Store Slice File

Tabelle 9-1: Dateifunktionen und -endungen (Fortsetzung)

Dateiendung	Funktion/Aufgabe
*.vsm	SQL Metadata File
*.vsource	Source Metadata File
*.vstore	Store Meta File

Der Dateiname eines Backup Files fängt üblicherweise mit dem Namen des Backup Jobs an, es folgen das Datum (D) und die Uhrzeit (T) der Sicherung, also z.B. »15-MedizintechnikD2023-03-12T234551.vrb«. Indexdateien liegen in einem speziellen Ordner unter *VBRCatalog\Index\Machines* und heißen z.B. *volume.e_.idf*.

Wenn der Ordnername und/oder die Dateinamen nicht mit dem Job-Namen übereinstimmen, wurden wohl Daten importiert oder der Name des Jobs wurde geändert. Es ist nicht notwendig, dies zu ändern – aber möglich:

1. Navigieren Sie zu »Backups – Disk« und klicken Sie mit der rechten Maustaste auf den Job-Namen.
2. Wählen Sie aus dem Kontextmenü den Eintrag »Remove from configuration«.
3. Benennen Sie den Ordner (nicht die darin enthaltenen Dateien) auf dem Repository nach Ihren Wünschen um.
4. Gehen Sie in der Veeam Console zu dem Repository und führen Sie einen Rescan aus.
5. Bearbeiten Sie den Backup Job oder Copy Job, indem Sie unter dem Punkt »Storage« auf den Link »Map backup« klicken.
6. Nach dem Klicken auf »Finish« wird unter »Backups – Disk« der neue Name eingetragen.

Leerzeichen und einige andere Sonderzeichen im Namen des Backup Jobs werden gegen Unterstriche bei Ordner- und Dateinamen ausgetauscht.

KAPITEL 10

Mit Replikaten arbeiten

Im Abschnitt »Replication Jobs« auf Seite 101 wurde erklärt, wie ein Replication Job erstellt wird. Das Wiederherstellen von Dateien, Objekten etc. läuft bei einem Replikat genauso ab wie bei einem Backup Job. Hier erkläre ich noch die Unterschiede und was man mit Replikaten alles anfangen kann.

Wenn Sie unter »Home – Replicas – Ready« im rechten Fenster auf den Namen einer replizierten VM klicken, bekommen Sie das in der Abbildung 10-1 dargestellte Ribbon.

Die Punkte »Guest Files« und »Application Items« entsprechen dem, was unter der allgemeinen Wiederherstellung oben erläutert wurde, die anderen Punkte werden im Folgenden beschrieben.

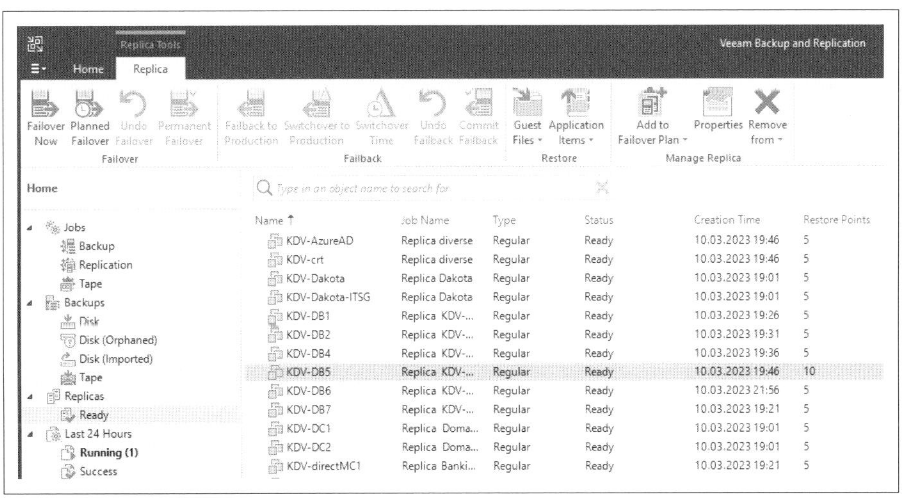

Abbildung 10-1: Auswahl bei der Wiederherstellung von Replikaten

Failover Now

Wenn eine virtuelle Maschine nicht mehr erreichbar oder fehlerhaft ist, kann ein vorher erzeugtes Replikat stattdessen in den produktiven Betrieb gehen. Das Resultat ist eine fast sofort verfügbare laufende Maschine, die die notwendigen Dienste und Aufgaben statt der fehlerhaften dann zur Verfügung stellt.

> Ein Failover ist ein Prozess, in dem die produktive VM auf dem Quell-Host gegen eine voll funktionstüchtige VM auf dem Ziel-Host getauscht wird. Dabei wird Veeam die Quell-VM nicht entfernen oder ausschalten!

Die notwendigen zwei Schritte, um das Replikat gegen die Originalmaschine zu tauschen, werden über den »VMware Failover Wizard« erledigt. Klicken Sie dazu unter »Home – Replicas – Ready« im rechten Fenster auf den Namen einer replizierten VM und anschließend über das Kontextmenü oder das Ribbon auf den Punkt »Failover Now …«. In dem folgenden Fenster »Virtual Machines« wählen Sie die gewünschte VM aus.

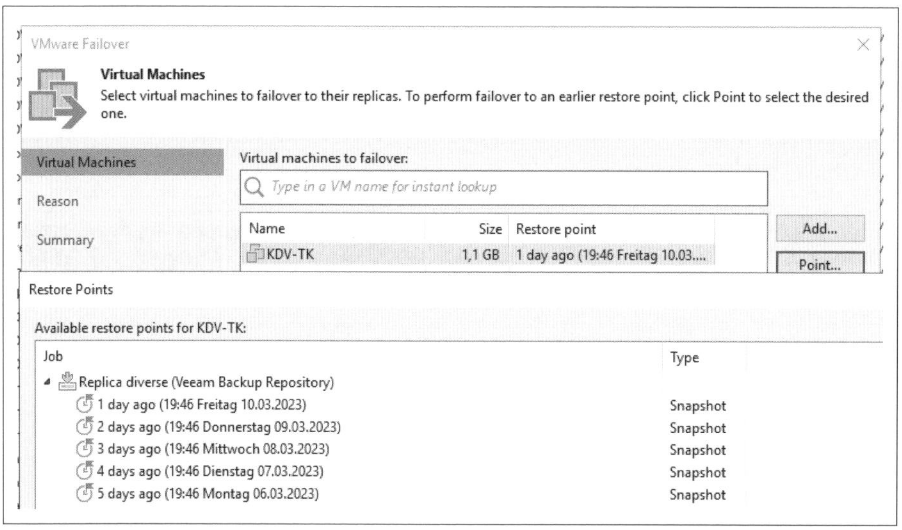

Abbildung 10-2: Der Assistent für das Failover

Anschließend können Sie über die Schaltfläche »Point« den Wiederherstellungszeitpunkt auswählen. Standardmäßig wird der letzte erfolgreiche Vorgang automatisch voreingestellt. Geben Sie bei Bedarf eine Begründung für das Failover-Szenario an und klicken Sie auf »Next«.

Auf der Seite »Summary« sehen Sie die Zusammenfassung, und wenn Sie auf die Schaltfläche »Finish« klicken, werden der Job und damit anschließend die Replikats-VM gestartet.

> Die replizierte VM sollte nicht manuell gestartet werden, weil sonst der eingerichtete Job hinterher nicht mehr funktioniert.

Der BS sucht anschließend den gewünschten Restore Point raus, also den dazugehörigen Snapshot, und schaltet das Replikat ein. Der Status des Replikats ändert sich von Normal zu Failover, und der Replikationsjob wird solange ausgesetzt. Alle anfallenden Daten des Replikats laufen in einen Snapshot; der Zustand sollte also nicht für längere Zeit laufen, sondern in einen permanenten Failover (dabei wird das Replikat zur produktiven VM und die vorherige produktive VM zum Replikat) übergehen oder rückgängig gemacht werden über »Failback to Production« bzw. »Undo Failover«.

Planned Failover

Für ein »Planned Failover« gibt es mehrere Gründe:

- Sie wissen, dass Ihre produktiven Maschinen ausfallen werden.
- Sie wollen eine Datacenter Migration durchführen.
- Es ist ein Software-Upgrade oder eine Wartung der produktiven Maschinen notwendig.

Um ein geplantes Failover auszulösen, können Sie unter »Home – Replicas – Ready« im rechten Fenster auf den Namen einer replizierten VM und anschließend über das Kontextmenü oder das Ribbon auf den Punkt »Planned Failover« klicken. Hier können weitere Maschinen hinzugefügt werden, aber es lässt sich kein Restore Point auswählen, es wird jeweils das aktuelle Replikat genommen. Geben Sie bei Bedarf eine Begründung für das Failover-Szenario an und klicken Sie auf »Next«.

Auf der Seite »Summary« sehen Sie die Zusammenfassung, und wenn Sie auf die Schaltfläche »Finish« klicken, werden der Job und anschließend die Replikats-VM gestartet.

Anschließend wird Veeam eine neue Replikation initiieren, um den aktuellen Zustand zu bekommen (deshalb wird vorher nicht nach dem Restore Point gefragt). Die produktive VM wird ausgeschaltet und es wird eine weitere inkrementelle Replikation durchgeführt, um einen 1:1-Status zu bekommen. Dann wird die VM zum Replikat, und die replizierte VM wird eingeschaltet. Auch dieser Zustand sollte nur für eine kurze Zeit existieren, dann sollte ein »Undoing Failover«, ein »Permanent Failover« oder ein »Failback« durchgeführt werden.

> Wenn mehrere VMs von diesem geplanten Failover betroffen sind, sollten Sie ggf. Proxys einsetzen, um den Vorgang zu beschleunigen, denn jede VM wird als separater Task ausgeführt.

Replica Failback

Wenn Sie mit Ihrer Produktions-VM weiterarbeiten wollen, können Sie ein Failback vom Replikat zu ihr durchführen, also zurückschalten. Veeam wird die Original-VM ausschalten, von ihr einen Snapshot machen, alle Unterschiede synchronisieren, das Replikat ausschalten, den Snapshot konsolidieren, und Sie fahren mit der Original-VM weiter.

Sollte die Originalmaschine nicht mehr zum Einsatz kommen können, so können Sie ein permanentes Failover einrichten, damit das Replikat zur produktiven VM wird. Klicken Sie dazu auf den Ordner »Replicas« und wählen Sie aus dem Kontextmenü oder dem Ribbon die Schaltfläche »Permanent Failover«.

Wenn der Vorgang abgeschlossen ist, wird die replizierte VM aus der Liste der Replikate gelöscht, damit keine Fehler damit passieren. Anschließend wird automatisch der Replikationsjob neu konfiguriert und die bisherige VM nicht mehr für eine neue Replikation genommen.

Denken Sie daran, ggf. einen neuen Job für die Sicherung oder Replikation der jetzt laufenden VM zu erstellen.

Replica-Metadaten verschieben

Wenn Sie für Ihre Metadaten ein neues Repository einrichten, können Sie alle auf dem vorherigen Storage befindlichen Ordner auf das neue kopieren. Danach müssen Sie den dazugehörigen Job bearbeiten und diesen auf das neue Laufwerk zeigen lassen. Nach einem erfolgreichen Test können Sie die alte Metadaten-Quelle löschen.

Die Ordner für diese Daten sind nach der MOREF ID der VM benannt, die mit einem Befehl unter der PowerShell-Erweiterung von Veeam aufgelistet werden können:

```
Get-VBRReplica | ForEach{$_.GetBackupReplicas() | select TargetVmName,TargetVmRef}
```

Beachten Sie hierbei, dass die Original-VM eine andere ID hat als das Replikat.

Beispielausgabe des Befehls:

```
TargetVmName    TargetVmRef
--------------------  ------------------
Win10-1_replica  26
```

KAPITEL 11
SureBackup

Um einzelne oder eine Gruppe (bei Abhängigkeiten) von VMs aus dem Backup zu überprüfen, kann die Technologie »SureBackup« ab der Enterprise Edition verwendet werden. Haben Sie nur die Standardlizenz, so nehmen Sie stattdessen die oben erwähnte Instant-VM-Recovery-Variante. Dabei spielt es keine Rolle, ob man dies aus einer Datensicherung oder einer Replikation heraus startet.

Beim SureBackup wird bzw. werden ähnlich wie beim Instant VM Recovery eine oder mehrere VMs aus dem Backup über NFS (nur bei VMware) oder als Datastore (nur bei Hyper-V) auf einem Host in einer isolierten Umgebung (bzw. Virtual Lab) gestartet und einige automatische Test ausgeführt. Es müssen also keine VMs komplett zurückgespielt werden, und Sie müssen sich nicht selbst um eine Trennung des Netzwerkes kümmern. Beachten Sie dabei, dass wenn die VMs über vPower auf einem Host gestartet werden, alle Einstellungen (auch die ID und die IP) identisch mit einer noch laufenden VM sind.

Zu diesen Tests zählen zunächst der Heartbeat der VMware Tools bzw. Hyper-V integration components, ein Ping-Test auf die IP-Adresse der VM(s) und bei speziellen Anwendungen, ob die Ports korrekt geöffnet wurden. Also bei Active Directory zum Beispiel, ob der Port 389 offen ist und auf Anfragen reagiert. Man kann ebenfalls eigene Skripte hinterlegen, um weitere Tests durchzuführen.

Des Weiteren werden bei dem Vorgang die Check-Summen der gesicherten Blöcke verifiziert, um die Korrektheit der Datensicherung festzustellen.

Verifizieren einer VM-Gruppe

Um einen SureBackup Job zu erstellen, gehen Sie wie folgt vor: Klicken Sie im linken unteren Teil des Fensters auf »Backup Infrastructure« und dann im linken oberen Teil auf »SureBackup«. In der rechten Hälfte des Fensters sehen Sie vier Einträge mit den dazugehörigen Beschreibungen, über die Sie auch den jeweiligen Assistenten starten können.

In dieser Schritt-für-Schritt-Anleitung erstellen wir zunächst eine Anwendungsgruppe (Application Group) und stellen diese anschließend in einem virtuellen Labor zur Verfügung:

A. Anwendungsgruppe

1. Klicken Sie unter »SureBackup« auf den Eintrag »Application Group« und dann in der Icon-Leiste auf »Add App Group«. Gegebenenfalls haben Sie hier die Auswahl zwischen VMware und Hyper-V.
2. Vergeben Sie einen Namen und optional eine Beschreibung. Klicken Sie anschließend auf Next.
3. Im nächsten Fenster fügen Sie aus dem Backup, einer Replikation oder aus Storage-Snapshots VMs hinzu. Achten Sie dabei auf die gewünschte Reihenfolge, da die aufgelisteten VMs von oben nach unten gestartet werden (ein DC sollte meistens als Erstes in die Liste aufgenommen werden). Kann eine VM aus der Liste nicht gestartet werden, wird der gesamte Job abgebrochen. Wir wählen hier »Add VM« und dann »From backups«, suchen uns einen Backup Job und einen Restore Point aus. Es können auch von unterschiedlichen Jobs VMs dazu genommen werden. Hat eine VM eine spezielle Aufgabe, so wie z.B. ein Domänencontroller, kann der Eintrag der VM ausgewählt und über die Schaltfläche »Edit« noch Rollen (hier DNS-Server, Domain Controller und ggf. Global Catalog) in dem Fenster »Verification Options« angeklickt werden. Auf den weiteren Kartenreitern sind noch Einzelheiten zum Arbeitsspeicher, zur Startzeit, zum Boot-Verhalten, zu Test-Skripten und Anmeldedaten einstellbar. Beachten Sie hierbei, dass die Tests jeweils vom BS und nicht von einem Proxy gemacht werden – es muss also eine Verbindung vom BS zu der VM gemacht werden können.
4. Im letzten Fenster sehen Sie eine Zusammenfassung, und wenn Sie auf »Finish« klicken, sehen Sie den Eintrag in der rechten Fensterhälfte.

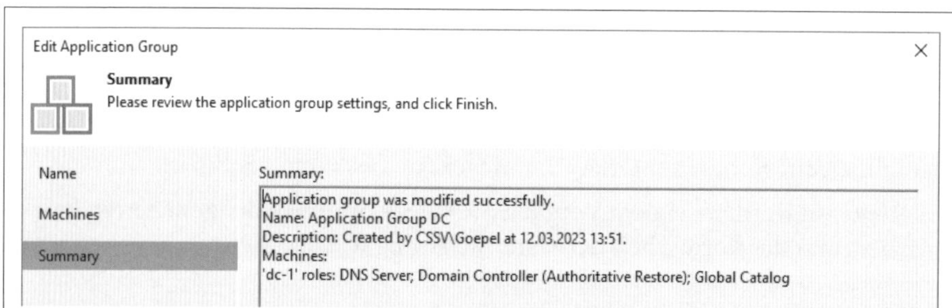

Abbildung 11-1: Zusammenfassung der Anwendungsgruppe

B. Virtuelles Labor

Als Nächstes brauchen wir ein »Virtual Lab«, das uns die abgeschottete Umgebung mit einem zusätzlichen vSwitch und einer NAT-Appliance zur Verfügung stellt.

1. Um ein neues Lab zu erstellen, klicken Sie unter »SureBackup« auf »Virtual Labs« und dann in der Icon-Leiste auf »Add Virtual Lab«. Gegebenenfalls haben Sie hier die Auswahl zwischen VMware und Hyper-V.

2. Vergeben Sie einen Namen und optional eine Beschreibung. Klicken Sie anschließend auf »Next«.
3. Suchen Sie sich über die Schaltfläche »Choose …« einen Host aus (mehrere Hosts werden nur unterstützt, wenn verteilte Switche im Einsatz sind). Ist die Validierung abgeschlossen, werden die Anzahl der gesamten und eingeschalteten VMs sowie ein Ordner und ein Ressourcenpool angezeigt, die man aber auch noch über die Schaltfläche »Configure« ändern kann.
4. Im nächsten Fenster können Sie einen passenden Festplattenplatz als Schreib-Cache auswählen (optional).
5. Nachdem Sie auf »Next« geklickt haben, wird ein Proxy angeboten. Dieser ist eine Appliance, die zusätzlich zwischen dem echten und dem Labornetz gesetzt wird, um Zugriff auch z.B. zum Internet zu gewähren (Häkchen dann nicht vergessen). Dieser Proxy hat zwei Netzwerkkarten, eine im Labornetz, die andere im Produktions-LAN, sodass der Backup-Server die VMs übers Netzwerk erreichen und die ausgewahlten Tests durchführen kann.

Achten Sie bei der Appliance darauf, dass diese im Labornetz die IP des Standardgateways des produktiven Netzes benötigt, da sonst der BS keinen Zugriff auf die im Lab gestarteten VMs bekommt. Das NAT- oder Masquerading-Subnetz kann beliebig gewählt werden, der BS ergänzt damit automatisch seine Routing-Tabelle.

Beispielhaft ist dies in der Abbildung 11-2 gezeigt. Hier hat der Domänencontroller die IP 172.16.20.10, der Exchange Server die 15 und das Standardgateway die IP 172.16.20.254. Werden diese VMs aus dem Backup gestartet, haben sie dieselben IP-Einstellungen, erwarten also das GW in dem Labornetz ebenfalls unter der IP 172.16.20.254. Damit der Backup-Server (BS) in das Labornetz kommt und die eingestellten Tests (Skripte) durchführen kann, trägt er sich die andere Schnittstelle der Proxy-Appliance (hier die 10.1.1.1) als zusätzliches Gateway ein.

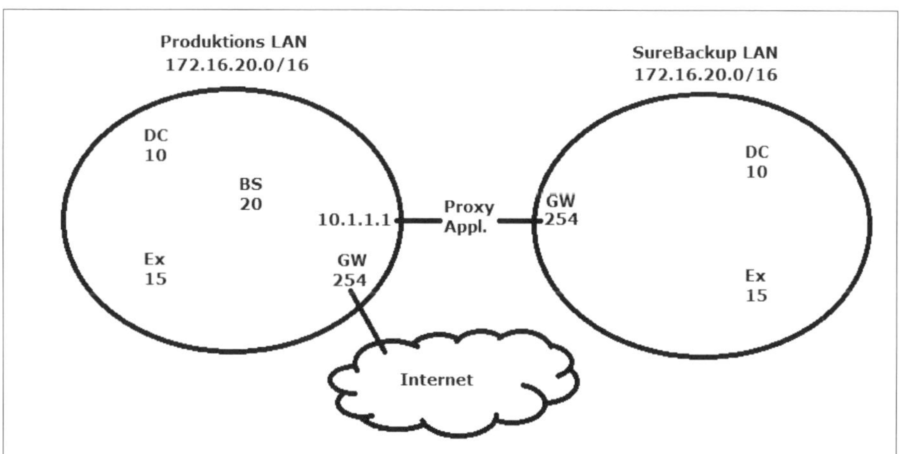

Abbildung 11-2: Netzwerkstruktur beim SureBackup

1. Weitere Netzwerkeinstellungen bekommt man auf der nächsten Seite. Wählen Sie eine der drei Möglichkeiten aus. Haben Sie sich für einen der beiden Advanced-Kreise entschieden, können zusätzliche Netzwerkeinstellungen manuell vorgenommen werden. Ich wähle in diesem Beispiel »Advanced single-host«. Klicken Sie auf »Next«.
2. Im Fenster »Isolated Networks« achten Sie auf die richtigen Portgruppen und VLANs für die Appliance.
3. Unter »Network Settings« muss jetzt die IP-Adresse des produktiven Standardgateways der Appliance eingetragen werden, in unserem Beispiel also die IP 172.16.20.254. Überlegen Sie, ob DHCP von der Appliance gemacht werden soll.
4. Wenn andere Maschinen aus dem Produktions-LAN die Laborumgebung erreichen sollen, müssen Sie ein »Static Mapping« konfigurieren – sonst nicht.
5. Auf der vorletzten Seite bekommen Sie alle gemachten Einstellungen angezeigt, und im letzten Fenster wird der Job zum Erstellen des Virtual Labs direkt gestartet. Ist alles fertig, wird auf dem ausgewählten Host ein neuer Netzwerk-Switch erstellt und die virtuelle Appliance registriert.

C. Kommen wir zum dritten Schritt: den SureBackup Job erstellen

1. Klicken Sie im linken oberen Teil wieder auf »SureBackup« und dann im rechten Teil des Fensters auf »Add SureBackup Job«; ggf. direkt den Link »VMWARE« oder »HYPER-V« anklicken. Vergeben Sie einen Namen und ggf. eine Beschreibung. Klicken Sie auf »Next«.
2. Wählen Sie im nächsten Fenster das erstellte Virtual Lab und im übernächsten Fenster die Application Group aus. Wenn der Job beendet ist, werden die VMs ausgeschaltet und weggeräumt. Möchten Sie das nicht, können Sie unten noch ein Häkchen setzen, um die Maschinen eigeschaltet zu lassen.
3. Im nächsten Fenster könnte noch ein weiterer Backup Job zum Testen hinzugefügt werden – darauf verzichten wir bei diesem Beispiel aber.
4. Im fünften Fenster hat man die Möglichkeit, sich eine E-Mail oder/und einen SNMP-Trap schicken zu lassen – sinnvoll, wenn man die Zeit für das Sure-Backup nachts oder am Wochenende plant. Außerdem kann man hier das Häkchen für Check-Summen der gesicherten Blöcke und einen Malware-Scan setzen.
5. Im vorletzten Fenster kann man – ähnlich wie beim Backup Job – Zeiten und Wiederholungen planen. Und im letzten Fenster setzen wir das Häkchen bei »Run the job when I click Finish«.

Unter dem Menüeintrag »Home« sehen wir im Bereich »Last 24 Hours – Running« den SureBackup Job als »laufend« mit dem prozentualen Status. Im Cluster wurde ein zusätzlicher Ressourcenpool für das Lab erstellt. Auf dem ausgewählten Host wurde ein neuer vSwitch erstellt, der NFS Datastore mit der ausgewählten VM gemountet und anschließend wurden die ausgewählten VMs inklusive der Appliance dort gestartet.

Sollte bei einer Maschine ein Fehler auftauchen, so wird der Job beendet. Andernfalls kann man sich den Vorgang und das Ergebnis über einen Klick auf »Statistics« oder auf »Report« im Browser anzeigen lassen. Dabei werden als Tabelle für jede VM die Start- und Endzeit sowie die durchgeführten Tests mit Ergebnis aufgelistet.

Ist der Test zur Zufriedenheit abgeschlossen, so reicht es, wenn Sie das Fenster über Close schließen und im Ribbon auf »Stop« klicken, dann räumt Veeam (fast) alles wieder weg. Den Abschluss des Vorgangs können Sie wieder unter »Statistics« einsehen.

War es nicht erfolgreich, so können Sie jederzeit die gemachten Eingaben unter »Backup Infrastructure – SureBackup« ändern und nochmals den Job starten.

Natürlich kann ein SureBackup Job auch mit Replikaten ausgeführt werden. Wählen Sie dazu im Fenster der Application Group bei den »Linked Jobs« einfach den Replica Job aus.

Denken Sie daran, dass

- ein Windows-Rechner ggf. eine neue Netzwerkumgebung erkennt und die Firewall einschaltet oder das Netzwerk von Domäne bzw. Arbeitsplatz auf öffentlich umstellt.
- in dem virtuellen Lab kein DHCP-Server existiert, es sein denn, der mitgestartete DC macht dies.
- bei älteren vSphere-Versionen ggf. die MAC-Adresse der VMs im Lab geändert wird, was sowohl für Linux als auch für Windows Netzwerkprobleme mit sich bringt.
- die Proxy Appliance möglichst im selben Subnetz wie der BS gehalten werden sollte. Andernfalls müssten ggf. zusätzliche Routing-Einträge gemacht werden.
- das virtuelle Lab nach Beendigung in der Umgebung erhalten bleibt. Beim manuellen Löschen kann man das Häkchen im Konsolenfenster setzen, damit auch die Appliance und der vSwitch gelöscht werden.

Die vordefinierten Regeln liegen als XML-Dateien auf dem BS unter »\Program Files\Veeam\Backup and Replication\Backup\SbRoles«. Diese können verwendet werden, um eigene Regeln zu erstellen. Siehe dazu auch *https://helpcenter.veeam.com/docs/backup/vsphere/creating_xml_files.html?ver=100*

SureReplica

Mit SureReplica (zurzeit nur unter VMware) können Sie – wie oben bei SureBackup erklärt – jeden Wiederherstellungspunkt in jedem Replikat automatisch überprüfen lassen. Dabei startet SureReplica eine oder mehrere VMs in einem isolierten Virtual Lab und führt für jede Anwendung definierte Skripte aus.

Eigentlich handelt es sich hier auch um einen SureBackup Job, nur dass keine gesicherte VM, sondern ein oder mehrere Replicas ausgewählt werden.

KAPITEL 12

Enterprise Manager

Der Veeam Backup & Replication Enterprise Manager (EM) ist eine optionale Komponente, die man auf einem physischen oder virtuellen Windows-Rechner installieren kann. Das Tool, welches man über einen Browser ansteuert, lässt sich auch auf einen Backup-Server oder Proxy installieren. Meistens wird das Programm eingesetzt, wenn man mehrere Backup & Replication Server hat, da man hierüber alle Jobs sehen und konfigurieren sowie den Status einsehen kann und einen Report über alle B&R-Server bekommt. Mit dem EM kann man auch Dateien von einem Gastbetriebssystem in allen aktuellen und archivierten Backups suchen – über die gesamte Backup-Infrastruktur – und diese mit einem Klick wiederherstellen. Diese Komponente hat unter anderem einen Dienst, der den Index von VM-OS-Dateien von allen B&R-Servern holt, diese konsolidiert und in einen eigenen Katalog speichert. Aus diesem Katalog kann er sehr schnell die gewünschte Datei finden.

Installation

Die Komponenten für die Installation des EM befinden sich auf dem ISO, welches auch für die Installation des B&R-Servers genutzt wurde. Ab Windows 2012 kann man mit der rechten Maustaste draufklicken und »bereitstellen« wählen. Anschließend kann über die Datei setup.exe die Installation gestartet werden.

Wählt man einen bereits bestehenden Backup-Server, so wird die vorhandene Lizenz erkannt und muss nicht nochmals angegeben werden. Die Features, die man bei manueller Auswahl hat, sind natürlich zum einen der EM (aktiv) und zum anderen ein »Cloud Connect Portal for Service Provider« (standardmäßig nicht aktiv), welches Nutzern einer weiteren Site die Möglichkeit gibt, ein vollständiges Failover zu initiieren. Die notwendigen Voraussetzungen werden überprüft und ggf. automatisch nachinstalliert.

Der Dienst des EM kann mit lokalen Rechten oder mit denen eines Users laufen. Hier sollte man nur einen Unterschied machen, wenn der Rechner, auf dem die Installation stattfindet, nicht Mitglied einer Domäne ist.

Die Informationen des EM werden in einer Datenbank (VeeamBackupReporting) hinterlegt. Hat man eine kleine Umgebung, kann hierfür auch der lokale SQL-Server von Veeam (SQL-Express) oder besser der neue PostgreSQL-Server genutzt werden.

Auf der nächsten Seite werden die notwendigen Netzwerk-Ports, das benötigte Zertifikat und ggf. eine sichere Verbindung über TLS 1.2 abgefragt.

Ist die Installation erfolgreich durchgelaufen, so hat man auf dem Desktop ein zusätzliches Symbol für den Enterprise Manager, über das man die Webseite für diesen auf dem Port 9443 (*https://Servername:9443/*) aufrufen kann, und ein Icon für »Veeam Self Service File Restore«, mit dem Dateien wiederhergestellt werden können. Leider sind die lokalen Anmeldedaten (Windows Session Authentication) beim Aufruf der Webseite nicht nutzbar, sodass man sich erneut authentifizieren muss. Klickt man bei dem Aufruf der Seite das Kästchen bei »Remain signed in« an, so sollen die Anmeldedaten gespeichert werden – was jedoch nicht immer funktioniert.

Konfiguration des Enterprise Managers

Nachdem die Oberfläche im Browser geöffnet wurde, sollte man sich zunächst um die erste Konfiguration kümmern. Klicken Sie dazu oben rechts auf »Configuration«. Hier sollte man zunächst den oder die Backup-Server über die Schaltfläche »Add« hinzufügen, auch wenn die Installation auf so einem Server stattgefunden hat. Möchte man mehrere Backup-Server hinzufügen, muss man den Vorgang jeweils wiederholen und immer die Anmeldedaten des Backup-Servers angeben, da diese nicht als Auswahl zur Verfügung stehen – im Gegensatz zum Backup-Server, bei dem man diese aus einer Drop-Box auswählen kann. Backup-Proxys, Repositories und Ähnliches werden hier nicht angegeben.

Hat man den oder die Backup-Server hinzugefügt, sammelt der EM zunächst Informationen über die Backup und Replication Jobs, die man sich ein paar Minuten später unter »Dashboard« für die letzten 24 Stunden oder auch sieben Tage ansehen kann.

Der vCenter Server wird meist automatisch erkannt, wenn man den oder die Backup-Server hinzugefügt hat (Hyper-V gehört noch nicht dazu). Hier gibt es die Möglichkeit, für den Web- und den HTML5-Client ein Plug-in zu installieren. Klicken Sie dafür zunächst auf den vCenter Server und dann auf die Schaltfläche »Check version ...«, geben Sie die Anmeldeinformationen an und warten Sie, bis der »Plug-in Status« von »Pending ...« auf »Not installed« wechselt.

Sollten Sie sich nicht anmelden können, überprüfen Sie, ob die letzten Updates installiert wurden. Anschließend können Sie auf den Button »Install« klicken, damit auf dem vCenter Server die Informationen zu Veeam B&R sichtbar werden. Nach einer kurzen Zeit sollte der Status des Plug-ins auf »Installed« wechseln und in der nächsten Spalte die Versionsnummer anzeigen.

Haben Sie sich direkt an dem vCenter Server mit genügend Berechtigungen angemeldet, so finden Sie beim Browser-Client unter »Home« das Icon für Veeam Backup & Replication. Hierüber erhalten Sie eine Übersicht über den Status der Backups und Replikationen und können auch über einen neuen Eintrag im Kontextmenü eine VM über Veeam Zip sichern. Auf dem aktuellen HTML5-Client ist das Plug-in zunächst nicht sichtbar, dafür müssen Sie die Seite aktualisieren oder sich erneut anmelden, dann finden Sie es über die Schaltfläche »Menü« im Dropdown-Feld. Sollte dies nicht so sein, melden Sie sich am VMware Appliance Management (*https://vcsa:5480*) an und starten Sie den Dienst vSphere-Client neu.

Hilft das ebenfalls nicht, so navigieren Sie beim EM zu »Konfiguration → Rollen« und fügen eine neue Rolle mit Kontotyp »vSphere Rolle«, vSphere Rolle »Administrator« und Rolle »Portal-Administrator« ein. Aktualisieren Sie Ihren Browser beim vCenter Server.

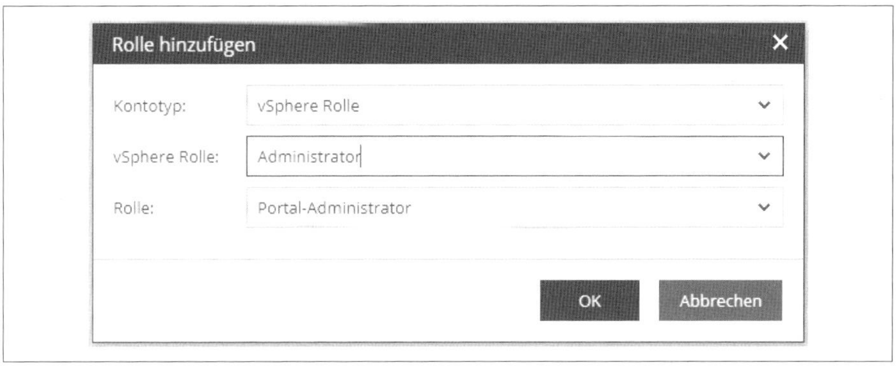

Abbildung 12-1: Plug-in-Rolle für den vCenter Server

Die Links »View protected VMs report«, »View latest Backup Job status report« und »View Capacity Planning for Backup Repositories« leiten jeweils auf eine Informationsseite zu Veeam One weiter. Das Programm Veeam One ist ein Reporting-Tool, das in der Availability Suite enthalten ist und auch separat erworben werden kann.

Self-Service

Über den Self-Service kann der Backup-Administrator die Vorgänge für das VM-Backup und die Wiederherstellung an andere Benutzer delegieren, wenn diese in vSphere Berechtigungen an den jeweiligen VMs haben. Dazu zählt die Wiederherstellung von Dateien, Festplatten, Objekten etc. auch ohne administrativen Account (siehe auch »Veeam Self-Service File Restore« und »Veeam Self-Service Backup« auf Seite 175).

Sitzungen

An dieser Stelle erhält man eine Auflistung über die eingesammelten Informationen der oder des Backup-Server(s). Die Daten werden üblicherweise alle 15 Minuten geholt und in die Datenbank des EM gespeichert und können hinterher über das Dashboard angesehen werden.

Das Intervall lässt sich nicht direkt an dieser Stelle ändern, sondern an dem ersten Eintrag auf der linken Spalte bei »Backup Servers«. Klicken Sie den gewünschten BS an und wählen Sie aus der Menüleiste »Schedule« aus. Hier kann der Zeitraum in Minuten und Stunden gewählt und es kann auch auf die manuelle Methode gewechselt werden. In der Session-Liste können Sie auf den jeweiligen blauen Link (z. B. Success) klicken, um weitere Details zu dem Eintrag zu bekommen. Diese Liste lässt sich auch in eine XLSX-Datei exportieren.

Rollen

Um sich am EM anmelden und damit arbeiten zu können, müssen Berechtigungen für User oder Gruppen eingetragen sein. Unter »Rollen« können sehr granular Berechtigungen nach Bedarf für Personen eingetragen werden. Es ist zum Beispiel möglich, Berechtigungen zur Wiederherstellung von Dateien zu delegieren, ohne den Inhalt der Dateien sehen zu können.

Drei Rollen sind hier vorgegeben und können auch nicht ergänzt werden:

- Portal Administrator: Die Berechtigung wird anfangs standardmäßig für die in der lokalen Administratorengruppe aufgeführten Benutzer vergeben sowie für den Benutzer, der Veeam installiert hat. Über diese Rolle bekommt man Zugriff auf alle verfügbaren Operationen und Registerkarten der Oberfläche.
- Portal User: Zugriff auf Rechner aus dem Wiederherstellungsbereich auf den Registerkarten »Machines« und »Files«, ermöglicht ein »Quick Backup« für Rechner aus dem Wiederherstellungsbereich auf der Registerkarte »Machines«, Wiederherstellungsvorgänge gemäß den Delegationseinstellungen durchführen und Informationen über alle Backup-Server und Backup-Aufträge auf den Registerkarten »Dashboard«, »Reports« und »Jobs« anzeigen.
- Restore Operator: Zugriff auf Maschinen aus dem Wiederherstellungsbereich auf den Registerkarten »Machines« und »Files« und Wiederherstellungsvorgänge gemäß den Delegationseinstellungen durchführen.

Auf die Konfiguration des EM können die Mitglieder der letzten beiden Rollen nicht zugreifen. Damit Benutzer oder Gruppen aus dem AD ausgesucht werden können, muss der EM-Dienst die notwendigen Berechtigungen dafür haben. Ist der Rechner, auf dem der EM installiert ist, Mitglied der Domäne und der Dienst läuft als »Lokales Systemkonto«, gibt es keine Probleme.

Einstellungen

Einige grundsätzliche Sicherheitseinstellungen für den EM können hier auf insgesamt sechs Registerkarten festgelegt werden:

- Katalog durchsuchen: Einstellungen über die Aktualisierungsrate des Kataloges und der Indexe
- Schlüssel-Management: Das Konzept, die Begriffe und Verfahren der Datenver- und -entschlüsselung habe ich schon ausführlich beschrieben. Als Teil des Prozesses helfen Ihnen die EM-Schlüssel bei der Wiederherstellung verschlüsselter Daten im Falle eines verlorenen oder vergessenen Passworts, das zur Verschlüsselung verwendet wurde. Während der Installation von Enterprise Manager erzeugt das Setup automatisch einen neuen Schlüsselsatz, der einen öffentlichen Enterprise-Manager-Schlüssel und einen privaten Enterprise-Manager-Schlüssel enthält. Siehe dazu auch »Verschlüsseltes Backup ohne Passwort wiederherstellen« auf Seite 177.
- SAML-Authentifizierung: Organisationen, die einen Single-Sign-On-Service in ihrer IT-Infrastruktur verwenden, können Benutzern den Zugriff auf den EM ohne Angabe eines Kennworts ermöglichen. Dazu muss der EM-Administrator SAML-Authentifizierungseinstellungen (Security Assertion Markup Language) konfigurieren. Dafür kann auch der EM selbst benutzt werden, indem er den »Identity Provider« darstellt. Die Anmeldung erfolgt anschließend über das Zertifikat.
- AD-Konfiguration: Hier kann ein administrativer AD-User hinterlegt werden, der die notwendigen Berechtigungen im Active Directory und Exchange hat, um Objekte aus den Postfächern direkt wiederherzustellen.
- Diagrammeinstellungen: Bei Bedarf können Sie das Erscheinungsbild der Diagramme in der Hauptansicht (Dashboard) von Veeam Backup Enterprise Manager anpassen. Standardmäßig wird das unter dem gewählten Kontrollkästchen »Show backup window« angegebene Zeitintervall im Aktivitätsdiagramm hervorgehoben und das Intervall ist von 20:00 Uhr abends bis 8:00 Uhr morgens. Sie können das hervorgehobene Intervall so ändern, dass es mit Ihrem geplanten Sicherungsfenster korreliert, indem Sie die Start- und Stoppzeit bearbeiten. Wenn Sie das Sicherungsfenster in der Grafik nicht markieren möchten, deaktivieren Sie das Kontrollkästchen »Show backup window«.
- Sitzungshistorie: ermöglicht die Konfiguration von Aufbewahrungseinstellungen für die Indexdateien (Guest file system catalog) sowie für die Ereignishistorie (Event history). Hier gibt es einen Unterschied bei der Lizenz: Nur bei Enterprise und höher werden die Daten für die Indexe auch für archivierte Backups behalten.

Lizenzierung

Hier können Informationen über eingetragene Lizenzen angesehen und neue Lizenzen für alle beteiligten Backup-Server eingetragen werden. Der EM sammelt Informationen über die Art der Lizenz, die auf den angeschlossenen BS installiert sind, sowie über die Anzahl der Instanzen in der Lizenz. Wenn der EM Datenbanken von Backup-Servern repliziert, synchronisiert er auch die Lizenzdaten (das heißt, er prüft, ob die auf dem BS installierte Lizenz mit der auf dem EM-Server installierten Lizenz übereinstimmt). Stimmen die Lizenzen nicht überein, wird die Lizenz auf dem Backup-Server automatisch mit der Lizenz auf dem Enterprise-Manager-Server aktualisiert. Sie können hier nicht die Lizenzen von Cloud- und lokalen BS gleichzeitig einspielen, sondern benötigen dafür unterschiedliche EM. Weitere Details zu Lizenzen habe ich im Abschnitt »Lizenzierung« in Kapitel 1 bereits aufgeführt.

Benachrichtigungen

Um Benachrichtigungen vom EM zu bekommen, kann bei diesem Menüpunkt auf sechs Registerkarten das Notwendige eingestellt werden:

- Server-Einstellungen: Hier kann ein Mail-Server mit allen notwendigen Angaben eingetragen werden, damit der EM Benachrichtigungen als Zusammenfassung versenden kann.
- Zusammenfassung der Jobs: Um eine tägliche Zusammenfassung zu erhalten, können diese Felder ausgefüllt werden. Im Feld »Subject« wird bzw. werden eine oder mehrere Zahlen von 1 bis 6 eingetragen. Bei einem Klick auf das weiße »i« im blauen Kreis erfolgt eine Erklärung über die jeweiligen Zahlen. Ein Beispiel könnte folgender Eintrag sein: Fehler: %1, Warnungen: %2, Erfolg: %3. Die Parameter mit Prozent werden dabei automatisch aufgelöst und übermittelt.
- Lab-Anfragen: Sie können hier konfigurieren, dass Benachrichtigungs-E-Mails über Anfragen aus dem virtuellen Labor verschickt werden, die von Anwendern erstellt wurden, die Wiederherstellungen auf Objektebene der Universalanwendung (universal application item restore, U-AIR) durchführen müssen.
- Wiederherstellungsoperationen: Werden Dateien wiederhergestellt (File Level Restore), so kann auch hier eine Nachricht vom EM aus versendet werden.
- Lizenzinformationen: Je nach installierter Lizenz (siehe den Abschnitt »Lizenzierung«) kann eine Benachrichtigung über das Ende des Support-Vertrages oder die Nutzung der Instanzen gesendet werden.
- Schlüsselmanagement: Alle Vorgänge bezüglich der Verschlüsselung können ebenfalls per Mail verschickt werden.

Über

Hierüber bekommt man eine Anzeige über die Version des EM, des Katalogdienstes, der Softwareschnittstelle RESTful API und die URLs für den EM sowie das Self-Service-Portal.

Menü des Enterprise Managers

Die neun Menüeinträge des EM und was man damit anfangen kann, möchte ich im Folgenden kurz erklären:

Dashboard

Die Übersichtsseite, die bei jedem Start der Oberfläche als Erstes angezeigt wird, liefert eine Zusammenfassung über die wichtigsten statistischen Daten und lässt sich für die letzten 24 Stunden oder die letzte Woche umschalten. Alle blauen Zahlen und Texte sind Links, die zu einer Registerkarte im Menü verzweigen.

Berichte

Auf der Seite »Berichte« kann man detailliertere Informationen über den oder die BS und die gelaufenen Jobs anzeigen lassen. Klickt man unter »All Servers« einen Server an, so werden in einem neuen Bericht Daten zu den Jobs dieses Servers angezeigt. Klickt man hier auf einen Job-Namen, so wird ein weiterer Report erzeugt, der Näheres zu diesem Eintrag bietet. Über die Einträge in der Spalte »Status« wird eine neue Seite mit weiteren Details angezeigt.

Alle angezeigten Reports (bis auf den letzten) können über das X neben dem Namen wieder geschlossen werden. Nach einer Neuanmeldung bekommt man hier den Eintrag »All Servers« wieder zu sehen, egal ob man diesen Bericht vorher geschlossen hatte.

Jobs

Alle auf dem BS erstellten Aufgaben werden auf dieser Seite wie im BS selbst aufgelistet. Auch hier kann wieder alles in Blau Geschriebene angeklickt werden, dieses verzweigt wiederum zu einem Job oder Status auf die Registerkarte »Reports«.

Richtlinien

An dieser Stelle werden die CDP Policies von allen verbundenen Backup-Servern angezeigt. Über die Spalte »Status« können noch weitere Details angezeigt werden.

Dateifreigaben

Um Informationen über die von Backup-Aufträgen verarbeiteten Dateifreigaben anzuzeigen, öffnen Sie diese Registerkarte. Jeder Eintrag in der Liste enthält die folgenden Daten: Name der Dateifreigabe, Pfad zur Sicherungsdatei, Anzahl der Wiederherstellungspunkte, Sicherungsserver, auf den sich der Auftrag bezieht, Auftragsname und Status des letzten Durchlaufs. Auch hier bekommt man zusätzliche Informationen, indem man auf einen Namen der Dateifreigabe oder einen Wiederherstellungspunkt klickt.

Maschinen

Alle gesicherten Maschinen, egal ob physisch oder virtuell, werden in dieser Liste aufgeführt. Auch wenn Sie einen Ordner oder einen Ressourcenpool für die Sicherung nutzen, bekommen Sie alle VMs einzeln angezeigt. Jeder Eintrag in der Liste enthält die folgenden Daten: Rechnername, Pfad zur Sicherungsdatei, Anzahl der Wiederherstellungspunkte, Sicherungsserver, auf den sich der Auftrag bezieht, Auftragsname und Status des letzten Auftragsdurchlaufs. Auch hier kann über die blauen Links wieder auf einen Report verzweigt werden.

Hierüber lässt sich leicht feststellen, ob eine VM in mehreren Jobs gleichzeitig gesichert wurde oder ob es veraltete Sicherungen gibt. Außerdem kann die komplette Liste in das Excel-Format exportiert werden, um es in diesem Programm weiter zu analysieren.

Dateien

Nach der Katalogreplikation können Sie jedes Rechner-Backup nach OS-Gastdateien durchsuchen. Beachten Sie, dass Sie mit der Datei-Browsing-Funktionalität Dateien im ausgewählten Rechner-Backup nur an einem bestimmten Wiederherstellungspunkt nach Daten durchsuchen können. Das genaue Vorgehen wird im Abschnitt »Gastdateien suchen und wiederherstellen« auf Seite 173 Schritt für Schritt erklärt.

Elemente

Der EM unterstützt die Wiederherstellung auf Objektebene aus anwendungsbezogenen (application-aware) Backups, die mit einem BS erstellt wurden. Das kann z. B. bei der Wiederherstellung von Mitarbeitern des Help Desk sowie anderen autorisierten Personen hilfreich sein, die keinen Zugriff auf den BS selbst haben. Die entsprechende Vorgehensweise wird in »Microsoft Exchange Items« auf Seite 174 am Beispiel von Microsoft Exchange beschrieben.

Anfragen

Auf dieser Registerkarte können Sie Anfragen für virtuelle Labore erstellen, genehmigen und ablehnen sowie die Laufzeit von virtuellen Laboren, die Teil des U-AIR-Prozesses sind, verlängern. Über den Eintrag »Erstellen« kann ein neuer Prozess erstellt werden, ähnlich wie bereits in Kapitel 11 zu »SureBackup« erklärt.

Gastdateien suchen und wiederherstellen

Der Veeam Backup Enterprise Manager erlaubt das Suchen von Dateien von Linux- und Windows-Betriebssystemen aus den katalogisierten Backups. Bei dem Backup Job muss dafür das Indexieren (Guest File System Indexing) aktiviert worden sein.

Vorgehensweise:

1. Klicken Sie im EM auf der Hauptseite auf die Registerkarte »Dateien«.
2. Geben Sie im Feld »Suche nach Backups von:« den Namen der gesicherten VM ein, bei der das Indizieren aktiv war/ist, oder klicken Sie auf den blauen Link »Aus Liste auswählen ...«, um eine Liste aller gesicherten VMs zu bekommen und dort eine auszuwählen. Sie können auch alle Sicherungen durchsuchen lassen, indem Sie kein Objekt auswählen.

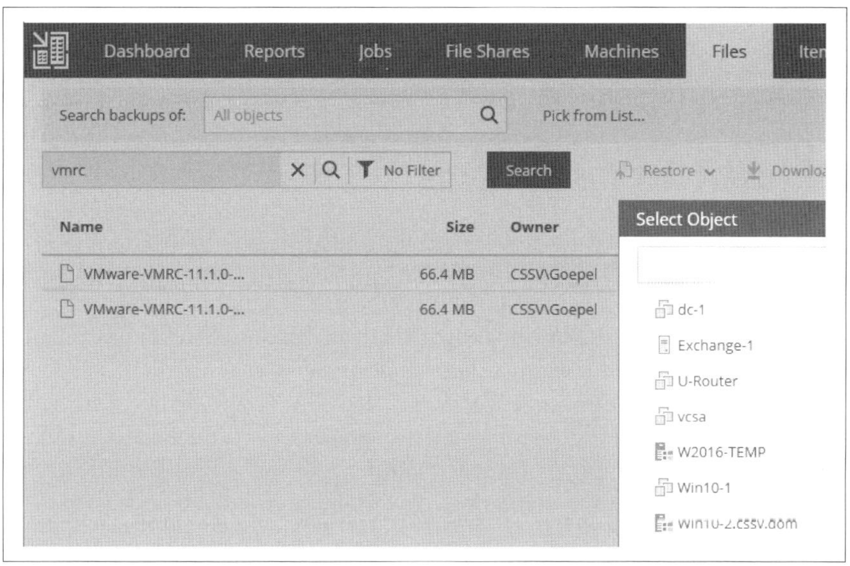

Abbildung 12-2: Auswahl einer VM

3. Wählen Sie oben links im Datumsfeld eine Datensicherung (Restore Point) für die gewünschte Datei aus. In der Spalte »Änderungsdatum« sehen Sie das Datum und die Uhrzeit der Erstellung der Datei.
4. Klicken Sie auf die Datei und wählen Sie über die Icon-Leiste z.B. »Restore – Overwrite« aus, um die Datei am Originalort zu überschreiben bzw. wiederherzustellen.

Eine Wiederherstellung von SQL- und Oracle-Datenbanken sowie von Objekten aus Exchange-Sicherungen ist ebenfalls mit dem EM möglich.

Auf der Registerkarte »Jobs« können Sie vorhandene Jobs bearbeiten (Edit ...), ein Full Backup starten (Active Full), einen Job aktivieren oder deaktivieren (Disable), einen Job mit allen Einstellungen klonen (Clone) und einen Job löschen (Delete), wie in Abbildung 12-3 gezeigt.

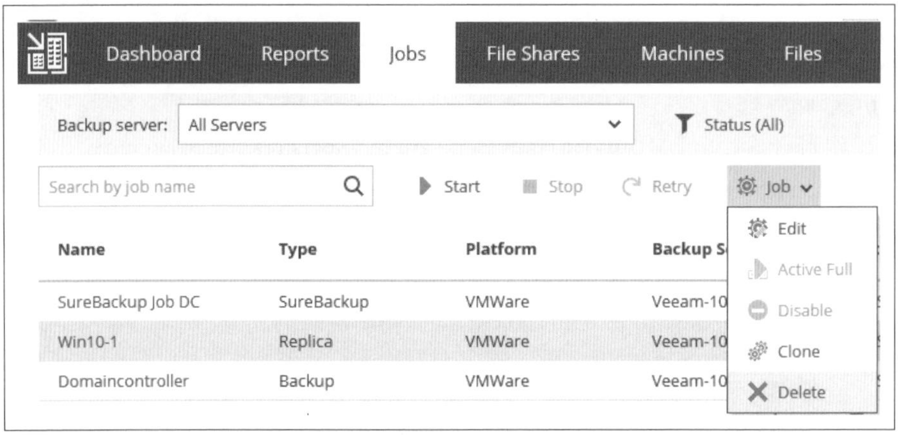

Abbildung 12-3: Auswahl für Jobs

Microsoft Exchange Items

Dem Wiederherstellungspersonal kann die Fähigkeit übertragen werden, die notwendigen Microsoft-Exchange-Elemente (E-Mails, Aufgaben, Kalender) aus den Sicherungen der Microsoft-Exchange-Serverrechner wiederherzustellen. Dazu muss der Wiederhersteller die Berechtigung in der jeweiligen Rolle unter »Konfiguration« bekommen haben. Der EM muss dafür in derselben Gesamtstruktur des Active Directorys sein wie der Exchange Server, und bei dem zugrunde liegenden Job muss das »application-aware processing« korrekt eingestellt worden sein. Diese Funktionalität steht in der Enterprise Edition und der Enterprise Plus Edition von Veeam Backup & Replication zur Verfügung.

Vorgehensweise:

1. Klicken Sie auf der Registerkarte »Elemente« auf den Eintrag »Mailbox-Elemente« und geben Sie im Feld »Benutzer« den Benutzernamen ein, für den eine Wiederherstellung erfolgen soll. Über das Lupen-Symbol können Einträge aus dem AD gesucht werden. Falls eine Fehlermeldung erscheint, überprüfen Sie, ob unter »Konfiguration – Einstellungen – AD-Konfiguration« ein administrativer User eingetragen wurde.
2. Wählen Sie aus dem Feld »Konten« den passenden Eintrag aus. Nach einer kurzen Zeit erscheint im Feld »Restore point« ein Wiederherstellungspunkt,

und Sie können über einen Klick auf das Tabellen-Symbol einen älteren Eintrag auswählen.

3. Setzen Sie nun ein Häkchen bei »Mail«, »Calendar« und/oder »Contacts«. Über das vierte Kästchen »Only restore missing items ...« kann aus einem Dropdown-Feld noch ein Zeitraum für verlorene Objekte eingestellt werden.
4. Sobald eines der ersten drei Kästchen ausgewählt wurde, kann über die Schaltfläche »Restore« die Wiederherstellung gestartet werden. Das Wiederherstellen geht nur direkt wieder zurück in die Produktionsmaschine und kann nicht abgebrochen werden.
5. Der blaue Link »Historie« zeigt die letzten Wiederherstellungsprozesse für Exchange, MS-SQL und Oracle an.

Veeam Self-Service File Restore

Hat man den EM installiert und die Enterprise-Lizenz oder höher eingetragen, so kann man die Wiederherstellung von Dateien auch an andere Benutzer delegieren und ihnen den Webzugriff über den Self-Service zur Verfügung stellen. Um einzelne Dateien zurückzuholen, muss natürlich das Indexing (Enable guest file system indexing) bei der Sicherung der VM eingeschaltet gewesen sein. Von einem entfernten Rechner aus erreichen Sie das Portal über die Adresse *https://>Name oder IP des EM<:9443/selfrestore*, auf dem EM selbst über das Icon auf dem Desktop. Anschließend meldet man sich mit dem Account an, der Berechtigungen zum Wiederherstellen der Dateien hat.

Standardmäßig werden hier nur die Maschinen angezeigt, bei denen im Job das Indizieren angeklickt wurde. Über das Tabellen-Symbol kann ein anderer als der letzte Wiederherstellungspunkt ausgewahlt werden, und mit einem Klick auf »Mount« wird dieser zur Verfügung gestellt. Ähnlich wie im Windows Explorer werden die Laufwerke mit deren Inhalt präsentiert. Um eine spezielle Datei im Backup zu suchen, kann die Suchfunktion mit und ohne Platzhalter genutzt werden. Hat man das Gewünschte gefunden, so kann die Wiederherstellung an denselben oder einen anderen Ort erfolgen.

Veeam Self-Service Backup

Außer dem Wiederherstellen von Dateien kann man auch ein Backup von bestimmten Maschinen an Benutzer delegieren. Dafür wird im EM zunächst die Berechtigung gesetzt und anschließend kann der User selbstständig seine VMs sichern und wiederherstellen.

Beispiel: Sie haben unter VMware vSphere für bestimmte Benutzer eine Rolle mit Berechtigungen für VMs erstellt und diese sollen selbstständig auf einem festgelegten Repository die Sicherungen für ihre Maschinen durchführen.

Vorgehensweise:

1. Navigieren Sie im EM zu »Konfiguration – Self-Service«.
2. Klicken Sie auf den Link »Delegationsmodus«, wählen Sie »vSphere Rolle« und suchen Sie die vorher erstellte Rolle raus.
3. Klicken Sie auf die Schaltfläche »Hinzufügen«, wählen Sie als Typ »Group« oder »User« aus und geben Sie bei »Konto« den Namen ein.
4. Suchen Sie sich aus dem Dropdown-Feld das passende Repository aus und vergeben Sie bei Bedarf Größenbeschränkungen (Quota).
5. In dem Feld »Job-Planung« kann einer von vier Einträgen ausgesucht werden; in diesem Beispiel wähle ich »Erlauben: vollen Zugang«.
6. Wählen Sie im nächsten Feld noch die Priorität aus.
7. Unter dem Link »Show Erweiterte Job-Einstellungen« können von einem bereits bestehenden Job die Einstellungen übernommen werden. Klicken Sie auf »Speichern«, um den Eintrag zu erstellen.

Der Benutzer kann nun über den Browser auf die Adresse *https://>Name oder IP des EM<:9443/backup* zugreifen und nur für die VMs einen Job erstellen, auf denen er Berechtigungen hat, wie in der folgenden Abbildung 12-4 gezeigt.

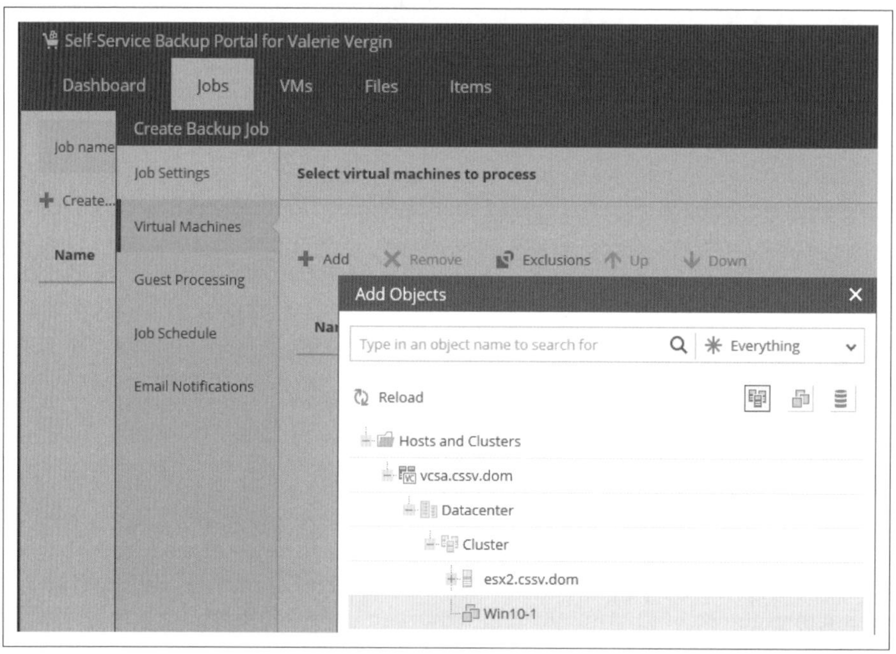

Abbildung 12-4: Self-Service Backup

Verschlüsseltes Backup ohne Passwort wiederherstellen

Sie können verschlüsselte Backups erstellen, die mit einem Passwort geschützt sind. Wenn Sie Daten aus diesem Backup benötigen, brauchen Sie auf demselben Server kein Passwort anzugeben, da es hier hinterlegt ist. Wenn Sie verschlüsselte Sicherungen von einem anderen Backup-Server importieren, werden Sie für den Zugriff auf die Daten aufgefordert, das gesetzte Passwort anzugeben.

Haben Sie das Passwort nicht, so können Sie mit der Datensicherung üblicherweise nichts anfangen. Veeam Backup & Replication ermöglicht den Zugriff auch dann, wenn Sie das Passwort vergessen haben, der Benutzer, der das Kennwort weiß, das Unternehmen verlassen hat, oder Ähnliches.

Um Daten ohne Passwort zu entschlüsseln, müssen folgende Voraussetzungen erfüllt sein:

- Der Backup-Server, der die verschlüsselten Daten geschrieben hat, und der Server, der sie entschlüsseln soll, müssen am EM angeschlossen sein.
- Der BS und der EM müssen die Lizenz Enterprise oder Enterprise Plus installiert haben.

Für diesen Fall gibt es ein zusätzliches Master-Passwort (Enterprise Manager Key), welches automatisch bei der Entschlüsselung verwendet wird. Der Enterprise Manager Key besteht aus zwei Komponenten: dem öffentlichen und dem privaten Schlüssel. Mit dem öffentlichen Schlüssel, der auf allen Backup-Servern liegt, werden die Backups verschlüsselt, während der private Schlüssel nur auf dem EM residiert. Der private Schlüssel kann dann für die Entschlüsselung über einen Assistenten genutzt werden, wenn das Passwort selbst nicht verfügbar ist.

Vorgehensweise:

1. Hat man Zugriff auf das verschlüsselte Backup, so kann man es auf einem B&R-Server unter der Registerkarte »Home« importieren, anschließend erscheint es unter »Backups > Disk (imported)«.
2. Ist das importierte Backup verschlüsselt, so wird dieses in einer Warnmeldung angezeigt und es erscheint daraufhin unter »Backups > Disk (encrypted)«.
3. Klicken Sie dann mit der rechten Maustaste auf die importierten Daten und wählen Sie aus dem Kontextmenü »Specify password«. In dem folgenden Fenster klicken Sie auf den Link »I have lost the password«, danach wird der Assistent (Encryption Key Restore wizard) zum Entschlüsseln gestartet und zeigt unter »Request Message« den Schlüssel an.
4. Klicken Sie jetzt auf die Schaltfläche »Copy to clipboard«, um den Inhalt in die Zwischenablage zu kopieren.
5. Loggen Sie sich jetzt am Enterprise Manager an und wählen Sie oben rechts den Eintrag »Konfiguration«.

6. In dem dann folgenden Fenster wählen Sie den Eintrag »KEY MANAGEMENT« und anschließend »Password Recovery ...«.
7. In dem Abschnitt namens »Challenge Request« kopieren Sie den Inhalt aus der Zwischenablage ein (Paste).
8. Folgen Sie dem Assistenten weiter bis zum Ende und kopieren Sie den dann angezeigten Text wieder in die Zwischenablage.
9. Gehen Sie zurück zur Backup-Konsole zum »Encryption Key Restore wizard« und klicken Sie auf »Next«.
10. Folgen Sie dem Assistenten weiter bis zum Ende und kopieren Sie dann aus der Zwischenablage den Text in das Fenster namens »Response«.
11. Klicken Sie auf »Next« und dann auf »Finish«.

Veeam B&R wird die importierten, verschlüsselten Daten jetzt entschlüsseln und anschließend unter »Disk (imported)« auflisten. Jetzt können Sie damit wie bereits oben beschrieben weiter verfahren.

KAPITEL 13

Bandsicherung

Veeam unterstützt in seiner Konsole auch direkte Backups auf Bandlaufwerke. In den meisten Firmen wird diese Form von Datensicherung immer noch praktiziert, wenn es um eine Langzeitarchivierung und das 3-2-1-Prinzip geht: 3 Kopien, 2 Arten von Medien, 1 nicht lokal gehaltenes Backup.

Auf den Tapes können sowohl Full Backups wie auch inkrementelle gesichert und einige der bereits oben erwähnten Einstellungen vorgenommen werden. Tape-Archive, die außer Haus gelagert werden, benötigen natürlich eine sehr lange Wiederherstellungszeit – das sollte auf jeden Fall nicht außer Acht gelassen werden.

Die direkte Wiederherstellung von auf Band gesicherten VMs in die virtuelle Infrastruktur ist nun möglich (ohne »Staging«, also ohne zuerst auf eine Platte zurückzuspielen), auch das Wiederherstellen mehrerer virtueller Festplatten und Einstellungen bezüglich der Ablauffrist von Sicherungen, also wann ein Band wieder überschrieben werden darf.

Geräte und Anschlüsse

Zu den unterstützten Geräten gehören alle LTO (Linear Tape-Open) der dritten (LTO3) Generation und alle neueren als einzelnes Laufwerk und auch als Tape-Libraries, dazu auch VTL (Virtual Tape Libraries). Veeam nutzt das Microsoft Tape Format (MTF), das als Industriestandard gilt; WORM (Write Once Read Multiple) Tapes werden aber nicht unterstützt. Seit der Version 12 können als Tapeserver auch Linux-Betriebssysteme eingesetzt werden.

Als Anschluss kann für die Laufwerke Fibre Channel (FC, auch als Fabric), Serial Attached SCSI (SAS), SCSI und für eine Remote-Verbindung iSCSI genutzt werden. Als Treiber wird der vom Betriebssystem installierte genommen. Achten Sie darauf, dass es sich hierbei um einen OEM-Treiber (Original Equipment Manufacturer) handeln muss. Kann das Betriebssystem ein Wechsellaufwerk nicht erkennen, z.B. weil es keinen Windows-Treiber dafür gibt, wird dieses Laufwerk trotzdem häufig von Veeam über native SCSI-Kommandos unterstützt. Klicken Sie dazu unter »Libraries« auf den Eintrag und anschließend auf »Properties«. In dem folgenden Fenster können Sie das Häkchen setzen.

> Nur Wechsellaufwerke können native SCSI-Kommandos nutzen.

Achten Sie bei dem Treiber auf den Hinweis, dass mehrere Zugriffe gleichzeitig gemacht werden können (bei IBM TS3100 oder 3200 Tape Libraries z.B. die Datei »install_nonexclusive.exe«).

> VMware unterstützt keine Bandlaufwerke, die direkt an einen ESXi-Host angeschlossen sind, deshalb sollte man es auch nicht für Datensicherungen über Veeam nutzen. Ein Laufwerk darf immer nur zu einem BS gehören, kann aber von einem auf einen weiteren übertragen werden. Die Jobs müssen neu angelegt oder ebenfalls kopiert bzw. verschoben werden.

Tape-Umgebung einrichten

Zunächst muss der Tape-Server zur Infrastruktur hinzugefügt werden, um Backups und Wiederherstellungen durchführen zu können. Ist das Laufwerk direkt am Backup-Server angeschlossen, muss dieser natürlich nicht nochmals hinzugefügt werden. Er erkennt die Bandlaufwerke und kann auf diese, die Bänder und ggf. die Slots zugreifen.

Ist das Laufwerk bzw. sind die Laufwerke an einem anderen Rechner angeschlossen, so muss dieser als Tape-Server in die Bestandsliste aufgenommen werden. Bei diesem Vorgang installiert der Backup-Server automatisch den Data-Mover-Dienst auf dem Computer und stellt so eine Verbindung von der Datensicherung zum Tape her. Als Tape-Server kann ein physischer oder virtueller Windows- oder Linux-Server herhalten. Beim Hinzufügen können auch »Traffic Rules« für das Verschlüsseln und die Netzwerkbandbreite eingegeben werden. Im letzten Fenster kann das Einlesen aller Medien durch das Setzen eines Häkchens erfolgen.

Klicken Sie im linken unteren Teil des Konsolenfensters auf »Tape Infrastructure«, dann sehen Sie oben Details zu »Media Pools«, »Tape Servers«, »NDMP Server« und »Libraries«. Hier können Sie einen weiteren Bandlaufwerksserver hinzufügen, einen Tape Job anlegen oder auch Dateien vom Tape wiederherstellen. Es ist auch möglich, hier eine komplette VM vom Tape direkt auf den Produktions-Storage zu schieben. Falls Sie ein NAS haben, welches das NDMP (Network Data Management Protocol) unterstützt, so können Sie von dort Daten direkt auf Band schreiben.

In der Datenbank des Backup-Servers werden anschließend Informationen zu allen archivierten Daten und registrierten Tapes gespeichert. Das heißt, dass die Informationen zu Dateien und Ordnern auch zur Verfügung stehen, wenn das Tape selbst nicht eingelegt ist.

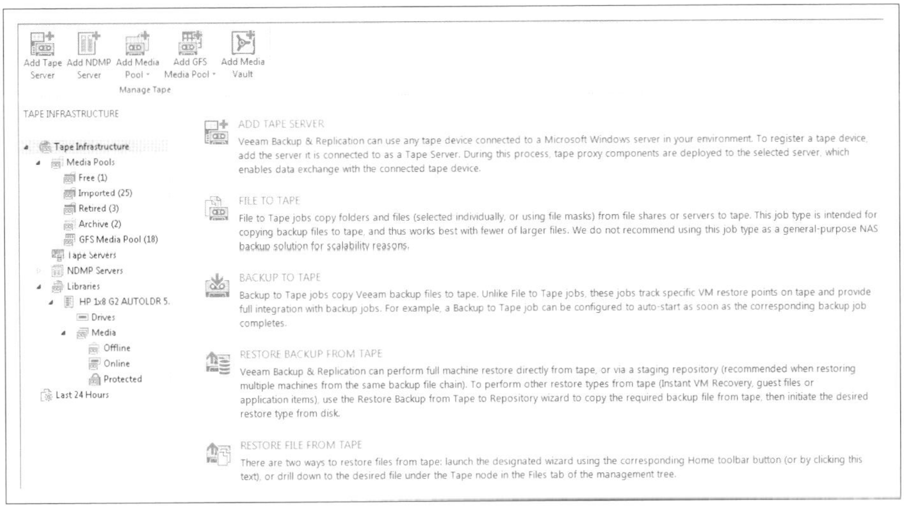

Abbildung 13-1: Infrastruktur der Bandlaufwerke

Wollen Sie Daten von einem Band wiederherstellen, fordert Sie Veeam dazu auf, ein ganz bestimmtes Band einzulegen – falls noch nicht geschehen.

Bei einem alleinstehenden Bandlaufwerk müssen Sie auf die Größe der Blöcke (65536) achten. Über das Kontextmenü auf dem Laufwerk gehen Sie in die Eigenschaften (Properties) und wählen Sie aus dem Pulldown-Menü den Wert 65536 aus. Bei allen anderen Laufwerken nimmt der Server den eingestellten oder höchstmöglichen Wert oder, bei unterschiedlichen Werten in einer Library, einen, der von allen unterstützt wird.

Abbildung 13-2: Auswahl der Blockgröße

Funktionierten die Sicherung und Wiederherstellung auch mit dem höheren Wert (siehe Abbildung 13-2), brauchen Sie natürlich nichts zu ändern.

Backup to Tape

Um Daten auf ein Bandlaufwerk zu bringen, muss zunächst ein Job angelegt werden. Anschließend werden die durch einen Backup Job auf einem Repository abgelegten Sicherungen auf ein Band gebracht. Dabei kann für den Tape Job entweder ein Backup Job oder auch ein Repository angegeben werden. Dabei ist es unerheblich, ob die Daten von einem Backup Job, einem Copy Job oder einem Endpoint-Backup (also von physischen Maschinen) kommen.

Auf dem Band landen immer nur die neuesten Daten, die seit dem letzten Tape Job angefallen sind. Wenn Sie einen der Ausgangsjobs ändern, wird der Tape Job automatisch mitgeändert, sodass hinzugekommene VMs gesichert und entfernte nicht mehr gesichert werden.

Backup to Tape Job anlegen

Genauso wie bereits oben unter Backup ausführlich besprochen, wird auch dieser Job angelegt. Um Wiederholungen zu vermeiden, gehe ich hier nur auf die Unterschiede detailliert ein.

1. Klicken Sie unter »Home« auf »Tape Job« und wählen Sie »Backups« aus.
2. Geben Sie einen Namen und ggf. eine Beschreibung ein.
3. Wählen Sie die zu sichernden Daten (Add): Zu einem Tape Job können Sie Daten von VMware, Hyper-V und Endpoint zusammenfassen sowie von unterschiedlichen Backup, Copy Jobs und Repositories. Gegebenenfalls bekommen Sie den Hinweis, dass mehrere Full Backups existieren, und die Frage, ob Sie nur den letzten (Latest) oder alle (All) nehmen möchten.
4. Suchen Sie sich einen Media-Pool aus dem Fenster aus oder erstellen Sie hier einen neuen. Über die Schaltfläche »Schedule ...« können Sie einen Zeitplan angeben, also monatlich oder wöchentlich. Bei wöchentlich können Sie auch jeden Tag der Woche auswählen – was zu einer täglichen Sicherung führt. Die Einstellungen des Media-Pools können Sie hier nur ansehen, nicht ändern, das geht nur im Pool selbst.
5. Wählen Sie im nächsten Fenster, ob auch inkrementelle Sicherungen auf dem Band landen sollen oder nicht (Häkchen rausnehmen).
6. Wählen Sie spezielle Optionen für Ihren Job. Je nachdem, ob Sie einen GFS (Grandfather, Father, Son)- oder Nicht-GFS-Job ausgewählt haben, sind diese hier unterschiedlich. Es geht dabei um den Auswurf des Bandes oder des Sets nach der erfolgreichen Sicherung. Über die Schaltfläche »Advanced« unter der Registerkarte »Notifications« können E-Mails oder SNMP-Traps über den Back-

up-Status verschickt werden. Über die Registerkarte »Advanced« kann zunächst nur das letzte Full Backup ausgewählt und wieder etwas über die Kompression und eventuelle Skripte angegeben werden.

7. In dem Fenster »Schedule« lässt sich der Job planen und eine zusätzliche Wartezeit einrichten, falls abhängige Backup Jobs noch laufen.
8. Haben Sie allerdings einen GFS-Job ausgewählt, so lassen sich hier bei Bedarf Wochen-, Monats-, Quartals- und Jahres-Backups angeben.

File to Tape Job anlegen

Über den Assistenten »New File To Tape Job« können beliebige Windows- und Linux-Dateien sowie Ordner aufs Band gebracht werden. Dies funktioniert auch für andere als den lokalen Server, und eine Unterstützung für Microsofts VSS ist ebenfalls sichergestellt. Voraussetzung ist nur, dass der jeweilige Server zur Backup Infrastruktur hinzugefügt wurde.

Bei diesem Job ist es sowohl möglich, nur die Unterschiede von der letzten Sicherung (incremental) als auch ein Full Backup aufs Band zu schreiben.

Wenn Sie eine Windows- oder NAS-Freigabe per UNC-Pfad angeben, wird nach den Anmeldeinformationen gefragt, falls diese nicht schon vorher bei einem Job angegeben wurden.

Die Vorgehensweise ist hier wie bereits oben beschrieben und wird deshalb nicht wiederholt.

Bei einer großen Anzahl von Dateien, die per File to Tape auf ein Bandlaufwerk geschrieben werden, sollte keine SQL-Express-Datenbank verwendet werden, weil sehr viele Daten (Dateiinformationen) in der Datenbank landen. SQL-Express hat ein 10-GB-Limit.

Wiederherstellung vom Tape

Nur der Vollständigkeit halber soll hier erwähnt werden, dass natürlich alles, was auf dem Tape gelandet ist, auch wiederherstellbar ist. Über den Weg »Backups – Tape« starten Sie dazu einen Assistenten, der Sie durch den Vorgang leitet.

Seit der Version 9.5 ist es möglich, eine VM ohne Umweg über ein (Staging) Repository mit dem »Full VM Restore Wizard« direkt in die virtuelle Infrastruktur wiederherzustellen. Dabei können Sie natürlich keine Hyper-V-Maschine auf vSphere oder umgekehrt zurückspulen, da die Dateiformate nicht passen.

Sollten Sie einzelne Dateien vom Tape benötigen, so müssen Sie die dazugehörige Sicherung auf ein Repository wiederherstellen, anschließend greifen Sie über »Disk (imported)« auf die Dateien zu. Haben Sie inkrementelle Sicherungen auf Tape gespeichert, so wird die gesamte Kette vom Band geholt, bei Full Backups nur dieses.

Haben Sie einzelne Dateien oder Ordner auf Band gesichert, so können Sie diese auch einzeln über den »Files from Tape Restore«-Assistenten wieder zurückholen.

Auch hier ist die Vorgehensweise wie beim Wiederherstellen vom Backup und wird deshalb nicht wiederholt.

Automatische Reinigung

Die automatische Reinigung wird nicht für alleinstehende Laufwerke, also nur für Wechsellaufwerke unterstützt. Der Backup-Server bekommt von der Tape Library eine Nachricht, dass ein oder mehrere Laufwerke eine Reinigung benötigen. Daraufhin holt er sich vor dem eigentlichen Tape Job aus dem »Unrecognized«-Medienpool das Reinigungsband, führt die Reinigung aus und tauscht das Band gegen ein Speicherband. Anschließend fährt er mit dem zeitlich anliegenden Tape Job fort.

Ein manuelles Reinigen ist mit Veeam nicht möglich. Achten Sie darauf, dass Ihre Library nicht selbstständig eine Reinigung durchführt – es sollte jeweils nur einer machen.

Standardmäßig ist das Häkchen für die automatische Reinigung nicht gesetzt. Kann so ein Band nicht mehr verwendet werden, wird es automatisch unter »Retired« abgelegt. Einige Libraries verwenden einen speziellen Slot für die Reinigungsbänder. Da dieser Slot für den BS nicht sichtbar ist, müssen Sie das direkt auf der Library ändern. Dann funktioniert auch die automatische Reinigung durch Veeam.

KAPITEL 14

Veeam Backup for Microsoft 365

Veeam Backup for Microsoft 365 Version 7.0 ist ein eigenständiges Produkt, über das eine Datensicherung und Wiederherstellung von Daten aus Microsoft 365 also Microsoft Exchange, SharePoint, OneDrive for Business und Microsoft Teams ermöglicht wird. Die Sicherung kann sowohl auf einem lokalen Speicher als auch in der Cloud (mit AWS-S3- oder S3-kompatiblen Repositories, Azure Blob und der IBM Cloud) stattfinden. Die Sicherungsintervalle beginnen bei 5 Minuten und können auch für lokale Exchange- und SharePoint-Server genutzt werden. Selbst Chatverläufe, veröffentlichte Dateien und Sites aus Microsoft Teams sowie Office-365-Gruppenpostfächer und OneNote-Notebooks können gesichert und wiederhergestellt werden.

Microsoft stellt nur die Anwendung und den Dienst zur Verfügung – nicht die Sicherung. Eine Sicherung ist aber unbedingt notwendig, um auf die folgenden Punkte und Szenarien vorbereitet zu sein:

- versehentliche Löschung
- unpräzise und lückenhafte Aufbewahrungsrichtlinien
- interne Sicherheitsbedrohungen (böswilliger Insider-Angriff/ausscheidende Mitarbeiter)
- externe Sicherheitsbedrohungen (Ransomware/unerlaubte Anwendungen)
- Gesetzesvorschriften und Compliance-Anforderungen
- Verwaltung von Hybrid-Bereitstellungen und Migrationen
- Teams-Datenstruktur

Zusätzlich sollte für die Daten die 3-2-1-Technik angewendet werden. Dank einer kostenlosen Version von Veeam One für MS365 wird eine zusätzliche Überwachungs- und Berichtsfunktion integriert, die Echtzeit-Warnungen zur schnellen Behebung von Datenschwachstellen und detaillierte Berichte für Sicherheit und Schutz meldet.

Lizenzierung

Für diese Software wird eine eigenständig zu erwerbende Lizenz als Abonnement pro Benutzer für ein bis fünf Jahre benötigt. Gezählt wird hier jeder User, dessen Daten in den letzten 31 Tagen gesichert wurden. Ist der letzte Wiederherstellungspunkt älter, so wird diese Lizenz automatisch wieder frei. OneDrive for Business für denselben Benutzer zählt nicht extra, und OneDrive (ohne Business) kann hiermit nicht gesichert werden. Bei SharePoint zählen ebenfalls die einzelnen Benutzer, die Zugriff auf eine Seite bekommen, dabei spielt es keine Rolle, ob diese hybrid, online oder lokal gehalten wird. Gruppen-, geteilte und Ressourcen-Mailboxen müssen nicht extra lizenziert werden. Dass Microsoft 365 ebenfalls lizenziert sein muss, sollte jedem klar sein.

Die Abonnement-Lizenzen bekommt man für ein bis drei Jahre, und wenn sie nicht erneuert werden, laufen sie mit einem Monat »Gnadenfrist« ab. Danach sind keine Sicherungen mehr möglich, wohl aber Wiederherstellungen. Wenn mehr als 10 Benutzerkonten oder mehr als 10% der Lizenzzahl (je nachdem, welcher Wert größer ist) überschritten werden, können Sie diese 10 (oder 10%) zusätzlichen Benutzerkonten nach der FIFO-Warteschlangenlogik (d. h. »first in – first out«) verarbeiten; weitere zusätzliche Konten sind nicht zulässig. Darüber hinaus gibt es für Service-Provider Mietlizenzen und für Produktdemos, Schulungen und Ausbildung NFR-Lizenzen (Not For Resale). Natürlich bekommt man auch eine »Evaluation License« für 50.000 User, die wie bei B&R 30 Tage alle Funktionen bietet. Läuft diese ab, so kann auch hier nicht mehr gesichert, aber alles wiederhergestellt werden.

Bis zu 10 User und bis zu 1 TByte Microsoft-SharePoint-Daten sind auch mit der kostenlosen Community Edition nutzbar.

Die Veeam-Lizenz ist nicht erforderlich für:

- gemeinsame Postfächer, Ressourcenpostfächer und Gruppenpostfächer
- Freigegebene Postfächer und Ressourcenpostfächer verbrauchen keine Einheiten der Veeam-Lizenz, wenn diesen Postfächern keine Microsoft-365-Lizenz zugewiesen ist.
- externe SharePoint-Benutzer

Ein externer SharePoint-Benutzer ist ein Benutzer von außerhalb Ihres Microsoft-365-Abonnements, dem Sie Zugang zu einer oder mehreren Websites, Dateien oder Ordnern gewährt haben. Externe authentifizierte Benutzer sind auf grundlegende Zusammenarbeitsaufgaben beschränkt, und externe anonyme Benutzer können bestimmte Dokumente bearbeiten oder anzeigen, wenn sie die erforderlichen Berechtigungen besitzen.

Installation

Auf der Webseite von Veeam können Sie nach der Anmeldung mit Ihrem Account eine ISO-Datei mit vier MSI-Paketen für das Backup-Programm und die drei für die Wiederherstellung notwendigen Veeam-Explorer (Exchange, SharePoint und Teams) herunterladen. Alle vier Komponenten können auch auf separaten Servern installiert werden, müssen dann aber die gleiche Betriebssystemversion haben und bei den Explorern muss die Konsole zusätzlich installiert werden.

Für die Installation des Backup-Servers kommt sowohl eine virtuelle als auch eine physische Maschine mit einem 64-Bit-Microsoft-Betriebssystem ab Windows Server 2012 in Betracht. Empfohlen werden mindestens 8 CPUs und 16 GByte RAM, andernfalls bekommt man bei der Installation den Hinweis, dass es sehr langsam sein wird. Sie können auch Ihren bestehenden BS für die Installation nutzen, um alles zentral von einer Stelle aus durchführen zu können. Dann sind das benötigte .NET-Framework 4.7.2 und ggf. die Laufzeitkomponente von »C« auch schon installiert.

Nachdem Sie die heruntergeladene ISO-Datei gebunden (mount) haben, machen Sie einen Doppelklick auf das MSI-Paket mit dem Namen »Veeam.Backup365.msi« (oder Veeam.Setup.exe). Wählen Sie den obersten Punkt in dem Fenster und akzeptieren Sie die EULA, indem Sie »I Accept« bestätigen. Im nächsten Schritt werden die drei Komponenten Server, Console und PowerShell mit ihrem jeweiligen änderbaren Speicherort (Standard: *C:\Program Files\Veeam\Backup365*) angezeigt. Nachdem Sie auf »Install« geklickt haben, wird das Programm installiert. Die drei Explorer können anschließend erst installiert werden. (Hatten Sie auf *Veeam.Setup.exe* geklickt, so wird die Installation der Explorer automatisch durchgeführt.) Den Ordner für die Explorer kann man hier nicht ändern. Haben Sie allerdings die Installation auf dem BS durchgeführt, so sind diese Programme schon installiert.

Ist alles abgeschlossen, so befinden sich zwei zusätzliche Icons auf dem Desktop und im Startmenü: »Veeam Backup for Microsoft 365 connect to ...« sowie der Zugriff auf die PowerShell mit den integrierten Commandlets für die Umgebung. Die Microsoft-365-Konsole kann übrigens auch auf einem anderen PC oder Server installiert werden, indem man die MSI-Datei ausführt und im letzten Schritt bei Bedarf die Server- und PowerShell-Variante abwählt.

Des Weiteren ist es möglich, den BS für Microsoft 365 in AWS oder Azure auf einer VM zu installieren oder auch hinterher dorthin auszurollen.

Konfiguration

Nachdem man sich über den Port 9191 mittels der Microsoft-365-Konsole angemeldet hat, kommt zunächst der Hinweis, dass man mit der unlizenzierten Version bis zu 10 User schützen kann und ob man jetzt eine Lizenz angeben möchte. Dies kann auch später über das Hauptmenü (drei waagerechte Balken oben links im

Fenster) jederzeit nachgeholt werden. Übrigens können Sie die »Veeam Backup & Replication Console« nicht für die Anmeldung nutzen. Die Standard-Ports für http und https (80 und 443) müssen für den Zugriff auf die Online-Komponenten von Exchange, SharePoint, Teams und dem Veeam-Update-Server frei sein, ebenso für ein S3- oder Azure-Blob-Repository. Zusätzlich werden die TCP-Ports 5985 (lokaler SharePoint Server), 9193 (Backup Proxy Server), 9191 und 9194 (Backup Server und Cloud Gateway) benötigt.

Backup Infrastructure

Wie bereits in Kapitel 4 bei der Infrastruktur des Backup & Replication Servers ausführlich erklärt, kann hier zunächst ein Proxy und Datenspeicher für die Sicherungen angegeben werden. Der Server, auf dem das Produkt installiert wurde, ist hier als Proxy bereits eingetragen und wird über den Port 9193 erreicht. Über das Icon »Add Proxy« können ein oder mehrere Rechner hinzugefügt werden, wenn er nicht schon als Proxy für einen anderen Microsoft-365-BS eingetragen ist. Das macht z. B. Sinn, wenn der BS selbst keinen Zugang zum Internet hat, aber dort die zu sichernden Daten liegen.

Add Backup Proxy

Wenn Sie einen Backup-Proxy hinzufügen möchten, muss dieser ebenfalls das .NET-Framework 4.7.2 installiert sowie den Port 9193 geöffnet haben. Auf dem Microsoft-365-BS muss für die Kommunikation mit dem Proxy der Port 9191 offen sein, sonst bekommen Sie eine Fehlermeldung. Weiterhin sollte er zu derselben oder einer vertrauten Domäne gehören.

Nachdem Sie auf die Schaltfläche »Add Proxy« geklickt haben, geben Sie den DNS-Namen oder die IP-Adresse des gewünschten Rechners und ggf. eine aussagekräftige Bemerkung unter »Description« an, die hinterher in der Auflistung für mehr Klarheit sorgt. Im nächsten Schritt werden die Anmeldedaten für den Proxy abgefragt, anschließend wird die Verbindung aufgebaut, vorhandene Komponenten werden überprüft und zuletzt wird die notwendige Software übertragen und mit dem vorher angegebenen Account installiert.

Leider wird in diesem Schritt nicht abgefragt, wie viele Aufgaben (Threads) der Proxy gleichzeitig machen und ob die Internetverbindung gedrosselt werden soll. Bei den Threads wird die Gesamtzahl der ein- und ausgehenden Transferdaten (standardmäßig 64) eingestellt. Abhängig von der Hardwareausstattung (CPU und RAM) kann eine zu hohe Zahl zu Ausfällen oder Verbindungsabbrüchen führen. Je nach der zur Verfügung stehenden Verbindungsgeschwindigkeit und Bandbreite sollte hier eine Bremse (Throttle) eingetragen werden. Um das einstellen zu können, müssen Sie nach dem Hinzufügen des Proxys nochmals in die Einstellungen »Properties« gehen.

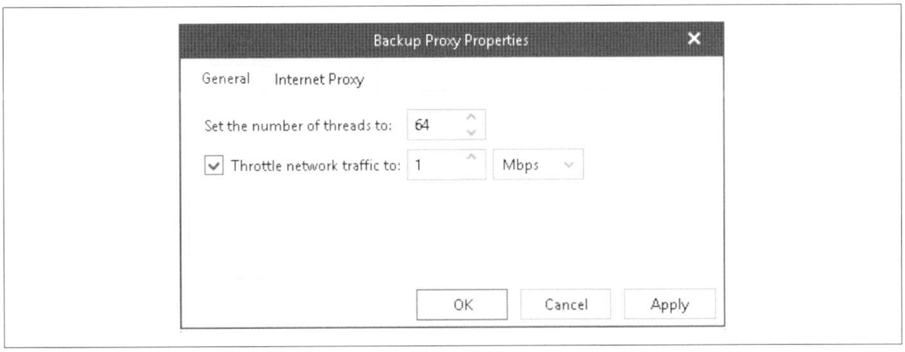

Abbildung 14-1: Proxy mit Repository

Die Einstellungen des Internet-Proxys können hier für den BS-Server nicht vorgenommen werden, obwohl sie als Registerkarte enthalten sind. Um für diesen die Optionen zu ändern, muss in das Hauptmenü gewechselt werden (siehe weiter unten).

Add Backup Repository

Hat man beim Hinzufügen eines Proxys auf »Finish« geklickt, so wird ggf. noch gefragt, ob man ein Repository für diesen Proxy erstellen möchte. Dies kann jetzt oder später durchgeführt werden.

Nach der Installation des Microsoft-365-BS ist als Standard Backup Repository zunächst das lokale Laufwerk C:\ eingetragen, welches aber meistens nicht für große Datenmengen geeignet ist und bei einem Ausfall des Servers auch nicht erreichbar wäre. Im Gegensatz zum B&R wird bei der Installation nicht nach dem Laufwerk mit dem meisten freien Speicher gesucht, sondern immer C:\ genommen. Dieser Speicher lässt sich nicht ändern und kann auch nicht gelöscht werden, bevor wir nicht ein weiteres Repository angelegt haben. Dafür kommen ein lokales Laufwerk, eine SMB-Freigabe auf einem zuvor registrierten Proxy und ein Objekt-Storage (mit AWS-S3- oder S3-kompatiblen Repositories, Microsoft Azure Blob, IBM - und Wasabi Cloud Storage) in Frage.

Haben Sie auf »Add Repository« geklickt, können Sie zunächst einen Namen und eine Beschreibung für den Speicher angeben, ob das Repository lokal oder im Internet liegt, den Proxy aus dem Dropdown-Feld auswählen und über die Schaltfläche »Browse« nach einem Laufwerk und Ordner suchen. Beachten Sie bitte, dass deduplizierende Speicher hier nicht unterstützt werden.

Im nächsten Fenster kann die »Retention policy« (Aufbewahrungsrichtlinie) zwischen minimal einem Jahr und in Schritten bis zu 25 Jahre oder auch für immer (Keep forever) eingestellt werden. Ganz unten im Dropdown-Feld können auch bis zu 99.999 Tage in Einer-Schritten eingestellt werden, das entspricht maximal 273,8 Jahren.

Wichtig ist hier der Unterschied zwischen »Item-level retention« und »Snapshot-based retention«: Bei Ersterem werden individuelle gesicherte Objekte nur so lange aufbewahrt, bis die Zeit vorbei ist, bei Letzterem dienen die Wiederherstellungspunkte zur Orientierung, ähnlich wie beim normalen Backup.

- »Snapshot-based retention«: Jeder Wiederherstellungspunkt stellt den Snapshot (Ist-Zustand) der einzelnen Postfächer, Bibliotheken oder Ordner zum Zeitpunkt der Sicherung dar. Die Objekte werden aus der Sicherung gelöscht, sobald der letzte Wiederherstellungspunkt, in dem sie enthalten sind, den Aufbewahrungszeitraum verlässt. Dies ist vergleichbar mit der Funktionsweise von Backups auf Image-Ebene.
- Item-level retention: Einzelne Objekte werden aus dem Backup gelöscht, sobald ihr Erstellungs- oder letztes Änderungsdatum die Datenaufbewahrungsfrist überschreitet. Dies entspricht der Funktionsweise des klassischen Dokumentenarchivs und ist nützlich, wenn Sie sicherstellen möchten, dass Objekte nicht länger als erforderlich in der Sicherung gespeichert werden. Die Verwendung dieser Option erhöht die Auslagerungsgebühren bei der Verwendung von Objektspeichern.

Über die Schaltfläche »Advanced« kann noch die Uhrzeit für die tägliche oder monatliche Anwendung der Regel angegeben werden, also wie oft aufgeräumt werden soll.

Nachdem Sie auf »Finish« geklickt haben, dauert es einen Moment, dann erscheint das neue Repository in der Liste. Haben Sie einen Objekt-Storage zusätzlich angegeben, so wird dieser in der linken Spalte ebenfalls angezeigt. Nachträglich lässt sich nur noch die »Retention policy« anpassen, alles andere nicht. Übrigens können Daten von einem lokalen zu einem Objektspeicher, aber nicht zurückgeschoben werden, auch nicht über den PowerShell-Befehl »Move-VBOEntityData«.

Hat man ein weiteres lokales Repository zum BS hinzugefügt, sollte man das während der Installation eingetragene entfernen. Klicken Sie dazu auf das Repository und wählen Sie anschließend aus dem Ribbon oder dem Kontextmenü »Remove Repository«. Es kommt ein Hinweis, dass dort liegende Wiederherstellungspunkte verloren gehen können.

> Ein Proxy – und dazu gehört auch der BS – muss immer ein Repository haben. Das letzte oder einzige Repository des Servers lässt sich nicht löschen.

Der lokale Speicher kann bei Bedarf mit einem Objektspeicher erweitert werden, um Backups dorthin zu kopieren. Ein Objektspeicher kann aber auch für die direkte Datensicherung genutzt werden. Wie dieser hinzugefügt wird, habe ich im Abschnitt »Object Storage« in Kapitel 4 detailliert erklärt, deshalb hier nur eine kurze Schilderung.

Klicken Sie auf den Punkt »Add Object Storage«, geben Sie einen Namen ein und wählen Sie im nächsten Fenster einen der fünf unterstützten »Internet-Speicher« aus. Füllen Sie die notwendigen Felder mit den Zugangsdaten aus, die Ihnen vom Anbieter zugeschickt wurden. Auch hier können die Daten vor dem Löschen oder Verändern für eine gewisse Zeit geschützt werden (immutable). Über die Schaltfläche »Advanced« können meist noch weitere Einstellungen zum Speicherverbrauch eingestellt werden.

Sie können die Unveränderbarkeit aktivieren, wenn Sie Objektspeicher zu Veeam Backup für Microsoft 365 hinzufügen. Beachten Sie, dass Objektspeicher mit aktivierter Unveränderbarkeit nur zum Speichern von Sicherungskopien verwendet werden kann. Die Dauer der Unveränderbarkeit entspricht der Dauer der Anwendung der Aufbewahrungsrichtlinie, die für das Backup-Repository konfiguriert wurde, das um einen solchen Objektspeicher erweitert wird. Die Daten werden für die Dauer der Anwendung der Aufbewahrungsrichtlinie zum Löschen oder Ändern gesperrt.

Add Organization

Jetzt können wir die Microsoft-365-Organisation, On-Premises oder Hybrid Organisation hinzufügen, indem wir auf der linken Seite den Eintrag »Organizations« anklicken und dann aus dem Ribbon »Add Org«. Wichtig ist dabei, dass der BS die notwendigen Internetadressen bei Microsoft erreichen kann. Dafür ist meist die Firewall anzupassen. Welche Ports hier geöffnet sein müssen, können Sie unter »Konfiguration« auf Seite 187 und in folgendem Knowledge-Base-Artikel einsehen: *https://learn.microsoft.com/en-us/microsoft-365/enterprise/urls-and-ip-address-ranges?view=o365-worldwide*.

Der Zugriff erfolgt über Microsoft Graph, welches das Gateway zu Ihren Online-Daten ist. Nähere Informationen dazu in Deutsch finden Sie unter *https://docs.microsoft.com/de-de/graph/overview*.

In dem Fenster »Organization deployment type« können Sie folgende drei Punkte auswählen:

- Exchange Online
- SharePoint Online und OneDrive for Business
- Microsoft Teams

> Die Auswahl »modern app-only authentication method« wird für Microsoft Azure in Deutschland nicht unterstützt (siehe auch *https://learn.microsoft.com/de-de/azure/germany/*).

Als Beispiel nehme ich hier den wohl häufigsten Fall »Microsoft 365«. Setzen Sie die Häkchen in den Feldern zu den Komponenten, die Sie sichern wollen. Suchen Sie anschließend aus dem Dropdown-Feld die passende Region (Default, Germany, China oder US) und die Authentifizierungsmethode aus:

- Modern authentication: Konto mit 2-Faktor-Authentifizierung (2FA), die in Microsoft Azure AD eingestellt wurde
- Basic authentication: Username und Passwort (der BS muss in derselben Domäne wie Exchange Online sein)

Hat man seine Auswahl getroffen und die notwendigen Angaben zur Authentifizierung (Basis oder Multifaktor) angegeben, verbindet sich der Server mit dem Online-Portal bei Microsoft und trägt die Organisation ein. Wird dabei eine Warnmeldung ausgegeben, dass eine Rolle nicht zugewiesen ist, kann dies ignoriert werden, weil bei diesem Vorgang die Zuweisung erst erfolgt. Hinterher sollte diese Meldung nicht mehr erscheinen.

Hauptmenü

Das Hauptmenü erreicht man über die drei waagerechten Balken oben links in dem Fenster der Konsole. Nachdem man draufgeklickt hat, rollt das Menü auf und man kann folgende Punkte auswählen:

Upgrade

In regelmäßigen Abständen wird im Hintergrund nach Neuigkeiten gesucht; über diesen Eintrag kann das auch manuell vorgenommen werden.

Manage Cloud Credentials

Falls Sie Microsoft Azure, Amazon AWS oder S3-kompatible Zugriffe nutzen, können Sie hier Angaben zum Manager hinzufügen und ändern. Haben Sie an anderer Stelle bereits Ihre Daten hinterlegt, so werden diese hier auch aufgelistet.

Manage Passwords

Dieser Punkt ist für die Aktualisierung oder Änderung der Passwörter bei Verschlüsselungen gedacht. Sollten Sie schon einen Job mit Verschlüsselung angelegt haben, so werden hier der Hinweis (Hint) und das Datum der letzten Änderung angezeigt. Sollten Sie die Verschlüsselung eingesetzt haben und das Passwort nicht mehr wissen, so kann diese Sicherung nicht mehr entschlüsselt werden.

> Da der BS für Microsoft 365 nicht im Enterprise Manager eingetragen ist, können verschlüsselte Backups auch nicht über diesen wiederhergestellt werden.

General Options

Hier werden auf neun Registerkarten allgemeine Einstellungen vorgenommen, die man bei Bedarf an eigene Interessen anpassen kann:

Folders

Hier sind Ausnahmen für die Sicherungen einstellbar. Die Standardeinstellung ist schon sehr gut, kann aber bei Bedarf geändert werden, indem man zusätzliche Kästchen anklickt, wie in dem Beispielbild gezeigt.

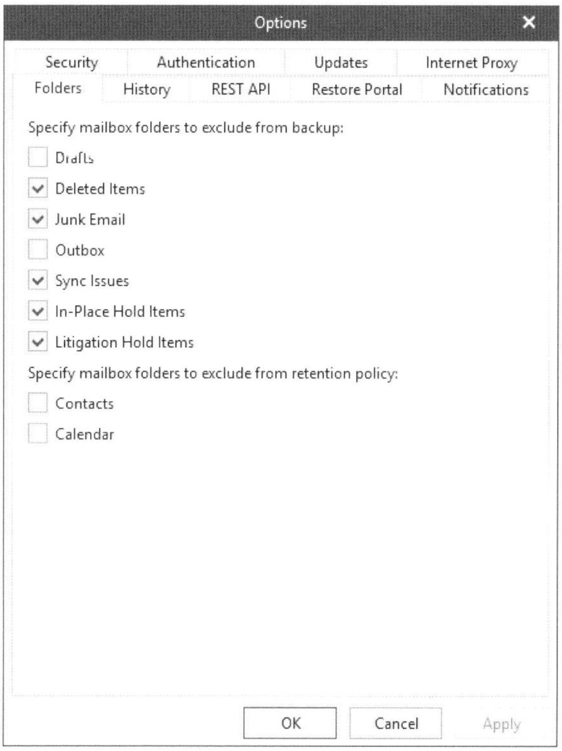

Abbildung 14-2: Ordnerausnahmen werden nicht gesichert.

Ohne gutes Hintergrundwissen zu Exchange Online und gute Englischkenntnisse sind einige der Optionen verwirrend, weshalb ich hier eine kurze Übersetzung ins Deutsche einfüge:

Drafts = Entwürfe

Deleted Items = gelöschte Elemente

Outbox = gesendete Objekte

Sync Issues = Synchronisierungsfehler

In-Place Hold Items = lokal gehaltene Elemente

Litigation Hold Items = zurückgehaltene Objekte für ein Beweissicherungsverfahren

Contacts = Kontakte

Calendar = Kalender

Beachten Sie bitte, dass Microsoft die In-Place-Ordner seit dem 01.07.2020 nicht mehr über die Exchange-Online-Verwaltungskonsole anbietet. Seit 01.10.2020 können diese auch nicht mehr verwaltet werden. Dies gilt nicht für lokale oder Hybrid-Installationen von Exchange.

Überlegen Sie sich, ob Ihr Junk-E-Mail-Ordner gelegentlich Elemente enthält, die ohne Ihr Zutun fälschlicherweise dort landen, und ob Sie ihn vielleicht doch sichern möchten.

History

Auf der zweiten Registerkarte kann man einstellen, wie lange Aufgaben (Sessions) gespeichert werden. Überlegen Sie sich, ob die Standardeinstellung von »Alle« für Ihre Zwecke sinnvoll ist oder ob die letzten 53 Wochen (oder weniger) reichen.

REST API

An diesem Punkt kann die Softwareschnittstelle für die HTTPS-/SSL-Autorisierung mit einem Zertifikat erfolgen, um dem BS einen sicheren Zugriff auf die Online-Elemente zu ermöglichen.

Restore Portal

Das Restore Portal bietet Anwendern die Möglichkeit, über eine webbasierte Lösung Daten aus Backups selbst wiederherzustellen oder diese Aufgabe an Wiederherstellungsoperatoren zu delegieren, ähnlich wie das »Self Restore« vom Enterprise Manager.

Wenn Sie Ihre gesicherten Daten mit Restore Portal in verschiedenen Regionen wiederherstellen möchten, müssen Sie eine separate Installation der »Veeam Backup for Microsoft 365 REST API«-Komponente und eine separate Azure-AD-Anwendung in jeder Microsoft-Azure-Region verwenden.

Notifications

Möchte man E-Mail-Nachrichten bekommen, wenn die jeweiligen Jobs beendet wurden, so kann man hier die dafür notwendigen Einstellungen vornehmen – das lässt sich auch bei jedem Job manuell einstellen, falls man individuelle Informationen zugeschickt bekommen möchte. Setzen Sie das Häkchen bei »Enable e-mail notifications« und füllen Sie die benötigten Felder aus. Im Feld »Subject« stehen einige Platzhalter für das Ergebnis (Success, Warning oder Error), der Name des Jobs, die Anzahl der im Job enthaltenen Objekte und ggf. Fehler.

Im unteren Teil sind standardmäßig alle vier Kästchen angehakt. Das betrifft Meldungen bei Erfolg, Warnungen und Fehler sowie das Unterdrücken von Fehlernachrichten bis zum letzten Versuch. Überlegen Sie sich, ob Sie die Fehler schon beim ersten Fehlversuch bekommen möchten, und nehmen Sie das Häkchen dort ggf. raus.

Internet-Proxy

Wird der BS über einen Internet-Proxy das Microsoft 365 erreichen, so kann dieser hier mit dem notwendigen Port, einem Benutzernamen und Passwort angegeben werden.

Updates

Liegen Updates für die Veeam-Software vor, so wird man auf der Oberfläche darauf hingewiesen. Meldet man sich nur selten an dieser an, so kann man sich auch per E-Mail benachrichtigen lassen, wenn Neuigkeiten vorliegen.

Authentication

Im vorletzten Fenster können Einstellungen für Benutzer des Produkts zum Lesen und Wiederherstellen ihrer Backups beim Service-Provider angegeben werden. Dafür ist ein Zertifikat erforderlich, welches man hier über die Schaltfläche »Install« als selbstsigniertes Zertifikat aus dem lokalen Zertifikationsspeicher oder aus einer vorher erhaltenen PFX-Datei hinzufügen kann. Hierfür kann auch das Zertifikat des Backup & Replication Servers genommen werden.

Security

Hier wird das Zertifikat des Servers angezeigt und über die Schaltfläche »Install« kann ein neues ausgewählt werden.

Console

Hierüber ist zunächst nur die angepasste PowerShell-Umgebung mit geladenen Commandlets für den Server aufgerufen worden. Details dazu habe ich unter Kapitel 16 aufgeführt.

Mit dem Befehl »Get-VBOCommand« können alle vorhandenen Befehle ausgelistet werden. Lassen Sie sich über »Get-Help« anschließend zu jedem Befehl die Syntax und hilfreiche Informationen anzeigen. Weitere Hilfedateien aus dem Internet bekommen Sie über den Befehl »Update-Help«.

Die lokale »Swagger Website« ist deaktiviert, bis der Dienst »REST API« konfiguriert wurde. Darüber können für die Softwareschnittstelle Informationen abgefragt werden (siehe auch *https://swagger.io*).

Color Theme

Wem das Farbdesign (dunkles Grün) von Veeam nicht zusagt, der kann die Konsole hierüber in einer von drei anderen Farben umgestalten.

License

Hier kann man Informationen zu der eingetragenen Lizenz für den Backup-Server bekommen und eine neue eintragen. Sobald eine Sicherung durchgeführt wurde, wird unter »Users« die Anzahl aktualisiert. Das manuelle Hinzufügen eines Benutzers ist hier nicht möglich und auch nicht nötig – das geschieht automatisch. Weitere Informationen habe ich unter »Lizenzierung« zusammengefasst.

Help and Support

Über den vorletzten Punkt können Sie die Online-Hilfe aufrufen. Dabei wird der Standardbrowser geöffnet und die Seite mit der Dokumentation aufgerufen.

Darüber hinaus gibt es hier die Möglichkeit, Log-Dateien zu exportieren, die man anschließend dem Veeam-Support zur Verfügung stellen kann, und eine erweiterte Protokollierung für alle Komponenten (Server, Konsole, Proxy etc.) einzustellen.

Der dritte Punkt gibt Aufschluss über die installierte Version und bietet zwei zusätzliche Links zum Technischen Support und zur Veeam Community. Mit einem Klick auf das Fenster schließt sich dieses wieder.

Backup

Nachdem die Organisation eingetragen ist, ein Repository ausgewählt wurde und alles so weit eingerichtet ist, kann ein Backup Job erstellt werden. Hier gibt es nur wenig Unterschied zu dem Vorgehen, welches ich in Kapitel 6 ausführlich beschrieben habe, deshalb erfolgt hier nur eine Kurzfassung.

Klicken Sie mit der rechten Maustaste auf Ihre Organisation und wählen Sie aus dem Kontextmenü »Add to backup job« aus.

Geben Sie für den Job einen aussagekräftigen Namen und ggf. eine Beschreibung an. Im nächsten Fenster können Sie wählen, ob Sie nur bestimmte Objekte oder die ganze Organisation sichern wollen. Anschließend können zu Ihrer Auswahl noch bestimmte Objekte ausgeschlossen und der Backup-Proxy sowie das Repository ausgewählt werden.

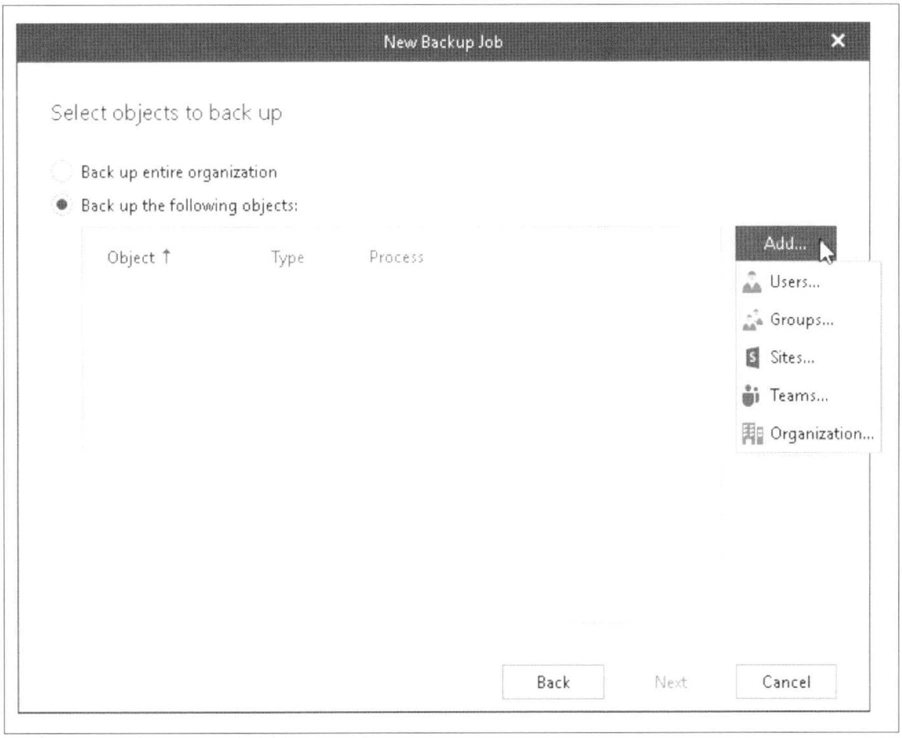

Abbildung 14-3: Auswahl von bestimmten Objekten

Ähnlich wie beim Backup Job von B&R können nun noch die Ausnahmen, der Proxy, das Repository, Zeiten, Wiederholungen und das Zeitfenster für die Aufgabe festgelegt werden.

KAPITEL 15

Updates/Upgrades

In unregelmäßigen Abständen gibt es Updates zu dem Backup-Programm von Veeam. Häufig werden dann Sicherheitsfunktionen aktualisiert und neue Features implementiert. Gibt es eine komplett neue Version, so wird man meist im Voraus darüber per E-Mail informiert. Solange der Support- und Subscription-Vertrag mit Veeam noch läuft, können Sie sich mit Ihrem Account auf der Website von Veeam anmelden, die neue Version als ISO-Datei herunterladen und das Upgrade durchführen. Ist der Vertrag abgelaufen, bekommen Sie trotzdem wichtige Updates angeboten.

Neue Veeam-Releases und -Updates werden zuerst auf dem Veeam Enterprise Manager und anschließend auf dem bzw. den Veeam-Backup-Server(n) mittels eines Assistenten installiert. Dafür kann man in großen Umgebungen auch eine unbeaufsichtigte Installation (»silent installation«) nutzen.

Achten Sie beim Update und Upgrade darauf, dass kein laufender Job mehr auf den beteiligten Servern läuft, da zuvor alle Dienste beendet werden und eine Sicherung dann fehlschlagen würde. Haben Sie einen EM installiert, muss diese Komponente zuerst aktualisiert werden.

Updates einspielen

Liegen neue Updates für einen installierten Backup-Server vor und dieser hat eine Verbindung zur Internetseite von Veeam, so findet man einen Hinweis auf der Oberfläche der Veeam-Konsole unter »Backup Infrastructure« beim Punkt »Missing Updates«. Dieser Punkt wird dann optisch hervorgehoben und mit einem gelben Dreieck versehen. Klickt man auf den Eintrag, so öffnet sich ein Fenster mit dem dazugehörigen Knowledge-Base-Artikel und einem Link auf die Seite von Veeam. Nach der Anmeldung mit einem registrierten Account kann man sich die ZIP-Datei herunterladen, auspacken und anschließend installieren. Durch diesen Vorgang leitet – wie gewohnt – ein Assistent, der auch danach fragt, ob »Remote Components« (Proxys, Tape-Server etc.) automatisch aktualisiert werden sollen.

Hat der Server keine Verbindung ins Internet, so kann man sich auf der Seite von Veeam jederzeit über Neuigkeiten informieren und anliegende Updates herunterladen. Übrigens kann ein Update nur eingespielt werden, wenn kein Backup-, Replikations- oder Wiederherstellungsjob auf dem BS läuft und niemand die Konsole geöffnet hat. Die Dienste vom BS werden vom Update-Assistenten zunächst beendet und deaktiviert, dann werden die Einstellungen und alte Dateien gesichert, neue Dateien aus der Update-Anwendung kopiert und die notwendigen Dienste und Explorer installiert. Nach dem erfolgreichen Update wird die temporäre Sicherung der alten Dateien gelöscht, die Startart der Dienste zurückgesetzt und anschließend wieder gestartet.

Nachdem man die Updates installiert hat, muss man einmalig auf dem jeweiligen Server die lokale Konsole öffnen. Der Assistent für die Aktualisierung wird automatisch geöffnet und leitet durch den Vorgang zu allen beteiligten Komponenten wie Proxys, Repository Server, vPower NFS Server, WAN Accelerator und Tape Server. Hat man beim Assistenten für das Update allerdings das Häkchen für das automatische Updaten aller Komponenten gesetzt, so braucht man die Konsole meist nicht nochmals aufzurufen (vorsichtshalber empfehle ich es trotzdem). Hat man mehrere Backup-Server, so muss dieser Vorgang auf jedem wiederholt werden.

Da auf den virtuellen Maschinen selbst keine Agenten installiert sind, braucht dort auch kein Update gemacht zu werden. Bei der Agentensicherung können die neuen Dateien über »Inventory – Physical & Cloud Infrastructure« auf alle Server und Workstations mit dem hinterlegten Account übertragen und erneuert werden. Haben Sie sich die Veeam-Konsole auf Ihrem Rechner installiert, so müssen Sie dort das Update zusätzlich durchführen. Meist reicht es, die Konsole als Administrator zu starten, damit vom BS die notwendige Aktualisierung heruntergeladen und installiert wird.

Backup & Replication Upgrade

Von einem Upgrade spricht man, wenn die Versionsnummer hochgezählt wird, also z.B. von 11 auf 12. Auch hier gilt: Solange der Support- und Subscription-Vertrag nicht abgelaufen ist, kann jede neue Version kostenlos heruntergeladen und installiert werden.

Binden Sie das heruntergeladene ISO-File an Ihre virtuelle Maschine oder brennen Sie eine DVD von der Datei und legen Sie den Datenträger in die Maschine ein. Falls kein Autostart erfolgt, navigieren Sie im Explorer zu dem Laufwerk mit den Installationsdateien und starten Sie die Datei setup.exe.

Anschließend sollte das nachstehende Symbol (achten Sie auf die Bezeichnung »Upgrade«) erscheinen. Klicken Sie dieses an, um den Upgrade-Prozess zu starten.

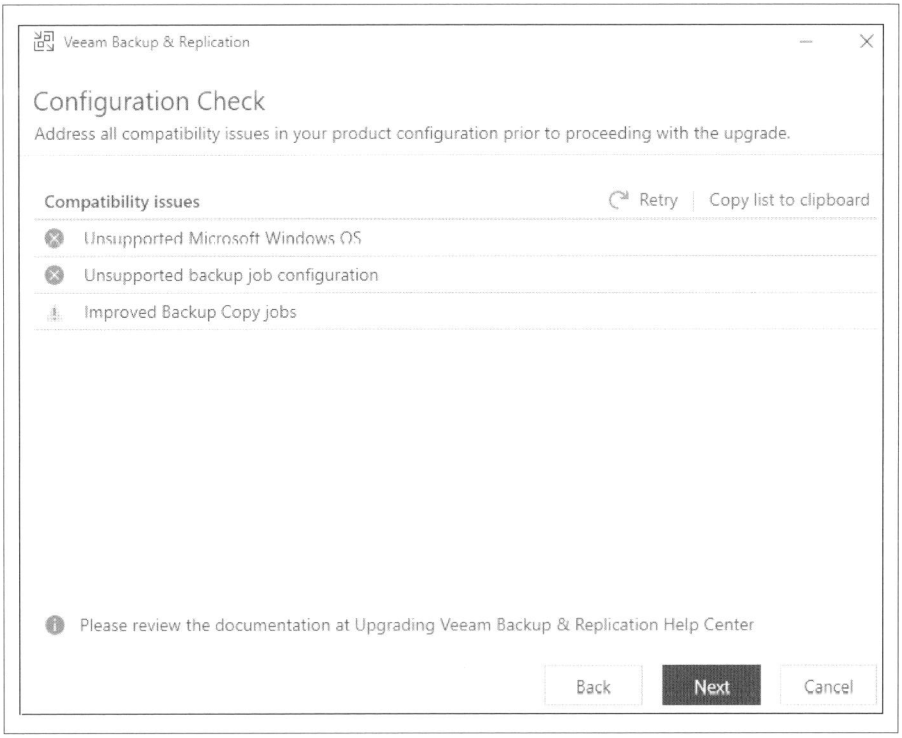

Abbildung 15-1: Configuration Check vor Upgrade

Nach einer Weile, wenn die Dateien entpackt wurden, werden die EULA für Veeam und Dritthersteller angezeigt. Lesen Sie diese durch, akzeptieren Sie sie, indem Sie auf »I Accept« klicken. Im nächsten Fenster werden die Versionen der installierten Komponenten angezeigt (machen Sie das Häkchen bei »Update remote components automatically«) und dann wird die Lizenz abgefragt. Ist eine noch gültige Lizenz installiert, so steht unter dem Eingabefeld der entsprechende Hinweis. Andernfalls können Sie über die Schaltfläche »Browse« den Rechner oder auch das Netzwerk nach der Datei durchsuchen.

Haben Sie keine Lizenz von der neuen Version, aber noch eine gültige von der alten, so wird wahrend des Upgrades der Key fur die Version 12 automatisch aktualisiert und auf dem lokalen Server unter *C:\ProgramData\Veeam\Setup\Licenses* abgelegt.

Dann wird nachgefragt, mit welchen Berechtigungen der Backup-Dienst laufen soll und ob die bestehende SQL-Instanz oder eine andere bevorzugt wird. Vor einem Upgrade sollte auf jeden Fall die Größe der vorhandenen SQL-Express-Datenbank überprüft werden. Ist diese schon am Limit, wählen Sie beim Upgrade besser eine neue Datenbank aus. Wie man eine SQL-Express-Version auf PostgreSQL ändert, beschreibe ich im nächsten Abschnitt.

Hat man Backups über Agenten eingerichtet, so sollte man sicherstellen, dass die gesicherten Maschinen mit dem neuen Agenten der Version 6.0 klarkommen. Das sind Windows-Maschinen ab Windows 7 SP1 und Server 2008 R2 SP1 sowie Linux mit Kernel-Version 2.6.32 oder höher. Die Agenten-Version für Unix und Mac sind 4.0 und 2.0.

Der Upgrade-Vorgang läuft ähnlich wie das oben beschriebene Update ab. Ist das Upgrade abgeschlossen, so muss ggf. ein Neustart durchgeführt werden. Vergessen Sie nicht, den Datenträger wieder aus dem Laufwerk zu nehmen bzw. bei einer VM die ISO-Datei zu trennen, also z. B. auf »Client Gerät« stellen.

Wenn der Neustart erledigt ist, dauert es noch ein paar Augenblicke, bis alle Dienste gestartet wurden, weil diese zum Teil auf »Automatisch (Verzögerter Start)« stehen.

Starten Sie anschließend die Veeam Backup & Replication Console über das Icon auf dem Desktop, um die Konfiguration zu Ende zu führen und z. B. die Agenten der physischen Maschinen ebenfalls auf die neueste Version zu bringen.

Beachten Sie auch, dass Sie mit der neuen Konsole nicht mehr auf einen ggf. älteren BS zugreifen können.

Upgrade der Agenten

Hat man in der alten Version physische Rechner mittels Agenten gesichert, so sollten diese ebenfalls auf die aktuelle Version gebracht werden. Nachdem Veeam ein »Rescan« der physischen Infrastruktur gemacht hat, wird unter dem neuen Punkt »Out of Date« die Maschinen angezeigt, für die ein Upgrade notwendig ist.

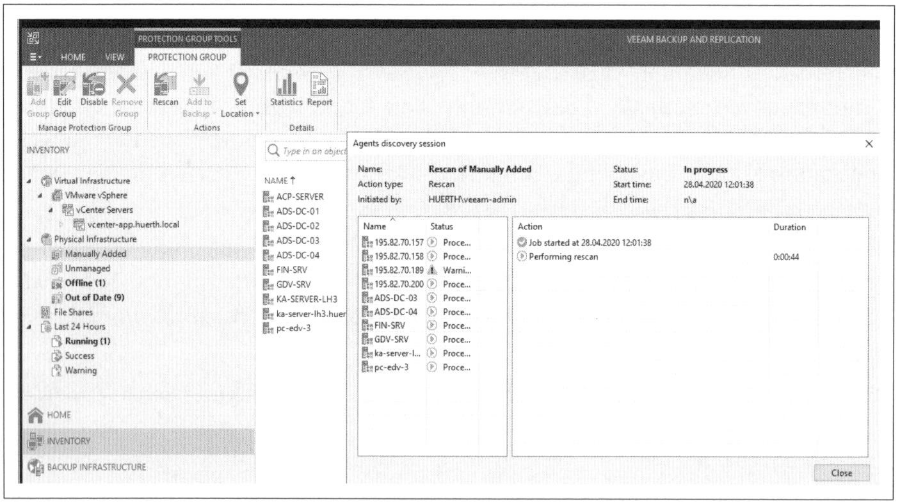

Abbildung 15-2: Rescan physischer Maschinen

Klicken Sie auf den Eintrag »Out of Date«, so können Sie über das Ribbon ein Upgrade aller angezeigten Rechner durchführen lassen, falls dieses nicht schon automatisch durchgeführt wurde. Als Erstes wird der BS einen erneuten »Rescan« der Objekte durchführen, um die Agentenversion zu ermitteln, dann das eigentliche Upgrade durchführen.

In einer »Protection Group« (Ausnahme: »Unmanaged«) kann das Updaten bzw. Upgraden der enthaltenen Rechner auch auf automatisch gestellt werden, indem man unter »Options« das Kästchen bei »Auto-update backup agent« auswählt.

vCenter Server upgraden

Wenn Sie vorhaben, Ihren vCenter Server auf eine neuere Version zu migrieren, sollten Sie ebenfalls an die Datensicherung von Veeam denken. Der BS speichert sich in seiner Datenbank nicht die Namen der virtuellen Maschinen, sondern seine Managed Object Reference ID (MoRef). Da die VMs bei dem neuen vCenter Server ggf. eine neue ID bekommen, kann der BS die VMs nicht mehr finden. Für diesen Zweck gibt es ein Tool, welches allerdings von Veeam nicht offiziell unterstützt wird. Nach der Anmeldung auf der Webseite von Veeam kann man sich das Migrations-Tool unter *https://www.veeam.com/kb2136* herunterladen. Auf der KB-Seite wird auch ein Tool von VMware erwähnt, das bei einem Upgrade ebenfalls genutzt werden kann.

> Achten Sie darauf, dass das Tool vor dem ersten Sicherungsversuch über den neuen vCenter Server laufen muss. Machen Sie möglichst auch vorher noch ein Backup des Backup-Servers selbst bzw. seiner Konfigurationsdatenbank.

In dem Paket (ZIP-Datei) befindet sich auch eine 11-seitige Anleitung für das Tool, deshalb gehe ich hier nicht weiter darauf ein.

Bevor Sie einen Management-Server auf eine neue Version heben, sollten Sie auch überprüfen, ob diese Version von Veeam schon unterstützt wird. Ist dies nicht der Fall, kann auch keine Datensicherung vom BS durchgeführt werden.

KAPITEL 16

Veeam PowerShell

Bei der Installation des Backup-Servers wird gleichzeitig auch eine Erweiterung für die PowerShell (PS) von Microsoft installiert. Die installierte Version der Microsoft PS sollte mindestens die Version 5.1 sein. Über die integrierte Kommandozeile, die man über das Menü (drei Balken oben links) erreicht, kann man Abfragen erstellen, Backup Jobs starten, ändern usw. Alles, was über die grafische Oberfläche möglich ist, lässt sich auch hiermit erledigen.

Haben Sie auf Ihrem lokalen Rechner die Veeam-Konsole installiert, so befinden sich die Commandlets für die BS-Umgebung ebenfalls dort und können genutzt werden. Andererseits können Sie das Snap-In auch manuell zu einer PowerShell-Umgebung hinzufügen.

Auf der Internetseite von Veeam kann man sich eine komplette Dokumentation dazu mit Beispielen ansehen, weshalb ich hier nur kurz auf ein paar Details eingehe.

Objekte, die gesichert werden

Wenn man auf einem BS alle Rechner mit den dazugehörigen Jobs ansehen möchte, so kann man den folgenden einfachen Text in eine Datei kopieren, die Dateiendung auf *.PS1 setzen und über die Veeam-PowerShell-Erweiterung ausführen:

```
$JobList = Get-VBRJob
foreach($JobObject in $JobList)
  {$Objects = $JobObject.GetObjectsInJob()
   "  Job Name:", $JobObject.Name; $Objects.Name}
```

Hat man den EM installiert, so lässt sich auch dort die Liste anzeigen und in einem Excel-Format exportieren. Braucht man zunächst nur eine einfache Liste der Jobs, so reicht der Aufruf »Get-VBRBackup«. Möchte man dies z.B. auf einen Namen eingrenzen, gibt man an der Kommandozeile »Get-VBRBackup – Name »Agent*«« ein.

Einen Report ausgeben

Um eine zeitlich begrenzte Übersicht über Aktionen in einem bestimmten Zeitraum zu bekommen, kann folgendes Beispiel genommen werden:

```
Export-VBRAudit -From 01.04.2023 -To 09.04.2023 -FileFullPath "C:\Temp\Report.txt"
```

In der Datei findet man mit Datum und Uhrzeit alle Anmeldungen und von wem, wer einen Job bearbeitet hat, mit welchem Account gestartet wurde etc.

Geben Sie an der Kommandozeile nur den Befehl ohne Parameter ein, wird nach den Datumsangaben gefragt, und diese können auf der Kommandozeile im deutschen Format angegeben werden.

Weitere interessante Befehle

`Get-VBRBackupSession`
: listet alle Backup-Aufgaben mit Datum und Ergebnis auf

`Get-VBRJobObject >JobName<`
: listet alle Objekte in dem Job auf

`Get-VBRRestorePoint`
: listet alle Wiederherstellungspunkte mit Name, Datum und Typ auf

Eine Lizenz entfernen

Um eine Lizenz vom Enterprise Manager zu entfernen, geben Sie folgenden Befehl ein:

```
.\Veeam.Backup.EnterpriseService.exe -removelicense [vaw, val]
```

Ohne Parameter werden alle Lizenzen entfernt; vaw bedeutet Veeam Agent für Windows, val Veeam Agent für Linux. Der EM-Server muss anschließend neu gestartet werden.

Um eine Lizenz vom Backup-Server zu entfernen, wenn Sie keinen EM haben, lautet der Befehl:

```
.\Veeam.Backup.Manager.exe -removelicense [all, vbr, vaw, val]
```

Ohne Parameter werden alle Lizenzen entfernt; all bedeutet alle Lizenzen, vbr Veeam Backup and Replication, vaw bedeutet Veeam Agent für Windows, val Veeam Agent für Linux.

Möchten Sie mehr mit der PowerShell-Umgebung des BS erledigen, empfehle ich die Dokumentation von Veeam unter *https://helpcenter.veeam.com/docs/backup/powershell/getting_started.html?ver=120*.

Einen Full-Backup Job starten

Befindet man sich direkt auf dem Backup-Server, kann man folgenden kurzen Befehl dafür nutzen:

```
Get-VBRJob | where {$_.Name -eq "Backup Job Name"} | Start-VBRJob -FullBackup
```

Ist man auf einem anderen Rechner, der die notwendigen Commandlets hat, muss man sich vorher an dem BS anmelden:

```
Connect-VBRServer -User <string> -Password <string> [-Server <string>] [-Port
<int>] [<CommonParameters>]
```

KAPITEL 17

Sonstiges

Hier folgen einige wichtige Informationen, wenn Sie eine Funktion vermissen oder auch Probleme mit der Software haben.

Veeam-Log-Dateien

Der BS speichert unter *%ProgramData%\Veeam\Backup* detaillierte Log-Dateien für alle seine Komponenten wie Veeam Shell, Veeam Backup Service, Veeam Guest Catalog Service, Veeam vPower NFS Service, Veeam Installer, Veeam Data Mover und ausgeführte Jobs.

Haben Sie einen Linux-Server zur Infrastruktur hinzugefügt, so finden Sie auf diesem die Protokolldateien unter */var/log/VeeamBackup/* oder */tmp/VeeamBackup*. Auf dem ESXi-Host sind es übrigens die gleichen Verzeichnisse.

Gehört ein Windows Server zur Bestandsliste, so finden Sie die Dateien auf ihm unter *%ProgramData%\Veeam\Backup*.

Über die Export-Funktion (im Hauptmenü unter »Help – Support Information« des BS können Sie alle Log-Dateien von allen beteiligten Servern einsammeln und exportieren.

Die Log-Dateien zur Installation befinden sich unter *%ProgramData%\Veeam\Setup\Temp*.

Auf dem BS gibt es eine eigene Ereignisanzeige, die bei der Fehlersuche weiterhelfen kann. Rufen Sie die Ereignisanzeige (Lokal) auf und navigieren Sie zu »Anwendungs- und Dienstprotokolle« und dann zu dem Eintrag »Veeam Backup«.

Wo die Log-Dateien liegen, findet man üblicherweise nicht in der Registry, man kann diese aber unter HKLM\Software\Veeam\Veeam Backup and Replication eintragen, um sie z. B. zu ändern. Legen Sie dafür eine neue Zeichenkette mit dem Namen »LogDirectory« und dem Wert »C:\Test\VeeamLog« oder ähnlich an. Für die Größe der Log-Dateien ist der Eintrag »MaxLogSize« gedacht, mit dem Standardwert 10.240 KByte oder auch 10 MByte. Wie viele Dateien aufbewahrt werden, steht unter »MaxLogCount« und ist üblicherweise 10. Des Weiteren ist der

Eintrag »LoggingLevel« mit dem Standard »4« für die Ausführlichkeit bestimmt. Ein Wert kleiner »4« kann die Fehlersuche erschweren, der Wert »6« ist sehr ausführlich und sollte nur für eine kurze Zeit eingetragen werden.

Haben Sie Änderungen an den Werten vorgenommen oder neue Einträge hinzugefügt, so muss der BS neu gestartet werden, um die Sperre der Log-Dateien aufzuheben und die aktualisierten Werte laden zu können.

Registry-Werte für Veeam B&R

Die in der Registry von Windows nach der Installation des Produktes befindlichen Einträge oder die, die hinzugefügt werden können, waren in dem Knowledge-Base-Artikel 2182 (*https://www.veeam.com/kb2182*) aufgelistet. Da es häufig Probleme mit manuell veränderten Werten gab, hat man diesen Artikel gelöscht und verweist in der Dokumentation nur noch auf den Support.

In diesem Beitrag möchte ich trotzdem einige Hinweise zu den Einträgen auflisten, damit bei Bedarf schnell eine Lösung gefunden werden kann.

Die Einträge und Werte in der Registry des BS sollten nicht ohne Grund geändert werden, sondern nur bei den beschriebenen Problemen. Anschließend sollten alle Jobs beendet und der Backup-Dienst sollte neu gestartet werden.

Einige dieser Registry-Einstellungen habe ich bereits oben detaillierter beschrieben. Sollten Sie ein Problem haben, welches in diesem Buch bisher nicht gelöst wurde, so können Sie in diesem Kapitel nachschauen.

Bei allen Arbeiten an der Registry sollten Sie Vorsicht walten lassen und vor den Änderungen eine Kopie des jeweiligen Zweiges machen bzw. diesen exportieren.

Registry-Eintrag für wechselnde Datenträger

Wenn Sie Ihre Datensicherung auf dieser Art Repository sichern, kommt es regelmäßig zu Problemen mit den Retention Policies: Der BS kann nicht feststellen, wie viele veraltete Einträge gelöscht werden sollen, da er immer nur Zugriff auf einen Datenträger des Typs »This repository is backed by rotated hard drives« hat. Um dieses Problem zu lösen, können Sie folgende Einstellungen in der Registry des Backup-Servers vornehmen:

1. Gehen Sie zum Zweig HKLM\Software\Veeam\Veeam Backup and Replication.
2. Erstellen Sie einen neuen DWORD-(32-Bit-)Wert mit dem Namen »ForceDeleteBackupFiles«.
3. Um alle Daten der Sicherung vor dem Job zu löschen, geben Sie den Wert »3« ein.
4. Um alle Daten auf dem Datenträger zu löschen, geben Sie den Wert »5« ein.
5. Starten Sie den Veeam-Backup-Dienst neu.

Bei dem Wert 5 werden alle Daten auf dem Datenträger gelöscht – auch die, die nicht zu dem Job gehören! Sollte der Datenträger zu klein für zwei Full Backups sein, können Sie ebenfalls diesen Tipp nutzen.

VBRCatalog verschieben

Wenn der Platz auf dem Laufwerk C:\ des BS knapp wird, kann man den Katalog von hier auf einen anderen Datenträger verschieben. Gehen Sie wie folgt vor:

1. Beenden Sie den Veeam-Backup-Dienst.
2. Überprüfen Sie die Berechtigungen, die auf dem Ordner gesetzt sind.
3. Beenden Sie die Freigabe und verschieben Sie den Ordner auf das neue Laufwerk.
4. Setzen Sie die vorigen Berechtigungen und geben Sie den Ordner wie vorher frei.
5. Gehen Sie zum Zweig HKLM\Software\Veeam\Veeam Backup Catalog.
6. Lokalisieren Sie den Eintrag »CatalogPath« und ändern Sie den Wert auf z.B. E:\VBRCatalog\.
7. Starten Sie den Backup-Dienst wieder.

VMs von einem LUN sichern

Wenn Sie für einen Backup Job alle VMs auf einem Datastore ausgewählt haben, werden auch die VMs mitgesichert, die lediglich ein ISO von dort gemountet haben. Um dies zu verhindern, können Sie in der Registry im Zweig »HKLM\SOFTWARE\Veeam\Veeam Backup and Replication« den DWORD-(32-Bit-)Wert »1« mit dem Namen »StrictDatastoreScope« setzen.

Maximale Anzahl der Snapshots pro LUN

Der Standardwert für die maximale Anzahl der Snapshots pro Datastore ist bei Veeam B&R auf »4« festgesetzt. Gerade wenn Sie Backups über die VMs auf einem Datastore machen, kann diese Zahl zu niedrig sein. In der Registry im Zweig »HKLM\SOFTWARE\Veeam\Veeam Backup and Replication« können Sie den DWORD-(32-Bit-)Key »MaxSnapshotsPerDatastore« mit einem Wert höher als »4« eintragen, um den Standard nach oben hin zu korrigieren.

Tape

Mehrere Tape Devices

Wenn eine Tape Library die Seriennummern der Laufwerke dem BS nicht mitteilt, kann es passieren, dass diese in der Übersicht einzeln auftauchen. Um das zu verhindern, sucht man sich aus dem Gerätemanager zunächst den »Tape Symbolic Name« heraus (z.B. Tape0). Anschließend geht man in der Registry zu dem Zweig HKLM → Software → Veeam → Veeam Backup and Replication und erstellt dort einen Eintrag mit dem Namen TapeDevices, dem Typ REG_MULTI_SZ und dem Wert changer0=tape0. Haben Sie mehrere Laufwerke, so ergänzen Sie den Wert um die weiteren: changer0=tape0,tape1,tape2 o. Ä.

Fehlermeldung I/O device error oder I/O bus was reset

Je nachdem, welche Verbindung, Controller oder Library man einsetzt, kann es zu Verzögerungen bei Anfragen kommen, und die Warteschlange kann volllaufen. Windows macht dann einen Reset auf dem Bus, was zu der obigen Fehlermeldung führen kann. Um die Timeouts für den »StorePort« zu erhöhen, kann man in der Registry des Tape Servers bei HKLM\System\CurrentControlSet\Enum\SCSI\DEVICEID\INSTANCE\DeviceParameters\StorPort\ folgende beiden DWORD-Werte auf 1.000 setzen: »BusyRetryCount« und »BusyPauseTime«. Zusätzlich erstellt man noch den DWORD-Eintrag »BusyTimeoutCount« mit dem Wert 5.000. Anschließend muss der Tape Server neu gestartet werden, um die neuen StorePort-Werte zu übernehmen.

Fehler bei der Dateifreigabe (SMB)

Warum ein Zugriff auf eine Windows-Freigabe nicht oder nicht mehr geht, kann viele Ursachen haben:

- Eine häufige Ursache sind Netzwerkprobleme, wobei es sich um eine potenziell unbegrenzte Anzahl von Hardwarefehlern oder Problemen bei der Konfiguration der Netzwerkhardware handelt; solche Probleme können einen Paketverlust beinhalten oder auch nicht.
- Einfache Firewalls können eine Verbindung dauerhaft blockieren, während fortgeschrittene Firewalls eine bestehende Verbindung scheinbar zufällig oder unter bestimmten Bedingungen zerstören können.
- Entweder der Client oder der Server kann die Verbindung aufgrund von Zeitüberschreitungen oder Wiederholungsbeschränkungen auf der SMB-Protokollschicht oder der darunterliegenden TCP-Schicht schließen; derartige Beschränkungen treten häufig aufgrund von Netzwerküberlastung oder übermäßiger Belastung des Speichers auf.

- Probleme bei der Namensauflösung sind häufige Fehlerquellen. Überprüfen Sie die lokale Hosts-Datei und überprüfen Sie die Ausgaben von »nslookup« auf der Kommandozeile.
- Das NAS kann aufgrund von Hardware- oder Softwareproblemen nicht mehr reagieren; in einigen Fällen kann es auch falsch konfiguriert sein. Appliances, die Post-Process-Deduplizierung verwenden, reagieren möglicherweise nicht mehr, wenn der Prozess zu früh startet.
- Unter bestimmten Umständen können verschiedene GPO-Sicherheitsrichtlinien die Verbindung einschränken, z. B. Microsoft-Netzwerk (Client): Digitales Signieren der Kommunikation. Stellen Sie sicher, dass Quell- und Zielhosts mit dieser Richtlinie kommunizieren können. Andernfalls sollten Sie bei Netzwerkausfällen die Deaktivierung dieser Richtlinie in Betracht ziehen. Auf SMB-Clients oder -Zielen können weitere QoS-Richtlinien aktiviert sein, was zu einer unangemessen geringen Bandbreite führt.

Gängige Workarounds

- Wenn sich die Repository-Freigabe auf einem Windows-Server befindet, versuchen Sie, auf diesem Server ein Windows-Repository anstelle eines SMB-Repositories zu erstellen.
- Starten Sie sowohl den SMB-Client-Computer (Repository-Gateway) als auch den SMB-Server (NAS) neu.
- Wenn ein anderer Speicherplatz verfügbar ist, versuchen Sie, die Sicherung auf den anderen Speicherplatz zu schreiben, um das Problem zu überprüfen und eine vorübergehende Abhilfe zu schaffen.
- Ziehen Sie in Erwägung, den NAS als iSCSI- oder NFS-Mount auf einem separaten Linux-Repository-Server zu rekonfigurieren, je nachdem, was vom NAS unterstützt wird. Diese Änderung kann zu Datenverlusten führen. Die Leistung bei NFS und iSCSI ist ungefähr gleich, NFS bietet aber mehr Schutz vor Malware.
- Das Schreiben von Sicherungsdateien auf SMB-Freigaben über ein langsames oder unzuverlässiges Netzwerk, z. B. eine WAN-Verbindung, wird nicht empfohlen. Setzen Sie einen Gateway-Server mit einer schnellen (Ethernet 100 Mbps+) Verbindung zur Freigabe ein.
- Um Störungen durch eine Firewall auszuschließen, deaktivieren Sie vorübergehend alle Software-Firewalls (einschließlich bestimmter Antiviren-Produkte) auf dem SMB-Client oder -Server und alle Hardware-Firewalls zwischen ihnen.

Folgende Registry-Werte unter »HKLM\SOFTWARE\Veeam\Veeam Backup and Replication\« können ggf. Abhilfe schaffen. Setzen Sie die Werte auf dem Mount-Server für SMB:

Der DWord-Eintrag »NetUseShareAccess« nutzt ein ähnliches Verfahren wie der Kommandozeilenbefehl »net use«. Setzen Sie den Wert des Eintrages auf »1«.

Mit dem DWord-Wert »600« (10 Minuten) bei »SessTimeout« kann die Wartezeit auf eine Antwort erhöht werden. Setzen Sie den Wert ein und starten Sie den Server neu.

Um die maximale Anzahl an Wiederholungen im TCP-Netz zu erhöhen, navigieren Sie zu dem Key »HKLM\SYSTEM\CurrentControlSet\Services\Tcpip\Parameters« und fügen dort den DWord-Eintrag »TcpMaxDataRetransmissions« mit dem Wert 10 ein (Standard ist 5).

Antivirus-Programme

Einige Antivirus-Programme können Probleme beim Betrieb mit Veeam Backup & Replication verursachen. In der nachfolgenden Liste finden Sie einige Einstellungen, die bei dem Problem helfen könnten:

1. Ordnerstruktur auf dem Backup-Server:

   ```
   C:\Program Files\Veeam
   C:\Program Files (x86)\Veeam
   C:\Program Files\Common Files\Veeam
   C:\Program Files (x86)\Common Files\Veeam
   C:\VBRCatalog ❶
   C:\ProgramData\Veeam\Backup\IRCache\NfsDatastore ❷
   C:\VeeamFLR\*
   C:\Windows\Veeam
   ```

   ❶ Der VBRCatalog-Ordner kann auch woanders liegen, was man in der Registry unter »HKLM\SOFTWARE\Veeam\Veeam Backup Catalog« nachschauen kann.

   ❷ Dieser Wert wird in jedem Repository gespeichert/konfiguriert, er kann unter »HKLM\SOFTWARE\Wow6432Node\Veeam\Veeam NFS« nachgeschaut werden.

2. Ordner im Windows-Gastsystem für VSS:

   ```
   C:\Windows\VeeamVssSupport
   C:\Windows\VeeamLogShipper
   ```

3. Ordner auf Proxies und CIFS/SMB Repository Gateways:

   ```
   C:\Program Files(x86)\Veeam
   C:\Windows\Veeam
   ```

4. Ordner auf Windows-Repositories:

   ```
   C:\Program Files(x86)\Veeam
   C:\Windows\Veeam
   ```

5. Ordner auf WAN Accelerator:

   ```
   C:\Program Files(x86)\Veeam
   C:\Windows\Veeam
   ```

6. Dateien:

```
VeeamAgent.exe
VeeamAgent64.exe
*.vmdk
```

Wenn diese Einstellungen nicht ausreichen, schauen Sie in den Log-Dateien des Antivirus-Programms nach, wo eventuell noch zusätzliche Ausschlüsse eingetragen werden müssen.

Keine E-Mails vom Backup-Server

Der Dienst Veeam Backup benötigt eine Mitgliedschaft in der Gruppe der Veeam-Backup-Administratoren, um E-Mails schicken zu können. Sollte diese Einstellung beim BS nicht vorhanden sein, kann das im Hauptmenü (drei waagerechte Striche oben links) nachgeholt werden. Klicken Sie auf »User and Roles«, um das Fenster »Security« zu öffnen, und anschließend auf die Schaltfläche »Add«. Geben Sie dort den Benutzer »Domäne\Service_Account« ein und wählen Sie im Dropdown-Feld »Veeam Backup Administrator« aus.

Backup von Cluster-Knoten

Ein Cluster mit virtuellen oder physischen Maschinen kann aufgrund der Festplattenbereitstellung nicht so einfach gesichert werden. Über den Agenten im Betriebssystem lassen sich sowohl unabhängige als auch RDM-Festplatten sichern, jedoch weist Veeam darauf hin, dass ein Microsoft Failover Cluster offiziell seit dem Update 3 unterstützt wird, weil der neue Agent dafür mittlerweile ausgelegt ist. Die Platten, die von beiden Knoten genutzt werden (Shared Disks), sollten dabei ausgespart werden. Wenn Sie andere Tools für das Backup der Anwendung benutzen, können Sie die Anwendungssicherung auf eine »normale« Platte legen und diese wiederum über Veeam sichern.

Oracle Cluster sichern

Ein Oracle Real Application Cluster (RAC) kann mit dem zusätzlichen Plug-in »Oracle RMAN« (Oracle Recovery Manager) gesichert werden. Dieses finden Sie auf der Installations-ISO-Datei im Ordner »Plugins«. Damit wird die Übertragung von Oracle-RMAN-Backups in Veeam-Repositories unter Verwendung nativer Backup- und Wiederherstellungsfunktionalitäten von Oracle durchgeführt. Die Veeam-B&R-Version 10 bietet Verbesserungen wie Backup-Kopie-Verarbeitung, höhere Leistung und Backup-Parallelverarbeitung für Cluster.

SQL Cluster sichern

Seit dem Update 3 der Version 9.5 wird das Backup von einem Windows Failover Cluster, wie ein SQL Server Failover Cluster, und einer SQL Server AlwaysOn Availability Group unterstützt. Über den neuen Agenten wird eine konsistente Sicherung ermöglicht, sodass hinterher sowohl Dateien als auch Objekte aus der Sicherung wiederherstellbar sind.

Exchange Cluster sichern

Beim Exchange DAG verhält es sich ähnlich wie beim SQL Cluster. Hier wird das Backup von den Knoten voll unterstützt. Das Sichern eines kompletten Rechners, einzelner Volumes oder Dateien ist ebenfalls kein Problem, und das Löschen der Transaktions-Logs erfolgt wie gewohnt, solange der primäre nicht zum sekundären Knoten wird. Sollte dies einmal der Fall sein, müssen Sie entweder den Backup Job anpassen oder vor der nächsten Sicherung zurückschwenken. Beachten Sie beim DAG-Cluster auch den Knowledge-Base-Artikel 1744 (*https://www.veeam.com/kb1744*) und das Whitepaper unter *https://www.veeam.com/wp-virtualizing-exchange-2016-right-way.html*.

Backup vom VCSA

Wenn Sie die VMware Appliance für den vCenter Server einsetzen und über Veeam ein Backup erstellen wollen, beachten Sie bitte, dass diese PostgreSQL-Datenbank nicht direkt von Veeam unterstützt wird.

Als »Best Practice« sollten Sie das »VMware Tools quiescence« deaktivieren und das »Application-Aware Image Processing« sowie das »Guest File System Indexing« ausschalten. Damit wird eine Sicherung im eingeschalteten Modus gemacht, was eventuell die Datenbank bei der Wiederherstellung nicht wieder starten lässt. Sie können die Datenbank von der VCSA über VMware-Bordmittel auf der Seite »VMware Appliance Management« sichern, was ausführlich im Buch »Praxishandbuch VMware vSphere 7.0« aus dem O'Reilly-Verlag beschrieben ist.

Für die Wiederherstellung müssen Sie wie in »Management-Server wiederherstellen« auf Seite 125 (siehe oben) vorgehen – also zuerst die VM und anschließend die gesicherte Datenbank zurückspielen.

Repository zu klein

Sollte mal ein Repository zu klein für die Datensicherung geworden sein, so können Sie ein neues Repository zum BS hinzufügen und z. B. über den Windows Explorer auf diesem ein Verzeichnis namens »Backups« erstellen. Suchen Sie sich ein oder mehrere Ordner auf dem zu klein gewordenen Storage unter »Backups« raus und verschieben Sie diese in den gleichnamigen Ordner auf dem neuen Datenträger. Anschließend bearbeiten Sie die dazugehörigen Jobs, indem Sie auf der Seite »Storage« das neue Repository auswählen und auf den blauen Link »Map backup« klicken. Veeam zeigt Ihnen in einem Browser die Ordnerstruktur an, aus der Sie anschließend den zum Backup Job korrespondierenden Ordner auswählen.

Backups verschieben

In der Version 12 ist zu diesem Zweck der »VeeaMover« dazugekommen. Damit können Backups über ein Kontextmenü auf ein anderes Repository kopiert, verschoben und zwischen verschiedenen Dateisystemen migriert werden, auch zwischen »Scale-out Repositories«.

Klicken Sie dazu z. B. mit der rechten Maustaste unter »Backups → Disk« auf einen Job-Eintrag und wählen Sie dann den Punkt »MoveBackup« und anschließend das Ziel-Repository aus. Diese Vorgehensweise hat den Vorteil, dass der jeweilige Job automatisch neu konfiguriert wird.

»Move Backup« kann auch für das Verschieben einer gesicherten VM in einen anderen Job genutzt werden. Klicken Sie dazu unter »Backups → Disk« auf einen Job-Eintrag, erweitern diesen und wählen dann eine gesicherte VM aus. Über das Kontextmenü kann man nun diese VM in einen anderen Job verschieben.

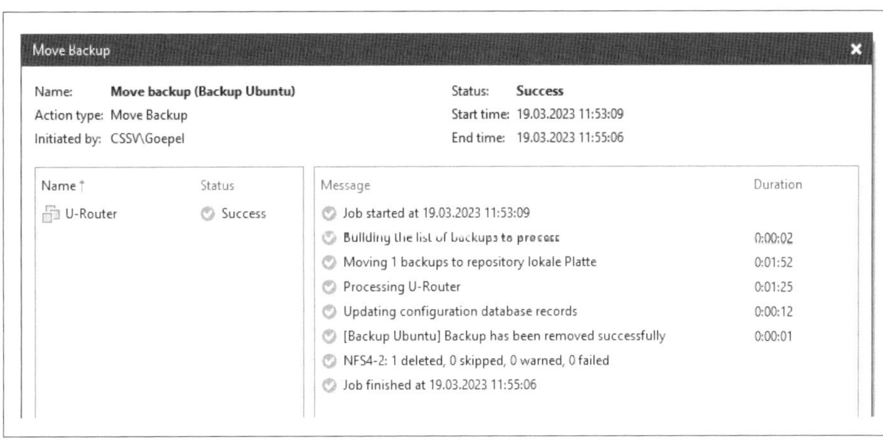

Abbildung 17-1: Move Backup

Snapshot Hunter

Der Snapshot Hunter (Jäger des verlorenen Snapshots) ist eine Technologie (nur bei VMware) von Veeam, um verwaiste Snapshots aufzuspüren und zu beseitigen. Es kann vorkommen, dass ein Snapshot vom vCenter Server als gelöscht gemeldet wird, dieser aber weiterhin auf dem Datenträger vorhanden ist. Während jedem Backup oder Replication Job wird der Snapshot Hunter gestartet, um nicht registrierte Snapshots zu finden und im Hintergrund zu beseitigen. Auch das notwendige Konsolidieren von Snapshots über den VMware Client wird von dieser Funktion übernommen. Bis zu vier Mal wird versucht, diesen Fehler zu beseitigen, mit jeweils vier Stunden Pause dazwischen. Sollte es nicht funktionieren, so wird der Benutzer über eine E-Mail darüber informiert.

Locations

Eine neue Funktion für große Umgebungen wurde mit der Version 10 neu eingeführt: Locations (Orte oder Standort). Dabei kann man seine physische Struktur im BS besser abbilden. Eine Location definiert eine geografische Region oder ein Land, in dem sich ein Infrastrukturobjekt befindet. Sie können eine Liste von Standorten erstellen und den Objekten der Sicherungsinfrastruktur Informationen über die Standorte, zu denen sie gehören, zuweisen.

Sie können den folgenden Infrastrukturobjekten Locations zuordnen:

- Objekte der virtuellen Infrastruktur: vCenter Server, SCVMM, Datacenter, Cluster und Hosts
- Objekte der Backup-Infrastruktur: Backup Repositories, externe Repositories, Scale-out Backup Repositories, Tape Libraries und Tape-Tresore
- Agentenverwaltungsobjekte: Protection Groups (Schutzgruppen für physische Maschinen)

Alle Informationen über Locations werden ebenfalls in der Konfigurationsdatenbank als IDs, ähnlich wie bei den VMs, abgelegt. Wenn VM-Daten in der virtuellen Infrastruktur von einem Standort zu einem anderen migrieren, zeigt Veeam eine Warnung an und speichert einen Datensatz über die Migration zu Job- oder Aufgabensitzungsdetails. Darüber hinaus protokolliert es diese Informationen im Windows-Ereignisprotokoll. Wenn Sie beispielsweise VMs von einem Host mit Sitz in Deutschland in ein Backup-Repository mit Sitz in Schweden sichern, zeigt der BS im Backup-Job-Assistenten eine Warnung an, dass VM-Daten ihren Speicherort ändern; er zeigt Informationen zur Datenmigration in den Sitzungsdetails des Backup Jobs an und protokolliert sie in den Windows-Ereignisprotokollen.

Beispiel:

```
18.03.2023 10:01:26 :: Potential data sovereignty violation: target Haupt-Backup
location (No location tag) does not match source dc-1 location (Deutschland).
```

Port-Adressen

Auf den beteiligten Komponenten der Veeam-Infrastruktur werden die notwendigen Netzwerk-Ports bei der Bereitstellung auf den Windows-Betriebssystemen automatisch in der lokalen Firewall konfiguriert. Befindet sich eine externe Firewall zwischen den Komponenten oder vom Backup-Server aus soll auf eine Maschine zugegriffen werden, so schlägt dies fehl. Handelt es sich um eine Linux-Maschine, so kann der Knowledge-Base-Artikel *https://www.veeam.com/kb2986* zurate gezogen werden.

In der offiziellen Dokumentation von Veeam wird auf 27 Seiten ausführlich auf alle Ports für alle Zwecke eingegangen, deshalb möchte ich hier nur kurz eine Liste anführen und auf Besonderheiten eingehen.

- **Veeam TCP Ports**

vPower NFS Mount acceptor Port	1058
vPower NFS acceptor Port	2049
Veeam Transportservice	9396
Veeam Backup Shell (Backup Manager)	9392
VeeamNFSSvc.exe	111, 1058, 2049, 6161
Veeam NFS Mount Port	1058
Veeam NFS Port	2049

- **Veeam-Anwendungen**

VeeamDeploymentSvc.exe	6160, 11731
VeeamTransportSvc.exe	6162, 49768
Veeam.Backup.CloudService.exe	6169, 10003
Veeam.Backup.MountService.exe	6170
Veeam.Guest.Interaction.Proxy.exe	6190, 6290
VeeamFilesysVssSvc.exe	6210
Veeam.Backup.Agent.ConfigurationService.exe	9380, 9392
Veeam.Backup.Service.exe	9392, 10001, 10002, 10005, 10006
Veeam.Backup.CatalogDataService.exe	9393
Veeam.Backup.UIServer.exe	9396
Veeam.Backup.Service.exe	9401
Veeam.Backup.BrokerService.exe	9501, 50037
veeam.backup.shell.exe	49975, 50018, -22, -28, -30, 31, -35
Veeam.Backup.Manager.exe	50019-21, 50023-27, -29, -32, -33, -34
sqlservr.exe	49756
Veeam Endpoint Server Port	10001
Secure Connection Port	9401
Veeam Distribution Service	9380

- **Veeam UDP Ports**

VeeamNFSSvc.exe	111, 1058, 2049
sqlbrowser.exe	1434

- **Veeam Proxy Ports**

  Die Datenübertragungsoptionen liegen üblicherweise zwischen 2500 und 3300, können aber manuell beim Hinzufügen des Proxys geändert werden. Die weiteren Standard-Ports sind:

Installer (VeeamDeploymentSvc.exe)	6160, 11731
Transport (VeeamTransportSvc.exe)	6162, 49423
vPower NFS	6161
Mount Server	6170
WAN Accelerator	6164
Tape Proxy	6166
Cloud Gateway	6168
Veeam Distribution Service	9380
Veeam Backup VSS Integration	6210
Veeam.Guest.Interaction.Proxy.exe	6190, 6290

- **Sonstiges**

  Unter Windows kann auf der Kommandozeile der Befehl »netstat« genutzt werden, um sich Informationen zu den Ports und den dahintersteckenden Anwendungen anzeigen zu lassen (z. B. `netstat -abn`).

Lokale Hosts-Datei

Wie bereits in den vorherigen Kapiteln bemerkt, ist die Namensauflösung für den Backup-Server und die ggf. eingesetzten Proxys sehr wichtig. Alle beteiligten Infrastrukturkomponenten wie der vCenter Server bzw. der SCVMM und alle beteiligten Hosts sollten über den FQDN vorwärts (DNS-A-Eintrag) und rückwärts (DNS-PTR-Eintrag) erkannt werden, was z. B. über den Befehl nslookup sichergestellt werden kann.

Möchte man die Datensicherung vom Host nicht über das Verwaltungsnetzwerk bekommen, sondern über ein extra dafür eingerichtetes schnelleres Netzwerk, so kann man auf allen Veeam-Komponenten die lokale Hosts-Datei dafür nutzen und somit die Namensauflösung über den DNS-Server umgehen.

Überlegen Sie sich auch das Szenario, wenn der DNS-Dienst mal nicht zur Verfügung steht: Dann ist es besser, vorab die Hosts-Datei entsprechend angepasst zu haben. Eine Beispiel-Hosts-Datei könnte also so aussehen:

10.0.0.8	vcsa.cssv.dom	vcsa
10.0.0.11	esx1.cssv.dom	esx1
10.0.0.12	esx2.cssv.dom	esx2

Sie benötigen administrative Rechte, um die Datei zu ändern oder auszutauschen. Beachten Sie bitte auch, dass bei jeder Änderung oder Ergänzung in der Infrastruktur die Dateien auf jedem Objekt angepasst werden müssen.

Zusammenführen von Lizenzen

Beim Einspielen einer Lizenzdatei auf dem BS wird die bisherige Lizenz gegen die neue ausgetauscht. Hat man eine Erweiterung für Sockel oder Instanzen gekauft, so muss die alte mit der neuen Datei zusammengefügt (merge) werden. Dabei müssen Sie beachten, dass das kürzeste Ende des Support-Vertrages in die neue Datei eingesetzt wird und nur gleiche Versionen und Editionen genommen werden können. Die Zusammenführung von Lizenzen geschieht auf der Webseite von Veeam unter *https://my.veeam.com/#/licenses/production*, nachdem man sich angemeldet hat.

Suchen Sie sich ggf. den Account aus, der betroffen ist, und klicken Sie auf den Link »License merge«. Jetzt können Sie alle Produkte und Support-IDs aussuchen, die Sie zusammenfassen möchten. Wählen Sie nun die Vorschau (Preview), um die neuen Lizenzinformationen zu sehen, und anschließend die Schaltfläche »Merge Licenses«, um den Prozess abzuschließen. Die neue Datei können Sie direkt herunterladen oder sich per E-Mail zusenden lassen.

Veeam B&R Tools

Bei der Installation des BS werden noch drei zusätzliche, unabhängige Utilities für die erweiterte Administration des Systems mitgeliefert, die ich Ihnen nicht vorenthalten möchte: Configuration Database Connection Settings, Configuration Restore und VBK Extract.

VBK Extract

Das mitgelieferte Extraktionsprogramm, das zur Wiederherstellung von Rechnern aus Backup-Dateien verwendet werden kann, erfordert keine Interaktion mit Veeam Backup & Replication und kann als unabhängiges Tool auf Linux- und Windows-Maschinen verwendet werden.

Das Utility kann z.B. hilfreich sein, wenn Sie vom Band die Sicherungsdateien der Maschine an einen Ort ablegen, wo kein BS Zugriff darauf hat. In diesem Fall haben Sie jederzeit die Möglichkeit, Rechner aus Backups wiederherzustellen, auch wenn die Backups aus dem BS entfernt oder Veeam B&R Server deinstalliert wurde. Dieses Tool kann sowohl über die Kommandozeile (Extract.exe) als auch über die grafische Oberfläche (Veeam.Backup.Extractor.exe) benutzt werden.

Als Beispiel nehme ich das GUI-Tool unter Windows:

1. Navigieren Sie zum Ordner »C:\Programme\Veeam\Backup and Replication\Backup« (oder dementsprechend) und starten Sie das Programm »Veeam.Backup.Extractor.exe«.
2. Suchen Sie das gewünschte Backup über die Schaltfläche »Browse« heraus und klicken Sie auf eine *.vbk-, *.vrb- oder *.vib-Datei. Die Datensicherung wird eingelesen und im Abschnitt »Machines« angezeigt. Handelt es sich um ein verschlüsseltes Backup, so muss jetzt das Passwort angegeben werden.
3. Suchen Sie über die zweite »Browse«-Schaltfläche den Ort aus, wo das Backup abgelegt werden soll, lokal oder im Netzwerk.
4. Setzen Sie das Häkchen bei der Maschine bzw. den Maschinen, die ausgepackt werden soll(en), und klicken Sie auf »Extract«. An dem gewählten Ort wird ein Unterverzeichnis mit dem Namen der VM und seiner ID erstellt und die Daten werden dorthin abgelegt.
5. Ist der Vorgang abgeschlossen, wird in einem neuen Fenster das Ergebnis angezeigt (z.B.: Extraction completed successfully). Anschließend können Sie das Programm beenden. Handelte es sich um eine VM, bekommen Sie alle gesicherten Dateien, wie Konfigurationsdatei, Festplatte, BIOS etc., in den Ordner.

Configuration Database Connection Settings

Mit diesem Tool, das über das Startmenü als Administrator des Servers erreichbar ist, können Sie Verbindungseinstellungen für die Konfigurationsdatenbank von Veeam Backup & Replication und/oder Veeam Backup Enterprise Manager verwalten. Mit diesem Dienstprogramm können Sie:

- eine Verbindung zu einer anderen Datenbank auf derselben oder einer anderen Microsoft-SQL-Server-Instanz herstellen. Wenn Sie eine Datenbank angeben, die noch nicht existiert, wird sie auf dem ausgewählten Server erstellt.
- die Authentifizierungsmethode für die Datenbankverbindung ändern. Mögliche Methoden sind die Microsoft-Windows-Authentifizierung und die Microsoft-SQL-Server-Authentifizierung.

Haben Sie auf dem Server, auf dem Sie das Programm starten, ebenfalls den EM installiert, folgt zuerst eine Abfrage, welche Verbindungseinstellungen Sie ändern möchten. Im nächsten Fenster kann dann zwischen der Windows- und der SQL-Authentifizierung gewählt werden. Bei einem Klick auf »Apply« werden die Änderungen überprüft und anschließend eingetragen.

Dafür müssen die Dienste des B&R-Servers vom Programm beendet werden, was einige Zeit dauert. Ist alles erledigt, so steht als letzte Zeile in dem Fenster: »Configuration database connection settings have been modified«. Auf der Seite »Summary« ist das Häkchen für den Start des geänderten Programmes schon gesetzt.

Configuration Restore

Dieses Programm kann sowohl über das Startmenü als auch über das Hauptmenü des BS aufgerufen werden. Details hierzu habe ich schon im Abschnitt »Backup-Server wiederherstellen« auf Seite 127 ausführlich beschrieben.

Veeam Backup Validator

Hier wird ein Kommandozeilen-Tool zur Verfügung gestellt, welches über CRC-Checks vorhandene Datensicherungen auf dem Repository überprüfen kann. Im Verzeichnis »C:\Programme\Veeam\Backup and Replication\Backup« (oder dementsprechend) können Sie das Programm Veeam.Backup.Validator.exe in der Eingabeaufforderung mit Parametern starten.

Bei jeder Sicherung wird vom BS eine CRC-Check-Summe erstellt und an die Datenblöcke angehängt, ähnlich wie es beim Sure Backup gemacht wird, wenn man das Häkchen beim Integritätscheck angeklickt hat.

Wie fast jedes Kommandozeilen-Tool kann auch dieses Programm mit dem Anhängsel »/?« aufgerufen werden, um eine Syntax zu bekommen. Sehen Sie keine Syntax, so müssen Sie die Eingabeaufforderung als Administrator aufrufen. Am Ende der Auflistung sind noch einige Beispiele zum Angeben der Parameter für den Aufruf aufgelistet, die im Bedarfsfall weiterhelfen sollten.

Bei der Überprüfung wird bei einer VM beispielsweise jede gesicherte Datei wie Konfigurationsdatei, Festplatte, BIOS etc. sowie die Meta- und XML-Datei einzeln überprüft und der Fortschritt mit einem Balken angezeigt. Ist der Vorgang abgeschlossen, so wird das Ergebnis wie folgt angezeigt:

```
Statistic:
    VM count:            1
    Incomplete VM count: 0
    Failed VM count:     0
    Files count:         10
    Total size:          80,0 GB

Validation completed successfully.
```

Veeam-Datenbank ändern

Wenn man die vorhandene Microsoft-SQL-Express- gegen eine PostgreSQL-Datenbank tauschen möchte – z. B. nach einem Upgrade –, geht man wie folgt vor:

1. Handelt es sich beim BS um eine VM, so machen Sie einen Snapshot von der Veeam-VM.
2. Beenden Sie alle Jobs, deaktivieren Sie ggf. Jobs im Idle-Modus, wie Copy-Jobs.

3. Erstellen Sie ein Configuration Backup mit Verschlüsselungspasswort, denn nur so werden die User und Passwörter mit abgespeichert.
4. Legen Sie von der installierten Version das ISO ein und führen Sie das Programm »postgresql-15.1-1-windows-x64.exe« unter Redistr\x64\PostgreSQL\15.1-1 aus.
5. Geben Sie ein Passwort für den User postgres ein und merken Sie sich den Port 5432.
6. Rufen Sie im Startmenü Start → Veeam → Configuration Database Connection Settings auf.
7. Wählen Sie das Produkt PostgreSQL aus, übernehmen Sie den Instanz-Namen und -Port und geben Sie den obigen User mit Passwort an (eine Windows Authentication wird hier nicht unterstützt) – Next.
8. Das Veeam-User-Interface und laufende Dienste müssen ggf. beendet werden, falls gestartet.
9. Nach einer gewissen Zeit »Start the product automatically« anhaken.
10. Nach dem Start der Konsole noch das Update der Komponenten (Mount Server) durchführen – Finish.
11. Jetzt noch das Configuration Backup mit Verschlüsselungspasswort wiederherstellen (Restore).
12. Dann als neue Database »PostgreSQL« auswählen – Connect – Yes - »Backup existing database before configuration restore« Nein, »Backup and replica catalog« sowie »Session history« angehakt lassen – Restore.
13. Next, die »Credentials« überprüfen – Collect – Upgrade – Start Finish.
14. Die Konsole starten, Configuration Backup überprüfen und ggf. neu setzen und anschließend starten.
15. Alle Jobs überprüfen und ggf. wieder aktivieren.
16. Snapshot von der Veeam-VM löschen – Fertig.

Best Practices Analyzer

Ab der Version 12 gibt es das neue Tool »Best Practices Analyzer«, welches einige Einstellungen des BS überprüft und Empfehlungen gibt.

Die folgenden Verfahrensweisen sind Leitlinien von Datenschutz- und Sicherheitsexperten. Ihre Nichtbeachtung setzt Ihre Einrichtung unnötigen Sicherheitsrisiken aus, verringert die Chancen auf eine erfolgreiche Wiederherstellung nach einem Cyberangriff, beeinträchtigt die Zuverlässigkeit der Backup-Infrastruktur usw.

Das Tool Best Practices Analyzer überprüft die folgenden Konfigurationsparameter:

Tabelle 17-1: Parameter-Hinweise

Parameter	Hinweise
Remote Desktop Service (TermService) sollte deaktiviert sein.	Remote-Dienste sollten deaktiviert werden, wenn sie nicht benötigt werden. Beachten Sie, dass dieser Parameter für die Veeam-Cloud-Connect-Infrastruktur aktiviert sein muss, wenn der BS das Remote Desktop Protocol (RDP) für die Verbindung mit dem Tenant-Backup-Server verwendet.
Remote-Registrierungsdienst (RemoteRegistry) sollte deaktiviert werden.	Remote-Dienste sollten deaktiviert werden, wenn sie nicht benötigt werden.
Die Windows Firewall sollte aktiviert sein.	Die Microsoft Defender Firewall mit erweiterter Sicherheit sollte aktiviert sein. Außerdem sollten die Regeln für ein- und ausgehende Verbindungen entsprechend Ihrer Infrastruktur und den bewährten Verfahren von Microsoft eingerichtet werden.
MFA für die Backup-Konsole sollte aktiviert sein.	Die Multi-Faktor-Authentifizierung (MFA) sollte für die Veeam-Backup&Replication-Konsole aktiviert werden, um Benutzerkonten durch zusätzliche Benutzerüberprüfung zu schützen. Weitere Informationen finden Sie unter Multi-Faktor-Authentifizierung.
Es sollten unveränderliche oder Offline-Medien (Air Gapped) verwendet werden.	Unveränderliche Repositories sollten verwendet werden, um Backup-Dateien vor Änderungen oder Löschungen zu schützen. Offline-Medien sollten verwendet werden, um Sicherungsdateien zusätzlich zu den virtuellen Speichergeräten aufzubewahren. Weitere Informationen finden Sie unter Backup Repositories mit Unterstützung für rotierende Laufwerke und Bandgeräte.
Schutz vor Passwortverlust sollte aktiviert sein.	Der Schutz vor Passwortverlust sollte in Veeam Backup Enterprise Manager aktiviert werden, um eine alternative Möglichkeit zur Entschlüsselung der Daten zu bieten, wenn ein Passwort für ein verschlüsseltes Backup oder Band verloren geht. Weitere Informationen finden Sie unter Verwalten von Verschlüsselungsschlüsseln.
Konfigurations-Backup sollte aktiviert sein.	Die Konfigurationssicherung sollte aktiviert werden, um das Risiko eines Datenverlusts zu verringern und die Verwaltung der Veeam-Backup&Replication-Konfigurationsdatenbank zu erleichtern. Weitere Informationen finden Sie unter Konfigurationssicherung und -wiederherstellung.
Konfigurationssicherung sollte verschlüsselt sein.	Die Datenverschlüsselung für die Konfigurationssicherung sollte aktiviert werden, um die in der Konfigurationsdatenbank gespeicherten sensiblen Daten zu schützen. Weitere Informationen finden Sie unter Erstellen verschlüsselter Konfigurationssicherungen.
Der Sicherungsserver sollte nicht Teil der Produktionsdomäne sein.	Das Hinzufügen des Backup-Servers und anderer Komponenten der Backup-Infrastruktur zu einer Management-Domäne in einer separaten Active-Directory-Gesamtstruktur ist die beste Methode zum Aufbau einer möglichst sicheren Infrastruktur. In mittleren und kleinen Umgebungen können die Komponenten der Backup-Infrastruktur in einer separaten Arbeitsgruppe untergebracht werden. Beachten Sie, dass dieser Parameter nur dann den Status »Bestanden« hat, wenn der Backup-Server keiner Domäne zugeordnet ist. In anderen Fällen hat er den Status »Nicht erkennbar« (Unable to detect), da es keine Möglichkeit gibt, die Produktionsdomäne automatisch zu identifizieren.

Abkürzungs- und Fremdwortverzeichnis

Die in diesem Dokument genutzten Abkürzungen und die wichtigsten Fremdwörter werden hier alphabetisch aufgelistet und kurz erklärt.

AD	Active Directory
ADF	Advanced Data Fetcher – entlastet die VMware-Umgebung durch die Reduzierung von I/O-Operationen
AES	Advanced Encryption Standard (Verschlüsselungsstandard)
API	Application Programming Interface (Softwareschnittstelle)
Backup	Datensicherung
Backup-Agenten	Hilfsprogramm zur Datensicherung von physischen Maschinen
BIOS	Basic Input Out System (Schnittstelle zwischen Hardware und Betriebssystem)
BFSS	Backup From Storage Snapshots
BS	Backup-Server
CBT	Changed Block Tracking (Nachverfolgung geänderter Blöcke)
CDP	Continuous Data Protection (kontinuierlicher Datenschutz)
CIFS	Common Internet File System (Microsoft-Dateifreigabe)
CLI	Command Line Interface
CPU	Central Processing Unit (Prozessor)
CSV	Cluster Shared Volumes (Microsofts gemeinsamer Hyper-V Cluster Storage)
DAG	Database Availability Group (Exchange Cluster)
DAS	Direct Attached Storage (direkt angeschlossener Datenspeicher)
DSA	Direct Storage Access
DNS	Domain Name Service (Netzwerk-Namensauflösungsdienst)
DR	Disaster Recovery (Wiederherstellung im Katastrophenfall)
EFI	Extensible Firmware Interface (Schnittstelle zwischen Hardware und Betriebssystem)
EM	Enterprise Manager (Softwareprodukt)

ESX/ESXi	ESX/(keine Abkürzung) Bare-Metal-Hypervisor von VMware, Virtualisierungsschicht
FB	Full Backup
FC	Fibre Channel (Protokoll für den Zugriff auf ein SAN)
FCoE	Fibre Channel over Ethernet (Protokoll für den Zugriff auf ein SAN über IP)
FQDN	Full Qualified Domain Name (vollqualifizierter Domänenname)
GFS	Grandfather, Father, Son (Großvater, Vater, Sohn), Datensicherungsprinzip
HBA	Host Bus Adapter
IDE	Intelligent Drive Electronics (Festplattenanschluss)
IP	Internetprotokoll (wird mit TCP oder UDP genutzt, z. B. TCP/IP)
IQN	iSCSI Qualified Name, qualifizierter Name des iSCSI-Adapters
iSCSI	SCSI-Protokoll über IP (Ethernet)
LTS	Long Term Support (Linux: lange Unterstützung der Version)
LUN	Logical Unit Number, eine spezifische logische Einheit – Teil einer Festplatte, eine komplette Festplatte oder mehrere Festplatten in einem Storage-Verbund
MFT	Master File Table (NTFS-Masterdateitabelle)
NAS	Network Attached Storage (an ein Netzwerk angebundener Speicher)
NBD	Network Block Device Protocol (Netzwerk-Sicherungsmodus)
NBDSSL	Network Block Device Secure Socket Layer Protocol
NFS	Network Files System Protocol (Protokoll, das für NAS genutzt wird)
OS	Operating System (Betriebssystem)
Proxy	Netzwerkvermittler, Kommunikationsschnittstelle
PS	Microsoft PowerShell
RAC	Real Application Cluster (Oracle-Datenbank-Cluster)
RAM	Random Access Memory (Arbeitsspeicher)
RBAC	Role Based Access Control (rollenbasierte Zugriffskontrolle)
RDM	Raw Device Mapping (physische Laufwerke, LUNs)
RDP	Remote-Desktop-Protokoll
Recovery	Wiederherstellung aus der Datensicherung
ReFS	Resilient (robustes) File System
RMAN	Recovery Manager (Tool zur Sicherung von Oracle-Datenbanken)
ROBO	Remote Office/Branch Office (entferntes Büro/Niederlassung)
SAN	Storage Area Network (komplexes Netzwerk für die Anbindung von Speicher)
SAS	Serial Attached SCSI (seriell angeschlossenes SCSI)
SATA	Serial Advanced Technology Attachment (Festplattenanschluss)
SCSI	Small Computer System Interface (Protokoll für Datenträgerzugriffe)

SCP	Secure Copy (sicheres Kopieren, meist unter Linux)
SCVMM	System Center Virtual Machine Manager
SMB	Server Message Block Protocol (Microsoft-Dateifreigabe)
SNMP	Simple Network Management Protocol
SOBR	Scale-out Backup Repository
SP	Service Packs (gebündelte Aktualisierungen, Updates)
SSL	Secure Socket Layer (gesicherter Zugriff z. B. auf Webseiten (https://))
UI	User Interface (Benutzeroberfläche)
VA	Virtual Appliance (fertige VM)
VADP	vSphere API for Data Protection (Sicherungsschnittstelle in vSphere)
vCLI	vSphere Command Line Interface (Kommandozeilen-Schnittstelle)
VCSA	VMware vCenter Server Appliance
VDDK	Virtual Disk Development Kit (Softwareschnittstelle)
VIX	Virtual Infrastructure eXtension (Kommunikationsschnittstelle von VMware)
VM	virtuelle Maschine
VMFS	Virtual Machine File System (Dateisystem von VMware)
vSANe	virtuelles SAN von VMware
vSphere	Command Line Interface (Kommandozeilen-Schnittstelle)
VSS	Volume Shadowcopy Service (Volumen-Schattenkopien)
VTL	Virtual Tape Libraries (Flash- oder Magnetplatten)
vVol	vVirtual Volumes von VMware
WAN	Wide Area Network (Weitverkehrsnetz, gemeint ist hier das Internet = GAN, Global Area Network)
XFS	»Journaling«-Dateisystem unter Linux ab Kernel 2.6
XML	Extensible Markup Language (Datei mit textbasiertem Datenformat)
ZIP	gepacktes Dateiformat (zipper = Reißverschluss)

Index

W

Z

Über den Autor

Ralph Göpel ist Diplominformatiker, Microsoft Certified System Engineer und VMware Certified Professional. Er gibt Unterricht in den verschiedensten IT-Bereichen und Themen. Seit ca. 20 Jahren arbeitet er insbesondere als Consultant und Dozent mit den Produkten von VMware, seit einigen Jahren gehören die Produkte von Veeam mit dazu. Er unterstützt seine Kunden bei der Implementierung, macht Troubleshooting und übernimmt die Betreuung von kleinen bis großen Umgebungen.

Kolophon

Das Tier auf dem Cover von »Praxishandbuch Veeam Backup & Replication 12« ist eine Chrysaora plocamia – eine Südamerikanische Seenessel. Diese Quallenart, die im Pazifik und im Atlantik entlang der südamerikanischen Küste vorkommt, hat einen ca. 30 Zentimeter breiten Schirm, der gelblich-halbtransparent und schalenartig ausgeformt ist und sich ausdehnen und zusammenziehen kann, wodurch die Qualle sich fortbewegt. Daran hängen 24 dünne, rote Tentakeln, die wie Bänder aussehen, und vier Fangarme mit Nesselzellen, die ein bis drei Meter lang werden können. Auf den Fangarmen sitzen viele kleine Nesselzellen, die Giftstoffe enthalten. Bei Berührung wird das Gift injiziert und das Opfer gelähmt oder getötet. Beim Menschen verursacht die Berührung einen schmerzhaften Ausschlag, der aber nach 30 Minuten wieder abklingt.

Die Nahrung der Qualle besteht aus Zooplankton, kleinen Krustentieren, anderen Quallen und Fischeiern. Im Sommer leben die Quallen nahe der Wasseroberfläche in flachen Buchten, während sie im Winter weiter in die Tiefen des Ozeans vordringen. Besonders häufig kommen sie an den Küsten Perus und Chiles und von Argentinien bis Uruguay vor. Hier kann es zur sogenannten »Quallenblüte« kommen – einem massenhaften Auftreten, dessen Ursache noch nicht letztgültig geklärt ist. Ein Grund dafür ist sicherlich der Rückgang an natürlichen Fraßfeinden wie Meeresschildkröten und Dornhaien. Auch die steigenden Wassertemperaturen infolge des Klimawandels werden als Ursache genannt.

Der Gattungsname Chrysaora kommt aus der griechischen Mythologie: Chrysaor, Bruder des Pegasos und Sohn von Poseidon und Medusa. Übersetzt bedeutet Chrysaor »Goldschwert«.